新框架

信息与物质的重新认识

王凯　著

当代中国出版社
Contemporary China Publishing House

图书在版编目(CIP)数据

新框架：信息与物质的重新认识 / 王凯著 . -- 北京 : 当代中国出版社 , 2024.7
ISBN 978-7-5154-1374-7

Ⅰ . ①新… Ⅱ . ①王… Ⅲ . ①信息学—研究 Ⅳ . ① G201

中国国家版本馆 CIP 数据核字（2024）第 088445 号

出 版 人　王　茵
责任编辑　周显亮　柯琳娟
责任校对　贾云华　康　莹
印刷监制　刘艳平
封面设计　鲁　娟
出版发行　当代中国出版社
地　　址　北京市地安门西大街旌勇里 8 号
网　　址　http://www.ddzg.net
邮政编码　100009
编 辑 部　（010）66572180
市 场 部　（010）66572281　66572157
印　　刷　中国电影出版社印刷厂
开　　本　710 毫米 × 1000 毫米　1/16
印　　张　19.5 印张　1 插页　310 千字
版　　次　2024 年 7 月第 1 版
印　　次　2024 年 7 月第 1 次印刷
定　　价　78.00 元

本书由《舰船知识》理论创新研究部[①]资助研究与出版

---

① 该智库由王凯、苏明创始，专注推动理论、实践、技术相融合的守正创新，独创全局理论与多域学科相统一的方法论，进行关涉全局的根源性、动因性、系统性研究与预判。

序　言

“现在的社会不是坚实的结晶体，而是一个能够变化并且经常处于变化过程中的有机体。”①

马克思一百多年前的这句话也适用于今天：唯一不变的只有变化本身。曾经以物质生产为唯一中心的传统社会已经随着信息生产进步出现地覆天翻的改变，并且有不断加速的迹象。

西方国家自19世纪晚期开始，率先发展出包括金融、教育、科研、传媒等在内的发达信息生产体系，并且在通信、微电子等支持信息活动的高科技制造业有了开拓性进展，引领了全球生产生活的变化。在当今地球，即使是最落后国家的人民也受这次浪潮影响，已经普遍拥有手机，过上信息化的生活。

1949年新中国成立以来，中国从一个落后的农业国家发展成为一个工业国家，生活并参与其间的中国人经历着古今中外罕有的跨越人生。

---

① 马克思：《〈资本论〉第一版序言》，载《马克思恩格斯文集》第5卷，人民出版社2009年版，第10、13页。

在巨变中，最新颖的东西不断变成明日黄花。人类的思想和文化既构成时代的一部分，又不得不追赶当今时代。全球的文化工业为层出不穷的新现象提供解释和预言，让不断展开的新世界变为能够让人安心习惯的已知世界。认真严肃的思考经常被流量挤到一边，仿佛一切皆有合乎口味、立等可取的答案。

风起于青蘋之末，青蘋也要随风摆动，每个人都用自己的行动成为潮流的一部分，又经受大潮的冲刷。在繁华渐褪时，人们回头望到现实走向躁动。

痛苦似乎突然间被“发现”了。美国政治分裂、英国脱欧、中美贸易战、全球经济增长减速、俄乌战争……宏观现象越发具备冲突性而引人关注；手机 App 偷取个人资料、网课比线下课效果差、网络卖菜影响菜贩生意、高房价滋生“躺平”、ChatGPT 等人工智能冲击打工人……耳闻目睹的身边事更是让大家议论纷纷。

真风险、真问题出现在地平线。很多人反而迟迟不愿正视当代风险，他们不断重复传统理论和时髦的概念，偏爱“复苏”“正轨”等词汇，试图安抚时代变化带来的躁动。自媒体明星轻松地引用和洗稿这些“权威”结论，发表一篇篇有趣又语焉不详的文章。也有些人放弃了继续前行的希望，乐于吟唱末日预言，却不能为建设提供些什么。他们等着现实更进一步后为自己的预言打上补丁，甲方乙方彼此凑合过日子。

当压力来临，凑合就难以继续。有的人只能双手一摊“凉办”，或者两手一举“买办”，本来的体面瞬间暴露出草台风范，让人瞠目结舌。

怀有实践决心的一线人员和决策者面临着持续的新问题，面向现实的研究者希望给他们搭把手。面对真危机、真困难，如果停留在只会说模棱两可的漂亮话的境地，这于自己固然是无害的，却无异于在沉默中坐视正在发生的斗争和实践，成为时代的旁观者。

只有抓住这些乐观的或悲观的、宏观的或微观的、静止的或运动的、令人回避的或无可逃避的种种现象之当代共性，才能从浮于表面的不安和躁动中沉浸于时代，寻找问题的脉络。

于是，我在思想上进行了一次归零，从原初的问题重新跋涉，就有了这次为解答当代问题而进行的尝试。

仔细观察纷繁复杂的当代现象，可以发现不同事件中都有信息的影子。

美国的政治分裂包含着互联网大众媒体和传统精英纸媒之间信息圈层的分裂；英国脱欧是剑桥数据公司对民意把握的妙手；全球经济增长减速与金融、互联网经济等信息生产部门的现状有关；俄乌战争则通过混合战争、信息援助等新元素展示着信息生产对暴力的改造和对社会动力的重塑……

信息是近几十年带来社会生产生活的最大变量。从这里着手，应该有机会看到当前变局同历史上其他变局的区别，可以离时代更近一些，离正在发生的变局更近一些。

信息作为近几十年来人类最关注的事物已经有了很多注解。新的讨论因此有两个选择，一是挑一个或几个已有的信息理论作为工具直接展开，二是重新审视已有的成果寻找新的出发点。

我在尝试中发现了大部分旧有理论内含框架的限制——人们还在相当程度上将精神作为主观的事物，将信息作为客观的事物，认为精神活动和信息是两种不同的事物，也不能追溯信息在唯物论中的地位。这就带来用自我感受抵制现实的扭曲、用无情数据否认社会的冷酷、用精神活动否定信息机器生产或者用信息机器生产藐视人类精神等割裂。

重新思考信息本身的必要性摆在我的面前，我有幸抓住一道穿透迷雾的光：计算机、人类遗传系统、微生物和人体内器官等，它们的信息运作方式共同揭示了信息活动是物质活动引起的特殊现象，而精神也只可能是信息活动的一种高级形式——把精神纳入信息，把信息纳入唯物论，成为本次讨论的第一个发现和路标。

于是两个选择合二为一，新讨论和对旧理论的批判有了同样的前提：重新认识信息，用全新的哲学工具去拥抱已有理论的研究并开辟新的方向。

我在这一道路越走越远，新的景象随之展开。信息是广泛存在的，但只存在于信息随附的物理事件中；信息是物质的产物，却只呈现给能够获得信息的主体……

种种发现使我认识到，信息生产的进步并不必然带来社会信息量的增加。当代社会紧张度的提高，在一定程度上是信息生产进步的体现，又需要社会信息量的相应进步进行消化。要走出当前境地，协调信息生产和物质生产关系是必不可少的。

这些判断的源头是哲学，却不能止于这里。我从源头开始进行的思考发现了一个广阔的世界，这不是用皓首穷经的方法可以填满的。信息生产是这一系列思考的起点，它仍在大步向前，我的一些判断也只能符合其当前的进展，未来肯定有更为新锐的观察和发现。正因为如此，本书并不直接提供过多的结论。

为了弥补个体有限与未来无限之间的遗憾，我更倾向于提供一套关于信息的认识工具。依据这套工具，本书关于信息、新劳动、资本运动和由此奠基的国际体系等方面的相关讨论和判断才更容易被理解，并且可以迈向纵深。

现在我将这些工具奉献给大家，请大家自己判断其价值。如果说这些工具是挥向现实的锤子，我却不一定是舞锤技术最好的人。这炉火烧得正红，祝我的锤子在读者们手里能够落铁有痕。

目录

引子

人们不知不觉“灵魂出窍”，在另一个世界拥有了自己的身份和空间并从事活动，这个世界就是信息世界。它由信息组成，和我们习以为常的物质世界并存。

它既是古老的又是崭新的。人类在地上直立行走了 700 万年[①]，在 200 万年前开始制作工具[②]，在 2 万多年前开始塑像和绘画[③]。从构成人类的 DNA 形成，到语言、图画的诞生，再到发明文字，人类的信息生产已经在几百万年间经历了不同层次的扩展。但这些都比不上当前时代的巨变——随着互联网诞生，一个近乎单纯以信息而生、无信息而灭的世界将亿万人类、世间万物互联互通。仅仅一代人之前，它还是少数人体验的新锐玩具。如今，这个新兴的信息世界正在吞噬以前独立的各个信息世界，实现着大一统。

它既是无形的又是物质的。信息依赖物质存在，没有必然的性状。在过往的社会信息生产中，人是当仁不让的中心，色彩、声音和动作等物质的具体形式与运动组成了表达，这些表达又还原于人类感官的捕获，使文字、旗帜、剪刀手等在人的理解中再生成为信息，并通过转达形成再循环。计算机、电缆、无线电和光纤的参与使信息生产与传输走向电子化和数字化，显示器、扩音器、VR 眼镜使表达更

① Michel Brunet、Franck Guy, “A new hominid from the Upper Miocene of Chad, Central Africa” . *Nature*(2002) , 418(6894), 145 - 151.G. Daver、F. Guy、H. T. Mackaye, “Postcranial evidence of late Miocene hominin bipedalism in Chad”, *Nature*（2022）.

② 沈坚：《世界文明史年表》，上海古籍出版社 2000 年版，第 4 页。

③ ［英］修·昂纳、［英］约翰·弗莱明：《世界艺术史》，吴介祯等译，北京美术摄影出版社 2013 年版，第 24 页。

加自由。依赖于具体可见物质的信息生产行为地位下降。相当部分的信息生产、传输、储存、理解与表达环节通过连接的计算机网络进行。电子在纳米级微观世界运动，它们构成的编码在转译前并不直观。信息生产脱离了传统的具体劳动和可见物质。

新的信息世界是人创造的，却又多了一些非人的活跃者。我们今天已经离不开先进的信息机器。这些具备传感、采集、传输、计算、储存等功能的机器与软件合一，规模化生产某些信息的速度远超人类，已经成为信息生产的新兴主体。它们中的一部分具备完整的信息功能，可以理解很多种表达，实现了非生命理解信息的突破；一部分和汽车、机床、机械臂联动，能够根据信息行动，展现出光明的未来。时至今日，作为信息机器核心的芯片和操作系统已经是人类重要的贸易品。人类利用这些机器加强信息生产的每个环节，将一切信息想方设法转换为数字，上传到信息机器内部，发布到信息世界中。在信息机器生产的支持下，人类社会积累的信息迅速增加，计算能力日益增强，算法不断迭代，提升了社会经济自动化、数字化、规模化的程度，实现了虚实结合的整体进步。

崭新的信息世界互联互通，它在信息机器的联通效应下具备无限可能。过去那些孤立的、缓慢的旧信息世界被纳入统一的新世界。旧信息在网络上获得新形态。个体、博物馆、图书馆、广播电视台、交易所等旧的信息生产者都被网络化了。社交网络、消费网站、搜索引擎、工业互联网、物联网等新的信息平台将社会上本来分为圈子和集团的独立信息生产集中到全球互联网上，大量信息得到无偿分享或有偿交换。一切皆可上网，绘画、文字等信息被以二进制储存到电脑中，自然界孤立的、标准不一的信息生产，如生物激素、DNA 传承与变异、动物社交行为等也被研究并转译为人类的信息，进而上网。互联的信息世界不仅仅是网民的世界，而且正成为信息机器交流的通用平台。新世界比新大陆辽阔多了，它是信息填充出来的，将随着人类的实践继续成长，渐近无限。

信息世界正在继续成长，技术是这一进程的关键。数字孪生[①]将所有需要统计

① 数字孪生（Digital Twin），将一个物理事物进行数字化表达，以便于人们能够在数字化表达上看到实际物理事物可能发生的情况。

的事物安装上传感器，使每一种物质都有其对应的信息描述。电子尘埃[①]使一定区域充满传感器，使人类对空间内的情况得到总体把握。万物互联[②]借助5G/6G网络和卫星互联网，使各类信息机器能够随时上网，实现信息世界对物质世界的细节把握与实时操纵。量子计算正飞速发展，为采集和使用信息提供无穷的计算能力。信息生产的几个技术关口一旦突破，信息世界的发展势头必将更加迅猛。

一个再清楚不过的事实是，信息生产正逐步在经济活动中超越物质生产所占的比例。人类在信息世界的生产生活时间越来越长。曾经仅占一小撮的“网民”，已经发展为超过全人类半数的庞大群体。信息生产者越来越多，也越来越重要。人类正在信息世界结成新的社会关系。

旧垄断正在被打破。过去由少数专门岗位和机构掌握的大众信息生产活动被普及开来，搜索引擎、论坛、社交软件、短视频等工具使多数人能够参与信息生产和传播。信息权力被分散了，又被资本再次集中。新的文化产品加速传播，挑战着旧文化和旧道德；新的社会活动和社会组织通过信息世界壮大，冲击着旧体制和旧规则。

过去人们关注信息如何通过影响人来改造物质世界，今天却不得不面对新的情况——在信息世界改造信息已经成为重要的实践。这个伟大的世界比五百年前地理大发现联通的新世界还要广阔，它将是无穷无尽的。

人们的需求已经建立起来，这是一个断网堪比饥荒的年代。劳动的格局也迎头赶上，以信息为主要劳动对象的信息生产时代正在到来。以土地作为主要劳动对象的农业时代和以物质产品作为主要劳动对象的工业时代，都曾经历这种壮阔的变革。信息生产的崛起，将是人类几十万年生存史上都未曾有过的超级转型。

在转型中，生产领域不同、占有资源不同、劳动主体不同、处理对象不同，这些差异被放大，甚至对立起来。物质生产的实体经济和信息生产的虚拟经济、掌握信息和不掌握信息的人、占有信息机器和不占有信息机器的人、掌握信息生产技能和不掌握信息生产技能的人、人类的信息生产和信息机器的信息生产、自然界的信

---

① 电子尘埃（Smart Dust），指具有电脑功能的一种极为微型的传感器，它可以探测周围诸多环境参数，进行适当计算处理，然后利用双向无线通信装置将这些信息传送到既定接收器。

② 万物互联（IoE:Internet of Everything）又称无处不在的互联网（Everywhere Internet），是通过先进的信息、通信和计算技术实现物体自身及其所处的环境间的实时双向互联，从而实现属性、状态或行为之间的智能交互网络技术。

息生产和人类世界的信息生产等，这些差异不仅是“不同”，而且是大大小小的矛盾，这些矛盾的处理将决定信息世界相当时期的面貌，决定人类的发展方向。

信息生产崛起不可能只展现好与坏中的某一面。从生产转换的角度来说，这是人类开启社会生产以来最大的变局，其中包含的辩证运动带来不同的可能。

在乐观主义者看来，人类计算和统计的能力大大提高，一切被数据化后，人类对现实运动及其未来趋势的预测准确性必将提高。生物学家津津乐道于遗传信息编辑将会带来的寿命延长和新型人类。计算机专家憧憬着量子计算带来的无穷算力。金融家开始在计算机的支持下实践量化交易和现代货币理论。生物学家已经把生物研究变成了基于基因的编码学研究。

在悲观主义者看来，后人类理论可能变成现实，随着信息生产技术的进步，人类的主体地位不断衰落。面对信息技术和生物技术的进步，人类最终不是输给已经不能称之为人类的神人，就是被高度智能化的信息机器和人工智能取代。一些学者提出后真相理论，主张信息生产能力已经被部分人把持，导致另一部分人永远无法获得真相，拥有真相能够操纵信息的人将成为世界的主导者。

林林总总类似的理论充分反映了变局中蕴含的希望与失落、痛苦与美好，它们往往带有田园牧歌的气息，碎得令人难以找到整体的有效批判或建设。我们不能止步于这些憧憬和踟蹰，只有进行自己的深思和笃行，才能在信息世界中继续前行。

在哲学、政治和经济领域的认识与实践中，前路仍旧阻碍重重，旧时代的痕迹仍旧在全球范围牢牢地占据着主导地位。

我们的思和行应该从它们的失败和新实践的发展着手，真正进入感性世界的变化。

当代的中国人不能遗忘2008年的精神洗礼，那是一代人觉醒的时刻。2008年在西方达到高峰的经济危机使已有的经济学陷入不断为自己打补丁的窘境，它们既不能很好地解释危机，也不能指出真正摆脱危机的路。为了反危机和刺激经济而持续十年以上的货币扩张已经使“新自由主义”[①]和它指导下的虚拟资本主义丢掉了自

① “新自由主义”，也称为新古典自由主义（Neo-liberalism），以个人主义为理论基础，在经济上主张市场万能、彻底私有化、全球自由化和福利个人化，名义上反对指令经济和公共服务，在政治上反对其他道路选择、提倡个人主义的政治秩序。

己的神性。

美国 2016 年、2020 年的两场总统大选给中国人带来了震撼的政治教育。在新媒体的帮助下，更多的中国人头一次持续地了解美国政治的实际情况，而不仅仅是吃着瓜子看到的某种光鲜外衣。在特朗普（Donald Trump）同其反对者的政治斗争中，政治学、民调、美国传统媒体、新兴互联网媒体等曾经令一些人仰视的概念和存在褪下了金粉，关于西方政治的庸俗宣传迅速失色，即使回潮也涛声不再。

如果说 2008 年北京奥运会的焰火映衬了欧美的经济危机，使中国人在经济领域更加自信，那么 2012 年中国共产党举行第十八次全国代表大会以后的转变则给中国人的生活带来看得到的向好。

宏观巨变本身不能在短期向我们展开自身的全貌，在 2015 年开始的脱贫攻坚、供给侧结构性改革中，已经让我们有了切身体会。在中国巨变带来的现实同欧美等发达国家和地区的现状对照后，谁更代表未来就引发了人们的思考。

对于当代大多数中国人来说，变是生命体验的主轴。

1978 年，中国工业增加值 1622 亿元；2012 年，中国制造业增加值首次超过美国，成为全球制造业第一大国。中国用几十年经历了很多西方国家几百年的路，我们的衣食住行等物质生活永久地改变了。

中国人的信息生活也同样出现新貌。在 1978 年，中国最有力的大众传媒还是发明于 20 世纪的广播。1994 年，中国通过一条 64K 国际专线全功能接入互联网。2023 年，中国网民规模达 10.79 亿人。

而这一切还远远没有结束。

未来前途已经初现，既然政治经济仍在转换，生产还在变革，那么让中国人的思考停下来就是不可能的。

中国人的思想饥渴前所未有。对一些取巧者来说，想以引进者的身份独占某个西方学说的解释权，以此居高临下也不再那么容易，因为他们面对的是经历解放、实践和交流后觉醒的人民。西方思想的现状使中国人民不再止步于从西方购买一个概念然后宣布跟上时代，而是要通过深思和试验，看看是否适合这方水土这方人，并提出超越性的理论。

在新时代，做时代的思考，这是一种幸福。当时代的危机和变革都离不开信息生产崛起和新信息世界形成时，以信息为线索进行总体解释是个不错的尝试。

信息生产已然崛起，我们就在历史唯物主义和辩证唯物主义的指导下去观察信息，使我们对信息实践的认识更为透彻，并以此作为增强解释力的武器。

政治经济相互独立的学术宣传已经在欧美的经济危机中丢了面子。我们来尝试论述部分信息的政治经济学现象，提出新的虚拟经济概念，探索社会的经济而不是经济的社会，讨论信息劳动的现状，并论述这一经济发展带来的当代虚拟资本主义的统治及其当前的危机。

本书将尝试论述文明这一人类最大的信息生产成果，并将其与当前的全球现象联系。

本书尝试告诉信息世界的人们——我们可能尚未联合起来，但是我们已经日渐联通起来了！

让我们先从理解信息开始。

第一章

信息已在

第一节　在新世界谈论新世界

联通的信息世界正在强烈影响着人类社会和物质世界。旧时代破碎了，新时代正在走来，我们正步入一个新世界。

这新世界竟然分层了，把人们的信息生活和其他更物质的社会生活隔开了。一旦人们坐在电脑前、拿起手机或者平板电脑，就突然与身边的人和物“断裂”开，同五花八门的信息和远方的人打起交道来。人们每天进行着传统的社会生活和信息世界的信息生活。

新世界的人们不得不为两种生产生活而分，又不得不因为实践的主体性而分中求合。面对新世界，既往受到关注的理性与经验、精神与物质、共相与殊相等关系已经不足以解释很多当代问题，新的整体解释正在围绕信息萌芽。

每个时代的现实变化都会推动整体解释的演化。有天赋的预言家和善于观察的实证者在时代之前或者时代之中提出新解释，新解释的萌芽和发育又强烈地推动新时代的完全展开。时代涌动不会等待，有时认识在先，有时实践在先。

在欧洲中世纪晚期以来的手工业和农业生产进步中，人对自己改造自然和学习知识的信心迅速提升。经院哲学自我突破，人的精神被研究者渐渐推到世界中心的位置，理性、经验、意识、精神等成为西方哲学最重要的研究对象。神被重新解释、敬而不论或遭到质疑，人们对精神和物质的探讨日益深入，对亚里士多德主义者的一些传统进行改造，对理性、经验等人类个体信息现象的研究大有进步。这些促进了整个社会意识形态的发展。

此后的工业进步提高了社会的信息需求，信息生产也由此进步，催生出更强的组织、更有效的生产关系、更积极的创新与革命。那些仅围绕个人主观精神的论述显得乏力，导致了一次务虚危机。在此情况下，黑格尔（Georg Wilhelm Friedrich Hegel 1770—1831，德国哲学家）和费尔巴哈（Ludwig Andreas Feuerbach 1804—1872，德国哲学家）进行了有价值的理论探索，而马克思（Karl Heinrich Marx 1818—1883 德国哲学家）等哲学家则打破了旧局面，使学术真正进入现代阶段。运动、物质和实践的观点得到重视，改造了传统哲学和历史学，开创了社会学等新视角，将人类社会的历史运动和社会现实纳入解释中，使哲学和社会改造、社会革命、生产力进步结合在一起，焕发出新的生命力。精神和物质关系得到更深一步研究，人类的人化世界和自然世界的关系受到研究者们的重视。实证主义、实用主义也加强了在实践方面的解释，推动了务虚危机的解决。

在信息生产开始崛起的 19 世纪末，西方先进国家的大众媒体迅速发展，金融活动规模膨胀，垄断企业不断扩张，法律制度日益完备，机械计算机有所发展。面对日益丰富的信息现象与自然科学、社会科学的进步，机械论的世界观走向瓦解，哲学再次不堪重负。它们无法解释精神之外的信息现象，也无法解释人与信息、经验与存在、信息与物质的关系。这影响了 20 世纪的西方哲学转向，一些哲学家们淡化了对形而上学的研究，不再试图构筑解释世界存在的全面影像的学说。

现象学及它的变种存在主义关注人的意识，希望从外部世界与活着的自我之间的关系中探寻存在的意义，实际上聚焦的是绝对经验的主观信息生产及其带来的具体实践。一些分析哲学家热衷于研究作为信息表达工具的语言，深度研究逻辑问题，认为哲学的关键在于清晰表达并为科学提供支持。自然语言学派反对将信息僵化为逻辑符号，希望用自然的日常语言保持信息的活性。证伪主义、计算主义、还原主义等学派将物理世界作为唯一实在的东西，又选择不同的工具，各自在推动语言量化、信息工程和数字化等方面有所进展。心灵哲学以及和它结合的实用主义在认知科学上颇有进益，其中的同一论、功能主义等成为较接近将信息作为研究对象的哲学研究。行为主义一度成为心灵哲学的主要流派，却因为其只观察客观行为、不注重内心活动而式微。科学哲学生命力十足，并且和前沿物理学出现的哲学化倾向时常共振。由管理、通信、自动化等信息生产实践积累出了系统论、控制论、信息论、分析心理学、现代管理理论等，它们对信息各有研究，也带来了关于当时世界的重要思考。

这些 20 世纪的哲学运动和学术发展大都延续到了 21 世纪，实际上都在以不同方式关注信息生产的某一片段、现象或环节。它们对新时代的思考在对人类自身信息系统、信息表达工具、信息解读与使用等方面的研究中进展斐然。

缺乏总体解释的不利影响也有所显现。有的研究者陷入对信息生产某个环节、某个片段的痴迷，将作为研究对象的语言、文化、逻辑、艺术等事物不适当地神话了；有的研究者沦为哲学史的文本考古家、以文献论证文献和生成文献的“学术KPI 完成者”；有的研究者围绕人的历史传统和心灵迷宫，仅仅以人的观点观察信息生产，使自身日益局限，最终离总的社会实践越来越远……放弃总体解释，撤出传统研究领域的行为，并没有完成解释世界的反哺。哲学和社会的脱离，让部分学者相信“哲学已死”，也让部分尝试利用已有哲学成果扩展到其他领域进行研究和实践的学者被“非哲学家”了。

片面不能代替总体，证伪不能代替求真，实践仍需真理，行动不离祛魅。“哲学已死”的困境，根子还是在于 20 世纪哲学家对历史成果检讨时，出于解构需要和时代局限放弃了一些优良传统，特别是抽象的思维方法。这就加剧了细节丰富下的宏观模糊，为研究细节而进行的逻辑分析和语言分析反而使哲学总体把握、抽象把握的自由能力丢失。在当代全球的大部分地方，哲学在重大问题、根本问题上失声了。

这并不奇怪。在转折时期，虚无主义总是和新思想的萌芽一起以革命的面孔出现，细节常常被作为以小见大的取巧工具乃至当成整体本身。只有历经斗争和实践后，才会暴露出虚无主义只能破坏不能建设、倾向空谈不务实业的弱点。只有在全社会总体运动中实现了辩证的好循环，才能使有生命力的新思想在实践中完善与发展。

哲学可能是常常“无用”的，在陷入自娱自乐时甚至是无病呻吟的。但是在哲学缺位下，人们却不能不体会到面对重大问题解释乏力甚至鸦雀无声的缺憾。

在这个伟大的变局时代，我们面对的是现实问题而不仅仅是文本问题、理论问题，我们面对的是当代问题而不仅仅是历史或未来的问题。

人们离不开信息，但信息究竟是什么？

信息是一种特殊的物质或者物质的某种属性吗？又让我们处在怎样的世界？

信息何以影响我们？人类生产信息还是信息控制人类？

信息生产对社会进行了怎样的改造，与传统的物质生产形成怎样的关系？

发达的信息社会是否依靠劳动者创造价值，又如何分配价值？

经济中出现了脱实向虚的现象，它是必然的还是暂时的？

信息技术的进步会取消劳动者吗？

信息生产时代的社会危机正在以什么样的形式和特点发生？

信息世界的空间迅速扩展，它是适应旧制度还是改变旧制度？

民族主义等本土意识形态兴起，政治话语和历史范式是否正在变化？

本土意识的强化如何影响全球化，人类会不会重复20世纪两场世界大战的悲剧？

…………

要尝试回答这些问题，就不能不从信息本身出发，以源头之水冲刷认知的尘埃，就不能不在时代的思考中提出新的认识与解释。

旧的理论在探寻中无法完成这些任务，纷纷地失灵了：

我们必须跨越心灵和精神的范畴研究信息现象。

心灵本身就是信息的运动，精神也不过是人的信息运动产物。人的自我意识之源虽然复杂，但并不是神圣的和神秘的唯一。其他动物、生物遗传系统、较为自动化的信息机器等诸多主体同样能够进行并且正进行着信息生产活动，它们的信息成果正在被人类利用。哲学中的实践者和实践内容的范围应该由此扩展。

我们必须研究和主体相关的信息，研究真的信息。

语言是人类信息活动中诞生的表达工具。它大大节省了人表达信息和计算信息的工作量，但它不可能将荷尔蒙、遗传物质等取代，也就不会是一切奥秘的所在，不能完全代表信息本身。数字是规范而标准的，但它总包含误差，就如第三人称的描述必将损失切身体会的内容一般。真正的信息是表达工具和相应的感官、理解体系、计算能力结合才能形成的。因此，提升信息的生产能力不能仅依靠表达工具来完成，而是需要理解、计算、实践等共同的进步。

我们需要突破学术话语的界限。

用逻辑或实证的方法求知不过是信息计算方法中的一部分，它们对人类来说有益，却不是全能的、永恒的。个人思维受计算能力的限制，逻辑和实证面临想象的创新。经典的逻辑或理论是无数实践经验和深思熟虑精炼而成的计算方法，往往有效但并不神圣。西方的经验和理论可能是“高大上”的，却不是中国人必须奉为圭臬的。这个世界复杂多变，人类已知尚有所限，我们可以自明自己的存在，可以计划、可以自我定位、可以归纳、可以演绎、可以综合、可以创生，但很难用一种算法或理论垄断真理。我们只能选择前行，因地制宜选用算法，苦等积累到位直至时机来临。锲而不舍的实践才能完成实事求是的过程。算法和真理必将是辩证曲折交替前进，人类的道路由此薪尽火传。

我们必须避免简单的中心论，建立更综合的认识。

经验不过是主体的感觉器官和计算器官工作产出的信息，数据不过是将现象数学化的信息，货币不过是市场中的一种信息。将某些种类的信息简单地认定为中心，助长了从自己的立场、观点去认识和评价事物的思维方式，让一些偏向于此的意识形态更为流行，而削弱了全社会认识、评估事物的能力。某些以“我”为主，特别是以个人主义、经济利益或西方视角为主的意识形态拒绝其他主体、其他标准、其他思维方式，并且利用其在叙事能力、传播能力等方面的优势塑造了太多的历史神话和现代神话，为历史和现实打上了似是而非的马赛克。这已成为当代务虚危机的肇因之一。

我们必须跟着现实走而不是跟着概念走。

信息世界并非超然物外独立的存在，而是根植于主体的活动和物质世界中的。新的信息世界前景光明，仍旧离不开社会之根。主体可能难以用信息囊括所有的存在，却在试图描述越来越多的事物，这种努力沿着信息世界的自有规律和主体的实践前进。

对信息生产的膜拜日益增长，出现了唯数字经济论、唯互联网论，与 18 世纪的理性崇拜、19 世纪的工业崇拜如出一辙，有陷入新时代商品拜物教的危险，并向信息专制主义发展。用人的思考贬低机器的计算，或者反其道而行之，已经构成了思想的矛盾。历史局限性，正在新时代以另一副面孔复活。

我们主张用包含信息的新观点去看待世界，不仅因为这样符合现实，还为了打碎置于心灵、精神、语言和所谓“逻辑”或“实证”上的不应有的金粉枷锁，把它们还原为信息生产的普通现象和普通环节——总之，去除在信息生产崛起中的魅影，使这变革中的一切呈现出本应有的新时期的革命色彩，而不是装作拥戴那些陈旧腐朽的走向终结却以常识或实用的名义继续喘息的东西。

把微观的个人精神纳入主体的信息行为，把宏观的人类精神纳入社会信息生产，把信息产品看作主体的产物，理解信息生产的发展不可能离开人的自我进步，精神就不再只是精神，而成为浩浩荡荡的信息世界的一部分，精神和外部信息、信息和信息生产者、信息和物质、实践主体与实践对象等之间的关系就突然饱满起来，我们就成为在新世界谈论新世界的时代之子，就能更好地面对这个世界和这个时代，面对百年未有之大变局。

新时代面对新挑战，“今日欢呼孙大圣，只缘妖雾又重来”。虚无主义在遮盖潜在矛盾时不遗余力，发达的信息生产提供虚无主义和庸俗内容结合的平台，进一步虚化着一切。新冠肺炎疫情、俄乌战争等重大危机引发了大辩论，更加证明了当代存在的务虚危机和创新契机。要完成对新时代的把握，哲学必须在起步阶段介入，我因此将哲学作为本次研究第一部分的主要内容。

让我们就此开始在新世界谈论新世界吧。

第二节　无信不立

作为一次思想探险、一条思考道路、一套解释的开端，我选择从信息已经存在的现实出发，这可能是形而上的老调重弹，但放到当下又新鲜起来。

要研究新世界，就必须把握它的构成。人们自诩活在信息时代，信息好像是当今世界增长最快的事物，也是让世界日新月异的主要因素。

信息在当代通过电视、电脑、手机，外在形象越来越明晰，人们突然觉得它无处不在。当大家更多地拥有它、熟悉它之后，却突然发现没有信息就不能思考，没有信息就没有交流，没有信息甚至一切就没有生命。信息的存在，不仅让人的认知更丰富，而且是人与世界、人与人的认识中介，更是生命的必要组成部分。

情况突然颠倒过来。不是信息日益重要才被人们研究，而是人们对信息的理解基于信息的存在，或者说正因为世间有信息，才有了我们，才给了我们对信息进行讨论的可能。

谈论新世界的第一个任务出现了：人们需要认识信息是什么，或者至少给它一个范围。

在黑格尔的逻辑演绎中，思维精神作为“概念”存在成为基础的分析开端，不需要其他的准备，也不需要其他的思考和限制。如果按照这条道路继续前进，我就大可在取得信息存在的共识后开始其他讨论。

信息真的无条件存在或者可以脱离其他条件谈论吗？一旦超越“在信息中看信息”的角度，问题就来了。信息的存在条件，以及它与存在条件的关系需要被上溯。各位读者将在此过程中看到流俗的信息概念的错误。

听到“信息”二字，很多人首先想到它是有内容的事物，可以从中获得一些东西。更严格的人会要求信息必须真实可信，而不是虚假的、误导的、幻想的。有的人则认为只有可以指导行动的有用信息才是信息，无用的信息即使是真的，对自己也是没有意义的，不能算作信息。不论以何种标准，从这些流俗的观点来看，几乎所有人都知道世间存在信息，并认为它应该被人使用。

导向性、可信性、有用性是最容易被人们提及的信息“属性”。换而言之，信息因可以被理解而“是信息”，信息对具有信息能力的个体，比如个人，有内容的意义，这是人们承认信息、记忆信息、使用信息的条件，也是信息在人的思考中存在与消亡的依据。“我思故我在”在信息的视角具备另一重意义：信息因为被相信而存在，这也要求人们重新理解信息的存在形式和发生方式。

1968 年 2 月，英国《自然》杂志发表了名为《观测到脉冲射电源》的文章，讲述了射电天文学家休伊什和研究生贝尔小姐在 1967 年夏天偶然发现的一种神秘脉冲。它一断一续，每经过 1.337 秒就重复一次。开始他们以为这是地球上某个无线电台发射的信号，但此假设很快被否定了。后来他们又怀疑这是从某个具有“超级文明”的星球上发来的电报。后续研究才肯定，这种脉冲信号来自一种未知的天体“脉冲星”。当研究者相信这些辐射是载有信息的信号时，就会作出很多解读，增加自身存有的信息，也对信号来历作出猜测；当真相大白，原本以为含有外星人信息的信号突然变成了物质运动带来的电波，一些旧的信息就成为付之一笑的材料，被再理解、删除或遗忘。在此认识过程中，脉冲星电波先是被认为可能是地球人的广播，接着被认为可能是外星人发送的信息，后来随着天文知识的进步又被认为是物质运动的现象，人们从这一现象获得了脉冲星运动的可能信息。脉冲一直在那里，改变的是人们的观测能力、认识思路等，信息一直在人这种有信息能力的主体中从无到有又从有到无，并发生内容的变化。

从脉冲星的例子可以看到，信息能否产生和存在，一定程度上依赖于那些使用信息的人如何相信信息、记住信息。这成为我讨论信息存在及其量的变化的前提，也让我得以把信息和信息指向的现象区分开来。

信息要被人有意无意、主动被动地承认为信息，被加入思维等信息活动，才产生出来，才能实现有无或量的增减。不管个人对某一信息的态度是相信、怀疑还是否定，只有在思考中接纳信息，才能维持信息的量，否则信息就会被忽略、遗忘，抑或从未存在。

即使表面上意义不足，得不到人信任的信息，也已经被承认“是信息”。它们已经可以进入下一步的思考或行动环节，等待着在人的过滤、筛选、思辨等信息处理活动中闯关或者被拦截。

我将人们对信息的承认和对信息的信任统称为“信”。信是信息产生和量变的基础。对于信息如何存在这一问题来说，无信不立是一个无比真实的现实。信是信息被纳入已有信息的运动的必要过程，信息在这个过程中与有信息能力的个体的信息运动结合，实现了自身的存在。个体对信息的信越长久，信息存在的时间就越长。

再看信息的量的变化。

在加入运动的过程中，信息成为思维过程中的材料，得到进一步的变化发展。在运动中，信息有限的自身必须被不断思考确认或在思维中成为新的东西，经历“用”的过程。

请设想一个处于个人思维活动中的信息 A，它拥有稳定的内容，作为信息的量相对静止。但从生成的角度看，即使不考虑物质状态的变化，信息 A 在个体中也很难实现绝对静止。

信息 A 可能只需要被个体承认一次就常驻于思维活动，始终存在并保持完整。从这一点看，信息 A 本身可能是不变的。问题在于，个体思维中的其他信息不可能一成不变，即使是五感断绝的人也有内心活动，即使是无人操作的计算机也有时钟自动变化。如果 A 不变，则它必然不是个体全部的活跃信息，个体的其他信息总有随计算活动、内外感官、信息交换等因素变化的可能，A 在个体的信息世界中会随着其他信息的变化而“位移”。

如果考虑到信息 A 可能没有以全部内容参与思维过程的可能，情况会更复杂。A 尚未充分展开，每一次参与思维活动都可能使它变成 A_X，并影响其信息量和内容。A 可能和 A_X 相等，也可能不相等。A_X 可能完全包含 A，也可能只包含 A 的部分内容。即使 A_X 每次都和 A 相等，承认的行动也可能是断续离散的，A 看起来没变过，却可能早已不是最初的那个 A。为了承认信息的存在而必须有信息运动，那么承认活动也会导致个体信息的变化。

因此，从信息自身的角度来说，它必须被看作一个变动过程中的事物，其变动是其现实存在的证明。信息因为加入信息运动而不能脱离改变，也就不是僵死静止的事物。即使确认信息是否相对静止的过程，也可能导致信息变化或者导致整个运动中的信息因为这种确认而变化。

在信息动起来后，精神、意识、心灵等依赖信息的事物以及理解和处理信息的过程就不再孤立于信息中。如果把信息从它们中排除，那么只剩下空洞，其自身也被抽干了。它们同信息不可分割、互相交融，并因此指向一条唯一可能的理解道路，即它们自身也是信息，虽然其活动可能更复杂，包含着感受和知觉等更复杂的现象。这些事物必须整体或部分地被视作信息运动或运动的信息。

我和我的朋友谢飞谈论过很有趣的比特翻转现象（Bit Flipping），它反映了信息非内容的一面，使思考信息必须和“物”联系起来。

在当代的电子二进制系统计算中，一切信息都被描述为 0 和 1，每一个 0 或 1 被称为一个比特（Bit）或者位，不同的物理状态代表相应的比特，存储在载体中或者运动在电路中。我们访问网站时使用的域名也是如此。例如，windows.com 在内存中变为 01110111……但是，如果这些比特的物理状态由于太阳耀斑电磁干扰、宇宙射线或硬件错误等物质的影响，会不会使比特的状态由 0 变为 1 或者由 1 变为 0，并使原有的信息因此改变呢？

根据这一可能，网络安全研究人员假设微软网站“windows.com”字符出现比特翻转并注册了这些网址，包括：“windnws.com”“windo7s.com”“windkws.com”“windmws.com”“winlows.com”“windgws.com”……

这些网站获得了很多访问。研究员阿特姆·迪纳堡（Artem Dinaburg）在他设立的诸多翻转服务器中，平均每天收到 3434 个请求，其中绝大部分明显应该前往微软官方网站。在全球互联网中，翻转网站获得流量是常见现象。[①] 比特翻转还可能在个人储存的信息中发生。[②] 据此，可以认为物质运动带来的信息变化是普遍发生的，连精密的计算机系统都难以避免。在此种现象中，计算机系统承认的信息毫无疑问受到了相关物理情况变化的影响。如果选择相信储存在载体中的某个物理事物就是信息或者和信息高度相关，那么也必须承认信息随物质而运动，很难保持绝对的静止。

信息依赖人或者其他有信息能力的主体产生和存在，又因为存在方式而必须处于运动中。这种认识结果导致社会常识发生了两个问题。

第一个问题：人们以为相对静止或者说稳定不变的信息（如语言、文字、数字、知识、信念等）及其产生的意义、经验等活动（如精神、意识、思考行为等）汇合了，成为一类的东西。

这个问题指向两个混乱的认识，一是将承认信息和生成信息彻底割裂为两种动作，二是将信息符号同信息本身等同为完全一样的事物。

在第一种混乱中，如上文所言，常识中认为不变的信息在个体承认信息的过程中可能发生变化，即使这些信息在承认时保持相对稳定，承认的动作也会导致整

---

① “Hijacking traffic to Microsoft's windows.com with bitflipping”, 4th March, 2021, From https://www.bleepingcomputer.com/news/security/hijacking —traffic —to —microsoft —s —windowscom —with —bitflipping/?__cf_chl_jschl_tk__=pmd_2e2c796646752caa1eeb808af1ea1d76026b8f2a —1627631347 —0 —gqNtZGzNAjijcnBszQbi.

② 《你所在领域里最反直觉的物理效应是什么？》，萤火一号的回答，见知乎，https://www.zhihu.com/question/466498607/answer/2001793609；“Dram bitflipping exploits that hijack computers just got easier”, April, 2016, From https://arstechnica.com/information —technology/2016/04/dram —bitflipping —exploits —that —hijack —computers —just —got —easier/。

体信息变化。如果不能分辨这种情况，就会产生信息能够脱离主体而稳定存在的错觉。

考虑到个体之间和环境之间的不同，情况会更加复杂。用情境的方式划分个体和环境的碰撞就能看到，具有不同信息能力和拥有不同信息的人面对同样的语言、文字、数字等符号可能有不同的理解，生成不同的信息；具有相同信息能力并拥有类似信息的人在同样情景中更容易生成相同的信息。

主体的信息能力和主体现实获得的信息内容并不能一一对应。动物和人在生理和信息上有很大差别，却都能发现食物。具备不同的信息能力和已有信息的主体却可能有一些共同性的内容或者实现相同信息活动的可通约性。受过教育的不同地域的人看见生动的象形文字，即使不认识，也能猜测其含义，而动物却视若无睹。这就是人类信息能力和已有信息的共同性和可通约性在起作用，而动物缺少这方面的共同性或者可通约性的基础。

在这种考虑下，具备部分共同性或者可通约性的不同个体，面对相同的语言、文字、数字等有可能生成相同的信息；没有共同性或可通约性的不同个体面对相同的语言、文字、数字等也难以生成相同的信息。

看似稳定的语言、文字、数字等标准化的符号，究竟被反映生成为什么样的信息，在相当程度上要取决于个体、个体已有同类型信息的体系及个体已有的其他信息。符号实际上和意义、经验等一样，在主体中创生并处于运动中，要在不同个体的信息世界之间穿梭再生。信息之间并不仅仅呈现自身的内容，更可以在关联的体系和个体的其他已有信息中呈现更多内容。人并不能直接将“1+1=2”解读为一加一等于二，还需要算术思想、符号体系支持，在不同的应用中显现更多的含义。

由此可以推导，信息本质是不断生成的，而不是像现象表现的那样被不断传递。稳定不变的信息也是不断生成才能存在。

在第二种混乱中，语言、文字、数字等具体的图形符号被当作完整的信息本身，而不是和主体结合后鲜活的信息。

在实际信息活动中，人们在自身信息能力和已有信息的辅助下，将语言、文字、数字等稳定的特殊的符号进一步反映为具有内容的信息。表面上独立的符号处于与其他符号及非符号信息的关联中，人们在反映符号的过程中不仅获得图形、声音等，还会将自己的已有信息加入对符号的思维中。单个符号是由主体生成为信息的。对符号的反映可以精确到纤毫毕现，但并不意味着这些符号自身就包含和代表着接收方接收到的完整信息。

这种混乱源于脱离与信息结合的人谈人拥有的信息，将信息看成独立于主体和信息活动的存在，作为静止的事物乃至实体。一旦摆脱这种混乱中的幻觉，就能将貌似静止稳定的语言、文字、数字等符号化的信息同意义、经验等更为活跃的信息汇入对信息的总认识，同时将信息理解为运动的过程，而不是一个个具体定型的永恒事物。

第二个问题：经验、意义等个体内活动的信息同书籍、硬盘、光电信号等个体之外的所谓信息分裂了。

分裂指向一种假象：书籍、硬盘、光电信号等特殊的可以被反映的物质似乎是信息本身。

人们口述的语言、手写的文字常常被错认为是信息本身，而不是振动的空气、墨水的轨迹等特殊结构的物质。那些脱离人的直接动作生成的硬盘、光电信号等机器生产的特殊结构的物质，更加重了这一假象，似乎硬盘和光电信号等物质承载的就是真正意义上的信息，这种信息可以独立存在。

如果进一步发展，就会把空气的振动、光子的运动乃至物体的一切物理、化学的性质等认为具有某种信息。信息变成了物质的属性、结构等，一切似乎都有信息，但又不能把信息和其他事物相区分。

这种假象把信息和信息本身的载体混同起来，又将信息与生成信息的个体、与个体同对象之间的感官分开，将信息与运动分开。在这种认识中，信息相对于物质的特点被抹杀，信息的内容被抽空。

在关于脉冲星的故事中，假象和信息的生灭交织，人们认为电波是信息，才去依靠它创生真正的信息。说到底，信息还是诞生于这些信息活动中。

世俗的信息观也因此面临重塑，只有沿着清理混乱后显现的边界切割开来，我们才能意识到什么是有内容的真信息，防止被一些名不副实的“信息”侵袭。

前文的梳理提示：信息可以而且必须和具备信息能力的个体共存，这应该作为讨论信息存在的条件。人必须把握带有内容的活的信息，而不是面对空洞。

反过来则可以发现，一旦有人试图在社会中寻找脱离于主体人的信息，就会陷入令人怀疑的立场。孤立地讨论信息，将信息和人这种依靠信息活动的主体割裂开，这不过是一种权宜之计。

传统认识中定义人为主体，主体的特殊在于其能动性，特别是有意识地承认和占有信息。

无信息的个体和既无行动也无表达能力的主体难以区别。例如，智力低下人群信息占有量严重低于平均水平，甚至难以作为完整的主体被承认。

主体无信息不立，信息无主体难存。信息和主体的关系因此有待扩展。

在这样的条件限制中，将通信中的物质载体作为信息的各种立场也被削弱。信息不是臆想中的实物，独立于主体存在，而是在每个主体那里生成。它必须作为不断变动的存在者被研究，而不是作为一成不变的、潜在的或虚幻的东西被讨论。

在这个基本观点下回眸，拿着U盘的人并不能宣称自己掌握了存入U盘的百万册电子书籍的内容，储蓄在账面的资金如果没有运用起来就不能展现它在资本层面的功能，学术界的各专业领域越来越仪式化的语言和兴旺的论文产业不能和有效的科研画等号，按照规章制度做事不等于理解规章制度的目的和原理……

做完了这种表象和抽象的分析，矛盾就出现了。无论从哪方面来看，人类当代的信息生产都呈现繁荣景象，但一些使人惊叹的信息现象并不一定真正改变社会的信息总量。

一旦信息和主体不能分离的观点确立，人们就会突然发现，不是信息组成了新世界，而是我们组成了新世界！

新的景象就这样给各种高大上的名词创造、资产负债表膨胀和数据热潮送去一丝凉意。收集电子书、电影、音乐等事物的“仓鼠党”永远不会失去那份满足感，但是真正保有和改变社会信息的还是那些与信息结合的人。这丝凉意是火热现实的背景，人们走在新世界的大路上。

第三节　直面信息

很多人自诩活在信息社会，却不能直面真实的信息存在。

在上一节，我演绎建立了讨论信息有无和量的一些前提，信息的存在条件和人的具体存在相互挂钩，却不仅仅于此。信息广泛存在于各种生命的遗传活动和生存活动中，也扩展了主体的涵盖范围，这挑战着一切前信息时代的思想。

我们已经排除了一部分关于信息认知的混乱。在思想界，类似的情况也广泛存在。

日常生活中的杯子、猫、他人等实物，是人们不可回避的生活现实。实物在科学的研究中变为不同粒子的组合或波的显现，成为科学意义上实在的物质，它们不依赖于人的态度。另一方面，人们又相信自己拥有意识活动和意识活动支持的精神，认为自己使用语言思考或表达。这些意识和精神被很多人认为是物质的另一端，从而认为人是与众不同的主体。意识、精神难以被其他人直接观察，是个人第一人称视角下的私密事物。对物质、精神基本事实的不同思辨方式是相当一部分前信息时代思想的基础。

依靠基本事实的确认，“精神意识—物质”“心灵—身体”“语言—世界”等发端于前信息时代的思想框架建立起来，思想者往往从以人类为中心的有限信息环节或者信息活动领域出发构建思想，部分人不自觉地陷入人类中心主义。

人们日常直观感受事物形成的基础思维，一定程度上被移植到面对信息的思考中。语言这种稳定的信息形式一定程度上被当成信息的全貌，各种概念和词语一度被视为把握意识的钥匙。

然而这只是人类从自我出发得到的景象。信息和有信息能力的个体结合是超越人的范围的普遍现象。地球上的生命都有运作生理系统的生理信息运动和支持行动的身体信息运动。在生命自主的信息活动之外，遗传信息系统跨越不同物种，通过基因突变、淘汰等方式达成分布式计算。计算机的迅速发展告诉世人，信息不但未必独存于人的精神，而且可以在非生命中存在。如果设想这些信息活动都是以意识主导的语言、概念等方式实现，无疑将遭遇大量的矛盾。

新发现冲击旧框架，要建立关于信息、信息世界和具备信息能力的主体三者的新框架，首先必须面向信息本身。

当我们一起从信息出发，将人类主动或者说主体性的信息活动一般化为世界的一个要素，承认或者在解释中接纳非生命的信息活动，就会发现“信息—主体—物质”这一新的思考方式，并且重新审视信息。

一、承认

上文探讨了信息和人的“信”之间的关系。当我们继续将信息现象扩展到人之外的主体时就会看到，信息的存在仍旧必须以主体的“信”为基本前提。

“信”或者说承认是信息存在的关键，并且需要在物质和信息两个层面发生。这个过程既抽象也形象。

书虫吃掉书页，它只是按照自身本能指引获得食物，不会把书页当成承载着字迹的载体去反映，在吃书过程中得到纸张的物质却得不到人储存在书中的潜在信息。人体自身分泌、人工合成或从自然界获得的激素使生物的器官和思维受到影响，是因为体内的生理系统认为它们表达了信息，而不是生物的思维系统直接读懂了信息，也不是这些激素必定携带某些信息。计算机只能依靠一定的格式接受、处理各种观测装置传来的数据，即使很强的芯片和软件，也难以在没有对应算法时处理被勒索病毒改变了格式的文件。

在人脑、内脏的工作中，在电子计算机的功能实现中，物质层面的承认也必不可少。承认不仅仅以个体为单位发生，也发生在某一功能、某一模块、某一范围。

承认之中内含着主体创生信息的过程，体现了主体同信息的关系。在对承认的研究中，人们超越了从意识内容的角度把握信息的传统道路，掌握了物理测量物质载体以把握信息活动的新方法。人们认为某些物质和信息活动有关，又从相关的物质中创生出自身能够理解的信息。例如，在密码学中，人们往往通过电磁波去倒推内容。在生物学中，人们首先发现了基因和遗传信息系统，在对作为遗传信息物质的DNA（脱氧核糖核酸）的研究中，又发现其中有四种碱基组合实现信息存储。在进一步的研究中，人们发现这些碱基存在多种配对方式，碱基自身也会发生变化，碱基上面可以存在不同修饰。① 信息的物质载体格式不仅包括其每一个元素，也包括元素的变化和元素之间的联系方式。诸如此类的认识使人们对遗传信息系统的认知日益深入。

---

① 例如，在DNA甲基化转移酶的作用下，在基因组CpG二核苷酸的胞嘧啶5号碳位共价键结合一个甲基基团，这种变化被称为甲基化，并且对遗传表现有影响。

人们还通过对承认环节的研究，以改变信息相关物质的方式改变信息。2014 年 5 月，科学家成功向某一细菌的 DNA 中引入两种非天然碱基，并让该细菌成功地存活和复制。由于这两种非天然碱基此前在自然界并不存在，因此，科学家相当于造出了半人工生命。[①] 人工写入的潜在信息参与了遗传系统的信息活动。

上一节从主体的人着手，我们讨论了信息如果要存在，必须经历一个被主体承认的过程。上面的例子则展示了信息随附的物质层面也有承认的运动。这些运动不依赖于传统认知的感觉、精神、意识等，悄无声息，亘古已有。

信息在物质和信息主体两个层面被承认并不是完全独立的两个过程，也不是绝对一一对应的。电脑硬盘出了故障，物质和信息一同不复完好，但是只要损坏不严重，数据修复软件还可以抢救一下恢复信息到别的分区。写在文件上的圈可能被办事人员认为是上级圈阅的标志，却被小朋友们当成涂鸦或者“0”。承认是基于主体具体的信息能力和信息环境发生的。

脱离物质承认过程的信息活动令人怀疑，信息活动相关的物质现象不应被回避，唯物主义因此成为全面讨论信息的工具。

主体在物质和信息上双重承认是信息存在的条件，哪怕这种承认维持在反对其内容但接受其是信息的最低程度上。

在以上事例中，承认不仅仅是信息之为信息的步骤，还是信息从无到有过渡的创生过程。信息不能天然完整地出现在主体的信息活动中，而需要一定的实现过程。围绕实现，信息从实物变为一个运动变化的过程。因为承认，信息不是变化不定的，而是约束下的流动。

二、意识的排除

通过进一步思考和观察可以发现，物质和信息层面最基础的包括承认在内的信息活动并不需要意识和更复杂的价值事实判断起作用。

这里可以用一个形式化的思想实验，说明在包括承认在内的信息活动中排除意识的可行性，并进一步说明信息如何在拥有信息能力的个体间存在和变化。

---

① 参见陈彬：《人工碱基：超越自然界》，《环球科学》2014 年 12 月（总第 108 期）。

假设个体甲拥有信息 A，它要将信息传播给个体乙。

乙获得的信息 A 如果等于甲占有的信息 A，表面上这是完美地传播复制，但甲乙并不是简单地分别占有了一个共同的 A，而是各自独立拥有了 A。甲乙双方的信息量由“甲占有信息 A”“信息 A”两个元素发展为“甲占有信息 A”“信息 A”“乙占有信息 A”三个元素。

如果乙承认生成的信息不同于甲占有和传播的 A，那么就存在了“甲占有信息 A”“信息 A”“信息 A_1”“乙占有信息 A_1”四个元素。

在这一过程中，信息总是和信息存在的主体相关，一旦甲乙都不具备信息 A，那么关于 A 的信息量就不存在于甲乙之中。承认的重要性超越了信息本身潜在的“独立性”。

在这个简单的例子中，可以不存在直接传播中的“独立信息”，也可以不询问甲乙对信息的价值和事实判断，只有甲乙占有信息的元素。甲和乙拥有某种共同或者可通约的信息能力以及物质基础，否则他们之间就无法传播信息。甲和乙都必须具备获得信息的反映能力、保存信息的储存能力、承认信息的计算能力等并付诸行动，否则就无法持有信息 A 或者 A_1。

在物质的运动中，人们可见的有“甲的表达传播行动”“传播载体”“乙的接收行动”三个要素，不可观测的有甲乙的大脑或其他信息器官的活动。甲在传播交流的能力范围内进行表达，对盲人可以选择利用说话振动空气传播信息，对聋人可以选择利用手语运动肢体形成图像传播信息。一旦甲的传播能力和乙的接收能力没有可通约的衔接点，例如甲用超声波说话，乙却只有听不到超声的人类耳朵，乙就不能根据甲的表达产生 A 或 A_1。如果口头传播的语言不同、书面传播的文字不同、对同一符号的理解不同，甲乙之间传播的效果也会受损。

这一推演在计算机之间的通信也一样有效，“互联网上没有人知道你是一条狗”。在生物领域，交配动物之间成功交换遗传物质孕育下一代而不是遭遇生殖隔离也属于类似问题。甲乙可以不是人，可以没有一般意义上的心智或者说意识。因此，主体的信息活动可以和意识无关，这并不影响信息在物质和信息层面获得基础的承认后由主体创生出来。

对于人来说，甲在光线反射入眼睛的视网膜后，通过视觉细胞及相关的感觉系统获得了关于乙的直观现象。其他有视力的动物或者有摄像头的计算机也可以完成这一步计算。在行动等环节，主体的无意识行动并不罕见。在表达环节，各种动物的叫声、尿液、动作等丰富的表达手段已经得到了很多研究。当代计算机的人工智能可以进行互动表达，有针对性地回答人的问题，ChatGPT 已经用它的表现震惊了世界。

因此，在评估点对点传播过程中信息量的初级变化时，不需要考虑意识，不需要考虑信息对错或价值，只需考虑和主体的信息、物质两个层面结合的信息及载体。

参与者已有的器官和信息的综合能力，参与者之间表达的载体、信息格式，这些要素之间能否衔接或通约，是能实现什么样的信息变化的关键制约因素。

在传输和表达过程中被世俗认为是“独立信息”的载体，只具备物质属性，在未得到主体承认前是空洞的。

从个体信息活动的角度看，自我意识并不是信息活动不可或缺的元素。在群体的信息活动中也同样如此。

甲确认其他个体为同类和确认同类的主体性，是两个过程。在人的角度来说，甲依靠自我意识确认自身的主体性，依靠外形、血缘等的相似和相关确认其他个体是否为同类，依靠同类间的表达、协作或对抗等反馈确认其他个体是否有主体性。在主体之间的扰动和协作中，人产生了信念，能够对事物产生判断、观点或看法。交流、协作、信念等复杂的信息活动，综合作用使人类结成社会。

但群体并不一定依靠意识形成。在同电脑和动植物打交道的过程中，人们并不因为对方的意识水平而否认其信息能力。同样，从微生物到其他动物都有辨认同类并形成群体的能力。在极端的怀疑中，我们自己的信念也并非坚不可摧，不能确认他人肯定有自我意识。[①] 但这并不影响我们在确认对方的表达和行动以后将对方看作主体。

当然，意识参与、价值与事实判断无疑能够有效地提高信息活动的效率与复杂程度。意识可以被认为是参与者已有器官和信息都具备较高综合能力的一种体现。

---

① 这一怀疑将发展为“哲学僵尸”假设，我们将在第二章详细探讨。

基于上面的例子稍加变形，就可以看到意识参与的优势。

作为人的甲不知道一块沉默的石头乙是否能够进行信息活动及有什么信息。如果石头有信息及信息能力，那么是对它自己而言的。石头乙拥有的信息若为 A，却不能让甲知道它拥有 A，也不能通过传播行为在甲的脑海中生成相等的 A 或相关的 A_1。甲的信息量只会因自己的承认和思考而变，不会因甲不知道、不能交流沟通或复制其信息的主体或相关事物而变。甲在石头乙不能交流、不能行动的现实面前，只能通过自己的感官或工具认识石头的物质结构，猜测其是否具备信息能力，却难以确认石头乙有无信息以及有什么信息。

在这个假设的场景中，甲主观参与的效果显现了出来：有意识的人能够主动地通过身体开展实践活动。甲调动身体行动，可能还会借助工具去研究乙，并借此获得更多的信息。甲甚至可以试图复刻乙的某些结构，研究其中是否有信息机制。乙没有体现出自身的意志，只能作为被观测的对象。

这个思想实验也体现了信息及信息世界的层次性。

人类甲和可能具有信息的石头乙正是因为差异而拥有信息距离。类似的差异繁多。在意识活动之外，存在非意识的信息活动，如生理信息、遗传信息等；在语言形式的信息之外，存在直观获得现象等其他类的信息；在符号和语言的信息中，不同符号不同语言具备不同的体系；在信息的内容中，某一领域、专业、对象的信息和其他信息相对独立。信息有差异地存在于不同层次、条块。

这种差异甚至可以造成信息世界的隔离。在面对石头乙时，甲既没有认为对方肯定能进行信息活动的信念，也没有足够的感官或者测量手段收到乙的任何反馈。假设乙有感官、信息能力并进行群体活动，但不能被甲观测到。面对乙，甲就像面对自家卧室里看不见又摸不着，无法感知的幽灵。我们暂定认为乙可能没有信息并且不是主体，或者大胆猜测双方在信息上处于两个世界，两个世界不能交流。个体在同外部信息活动联通时就加入了更大的信息世界，在独自的寂静中只能处于较小的信息世界。没有信息交流和行动扰动的两个信息世界彼此独立，信息世界之间的融合程度同交流水平和联通程度有关。

有意识的主体具备独特的信息活动，特别是联通不同的信息世界。

当把石头乙和它的同类摆在一起，它们既没有感官，也没有彼此间的扰动或协作，无法形成类的群体，也无法形成更大的信息世界。没有信息能力的非主体和不能被观测到信息能力的主体，在观察者或者被观察对象的角度看来是一样的。以群体的角度看，彼此孤立的个体信息量绝对小于充满传播现象的同类群体。无意识的信息活动奠基了有意识的信息活动，有意识的信息活动更为主动。

在有意识的人类之间，通过表达与行动确认彼此的主体“成色”。随着测量工具的进步，人们开始研究植物人是否能够思考，通过物质现象倒推主体是否能进行信息活动以及信息的内容。人类从意识出发开展自我层面的信息活动，感官能够把握的身心活动以意识为中心。从自身和社会的角度看，人因为意识的表现归属为正常人或者特殊人群。

语言并不是信息活动的必要条件，却在群体的生理演化和社会对人的教育中成为人与生俱来和同生共进的信息构成。它不仅仅是人的信息工具、格式，一定程度上也是人在信息层面的构成方式。

从以上演绎和涉及的例子中，我获得了以下原则：

第一，信息是主体信息活动中的具体事物，而不是抽象孤立的神秘存在。

第二，信息在被承认的过程中就具备了基本的内容，信息在主体立足后和主体的其他信息关联展开，实现内容变化乃至生成新的信息。信息有自身产生、变化和消亡的命运。

第三，信息同物质有密切关系。信息被承认的过程包含物质运动。信息活动随附物质运动实现。信息载体是一定的物质。

第四，主体的信息能力除了受自身信息和物质条件奠基和制约，也受所处的外部物质环境与群体环境奠基和制约，哪怕是感官的能力也如此。主体信息能力和所处环境影响其获得信息的多少与信息活动的层次性，主体的信息活动是历史性的。作为孤立客体的语言只是表达信息基本内容的一种格式。拥有主体的境遇的语言才包含着信息内容和这些内容相关的世界，进入心灵层次。存在于群体的境遇的语言能够流传于更广阔的世界，进入社会层次。

第五，主体可以离开意识在能力界限内生成信息。这些信息可以涉及主体的身体感觉、思维内容及外物等，并不一定汇聚到意识。主体自身实在和潜在的信息决定了其信息世界的情况，又在同其他主体的交流等带有信息属性的物质运动中，实现对更大信息世界的参与和对自身信息世界的改造。

这些原则厘清了主体和信息的一些关系，使我认识到仅仅关注身心问题的哲学框架无法将人还原为社会关系中现实活动的人，并开始真正从信息的角度看信息。

在这些原则的限制下，要直面信息，就必须把主体承认什么是信息和主体能够获得什么信息联系起来，必须把主体能够获得信息的活动和主体身体的活动联系起来。

而在这些原则的简化下，有意识的和无意识的信息活动可以归为一类，信息成为超越感觉、意识、精神等范畴的更广阔的存在者。

信息通过特殊的物质运动实现，是物质运动涌现的产物。从各种信息活动的共性看，信息是能动的物质运动，通过调动思考、表达与行动维系和展现自身。

信息同生命一样长久，它就是我们生命本身。

我们只能以信息为中介面对一切，又必须区别对待信息。我们在直接、间接或无意识地面对信息和物质时，能够充分体会到信息和物质性质的巨大差别，也能够体会到信息之间的层次性。

有些人兴冲冲地论证一定量物质含有一定量信息，并试图构造物质信息的广泛统一论。他们没能发现信息的重要本质——信息必须依赖于理解者而存在，信息以主体的意志为转移，这一点完全不同于物质。当亿万只猴子一起打字，无意中打出了李白的《将进酒》，人们能认为它们理解了这首古诗吗？在刘慈欣的小说《诗云》中，星球被分解成无数的数字与文字，这些无穷排列的符号中可能存在人类历史上的文学名篇，人们能够说分解星球的过程中创造了信息吗？显然是不可以的。纯天然存在的某些物质，让人类以为是一种信息，其实只是它们的位置、色彩、形状等存在方式恰好在人类自己的解读中具备了某种意义，这种信息不是天然的，而是人类自己赋予的。

把握信息离不开探讨物质，特别是和信息相关的主体身体、工具、物质运动等。主体面对物质又只能在信息能力的限制下以信息为中介实现。信息和物质，在主体中统一。

不同主体信息能力有差异，总体上要服从主体自身的条件，也就是身体状况、信息组成和世界现实等。正因为如此，主体的感性世界是其个体与所在群体的信息能力决定的，主体信息世界的大小是其自身信息能力与活动所处的物质世界、群体环境决定的，主体在联通的信息世界中有不同的位置。

主体获得信息并不是一步到达某种不可进入的封闭状态，而是进入动态变化的过程。信息是运动的，信息的内容可变；信息和运动中同其他信息的关联，带来运动中总信息的变化；信息在潜在和实在中的转换，带来信息活动总量和动力的变化。

直面信息的一些要求也清晰起来：讨论具体的信息的内容，要考虑其主体所处的活动状态，信息面对的领域、体系，信息可能关联的信息等；讨论个人的信息活动，要考虑其具体的信息的发生层次；面对群体，就不可避免地进入历史领域。

直面信息带来的认识后果也清晰起来——这并不是简单地划定信息的范围或定义，也将意味着对主体和社会的再认识。

第四节　信息的层块

无论是人工智能科学还是认知科学，大部分研究者都倾向于信息的运动不是机械的，而是生成中的海洋，信息在一定结构的具体运动之中成为现实的事物。

层次和模块是形容结构的名词，既可以用于信息层面，也可以用于物质层面。在现实中，我们能看到主体主观构造的层块，也能够看到主体形成过程中就铭刻好的层块，还有的层块是在主体生命中自然涌现的。

层次和模块被我借来形容信息发生和实现的景象。层次主要形容信息及其相关物质运动之间两个不同范围奠基与被奠基关系。模块或者说条块则形容信息及其相关物质运动之间的关系，可能彼此协作或干扰，也可能互不相关。

层块问题指向信息发生和实现的抽象情况，也不可避免地涉及信息生成的条件、主体存在的结构、世界在人的信息活动中的呈现，信息活动的内部性和外延性等问题。因为层块固然有主体自身个体和类群体建构的成分，一定程度上又是世界存在通过主体信息活动呈现的后果。①

---

① 限于篇幅，我们无法具体地讨论层次和条块的抽象方法，有兴趣的读者可以阅读相关文献，如弗洛里迪：《信息哲学的抽象层次法》，陈鹏、刘钢译，《世界哲学》2013 年第 6 期；Fodor J A ："The modularity of mind", *Philosophical Review*, 1983；Craver C F："A field guide to levels", *Proceedings & Addresses of the American Philosophical Association*, 2004。此处恕不更多列举。

即使把握到物质和信息的区分，也并不是主观构建或者世界给予的单方面行为，而是主观和世界交融存在的结果。可以借用马丁·海德格尔（Martin Heidegger 1889—1976，德国哲学家）探讨存在的话来描述信息的层块现象："我们始终已经在这个正在发生的区分中活动了。不是我们实施它，而是它与我们一起作为我们此在的基本事件发生。"①

一、人类有意识的信息层块

人类研究最多的信息对象还是自己。"人心惟危，道心惟微。"②世事难料，角度繁多，互相难以说服。一部分争执的原因在于，人类有意识的信息活动中，层块动态地实现着信息，很难以某个角度囊括自己或他人的全部。

人类通过感官积累经验，这是认识活动的可见起点。

在直接面对物质对象时，我们可以依靠自己的五官和观察工具进行原初的反映获得感官经验，可以通过身体行动获得实物对象的感觉反馈和操作反馈，不需要专业知识等前置条件。

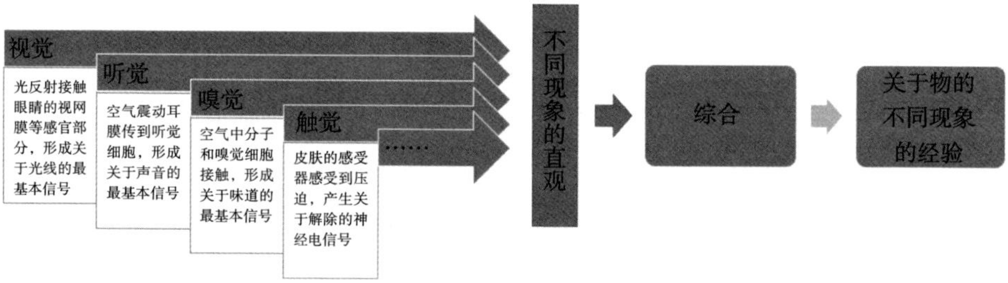

图 1-1　感觉器官的直观经验

一些身体器官具有计算知觉，能够对载体进行承认和处理，是信息活动必不可少的过程。在直接把握信息时，我们直接面对信息，在对信息的知觉下进行原初地生成和把握，可以不依靠外感官和观察工具的参与，也可以不依靠专业知识甚至语

① Heidegger："Die Grundbegriff der Metaphysik Gesamtausgabe" Bd.29/30（Frankfurt am Main：Vittorio Klostermann，1983），S.519. 转引自张汝伦：《〈存在与时间〉为什么没有完成？》，《世界哲学》2011 年第 9 期。

②《尚书·虞书·大禹谟》。

言等条件。

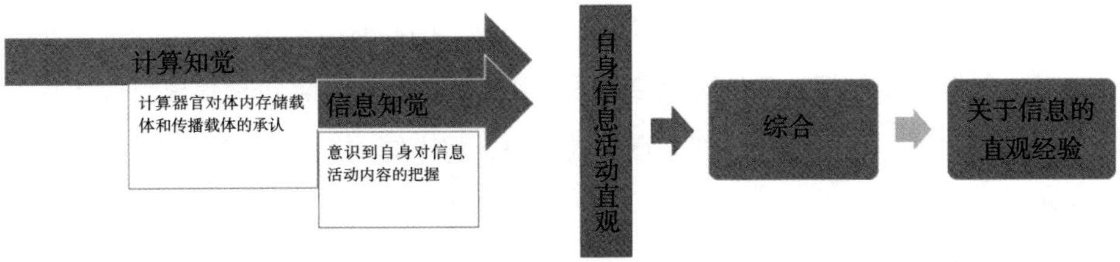

图 1-2　对信息的直观

主体以第一人称视角亲知和把握关于物质和信息的感官经验，这如同“您亲自来吃饭了”一样不可回避。我们依赖自身已有的信息和物质条件，面对不同对象。经验的真假和是否有效并不影响主体切身获得信息这一事实，只影响主体根据信息开展的生存活动。真真假假的各种信息综合引导实践，更能适应环境的主体留存下来，构成世界的一部分并改变世界。

最基本的感官经验在主体的感觉器官支持下生成。不同的器官、器官功能或认知结构有不同的信息生成方式，能够反映的对象也有差异。主体的已有信息催生出不同观察方式和认知方式，影响着反映所得的具体内容。不同的身体和身体功能带来不同的行动。主体因为自身的不同感官或感官功能的模块（条块）而获得关于世界的不同感官经验。

我们用五官反映实物，用计算器官承认载体，用信息知觉把握信息，用身体行动，不能在直观层次用声音取代色彩，用嗅到的味道取代思维的数字，用思考取代动作。我们已有的身体、信息和所处的世界，现实地存在着信息物质的差别、物理属性的差别、信息之间的类的差别。物质的身体感官在这样的世界生成相应条块的内容，物质的条块涌动出信息的条块。

主体内的物质运动奠基了信息，信息不一定跟感觉直观有直接的关系。

想象力参与的信息创生就是其中典型。康德将想象力视为“灵魂的一种盲目的、尽管不可或缺的功能”[①]，认为其是一种强大的创造力量，能够从实际自然所提供的材料中，创造出第二自然。生物学家认为，内导神经元收集和传导身体内、外

① ［德］康德:《康德著作全集》第 3 卷，李秋零译，中国人民大学出版社 2004 年版，第 86 页。

的刺激，到达脊髓和大脑；外导神经元将脊髓和大脑发出的信息传到肌肉和内分泌腺，支配效应器官的活动。中间神经元在前两者之间起联络作用。只要具备这种结构，感官经验和主体把握的情况就会相对分离，主体的行为就包括想象与行动两个阶段。想象力使主体能够突破部分算法的局限，将不同体系的内容关联起来进行再次创生。

在信息运动中，“A → A”只能算是复制，“A–B–C–D–…”的过程则是按照已有信息的顺序演绎，“1+1=2”等统一体系下严格规则的推理也强调逻辑性。它们与“一朵白云—婚纱—爱情”这样具有跳跃性的关联创造具有明显的不同，后者被认为是想象力。总而言之，人们承认想象是一种同感官反映不同的信息活动，也同较为严格的逻辑推理不一样，具有创造性和意外性，这也使其带有一些神秘色彩。

主体把握现实对象影响，可能通过想象力在感官经验的基础上及时或延后生成现象。平面接受的图像被想象为立体的事物，空气振动被想象为音乐或语言，没有经过感官把握的对象被想象出来。原初把握的感觉经验在现实想象的加成下具备更多的属性，有限的即时信息获得了补充和扩展。

在想象之外，还有类的抽象。例如，和实物有关的词汇可以和所指现象分离，被用作比喻或代称而不是之前指称的事物，就像我们感叹爱情很甜；直观中对事物的类的把握，可以形成描述的语言、符号等，就像我们使用的象形汉字；指称某一个或某一类事物的信息，可以在脱离实际事物时仍旧被思考；代数、几何、符号等脱离于实物的纯信息可以被人类继承发扬。

非直观信息能力既有来自先天的，也有后天学习的，更有发挥先天潜能和后天训练学习交互建立起来的。在非直观能力的联动中，感官经验向不同层块的信息变化，进一步演化出现象经验，相对脱离了感官的功能限制，作为主观或者说信息层面的层块。

数学计算、想象、抽象等信息活动的方式未必依赖感官的工作，也不调动肢体。这些较为内部的单纯信息活动暗示，只要有活的器官与能量支持，主体能够像一台不卡死的计算机那样一直进行信息活动。只要主体能够生存，主体内的部分信息活动就可以不跨过“信息—物质”的壁垒而存续。

某些条块之间互相扰动，并非完美的“纯净”。人对实物和信息形成的现象经验和对经验的使用，总是伴随着通感、幻想、习惯、本能及已有知识等带来的超越和扭曲。

即使遭遇这种困局，我们也仍旧以物质的态度对待物质的现象经验，以信息的态度对待信息的现象经验。对现实的感受来自主体通过操作获得操作经验，不同的操作成为总的实践。能不能进行合适的区分，将差别在自己的生命中融为实践态度。我们自己是唯一的主人翁和裁判员。个人所得是好是坏、是虚是实、是真是假最终都要在不同维度的流变中以实践来检验。

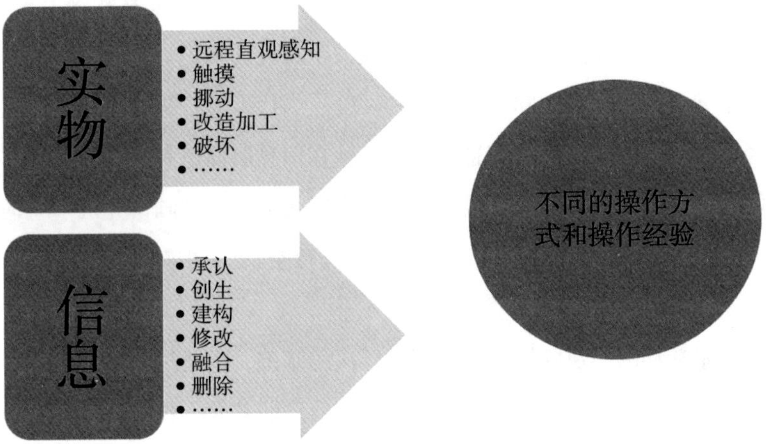

图 1–3　不同的操作方式和操作经验

感觉器官支持下生成的现象经验细微幽深，几乎无法被理性的概念完全捕捉归纳。其他人无从知晓我们的全部所得。当大厨介绍一道菜很好吃，即使描绘到极致，也不如让食客吃一口感受直接，食客也不能完整表达自己的味觉体会。我们在感官、计算器官的功能支持下原初地把握到直接生成的内容，由自己直接占有，并不必进行具体的指称或赋予其明确的定义、名称等，甚至有的难以用语言表述。这种亲知性，使第三人称视角的信息和第一人称视角的信息由此存在差异。

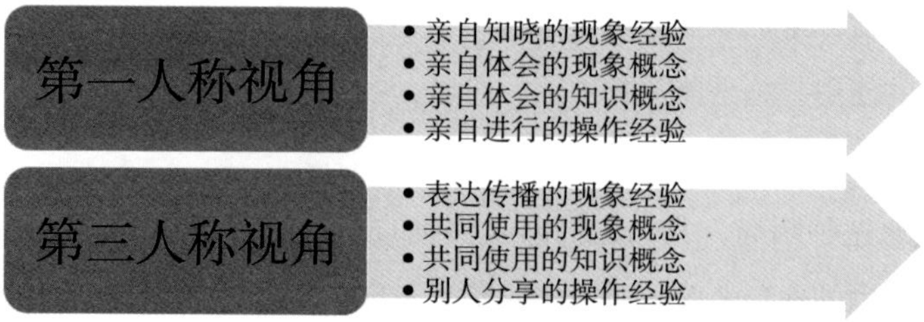

图 1–4 视角带来的差异

现象经验的差异通过人的行动在对象不同的可操作性中进一步显现，并通过操作经验得到反馈和修正。例如，反映实物的原初现象经验可以从物理上进行把握，当它结合对实物的改变实践，就有机会形成关于物理的知识。当代人和远古人类都可以用手举起石头，进而感知到其重量和硬度，当代人对石头物理化学性质的理解却早已经超越远古人类；反映信息的现象经验在信息层面也有自己的可操作性，人们进行联想、记忆等活动留存、改变经验。中国人创造了“画饼充饥”一词来形容把信息直接充作物质的行为，也创造了“天马行空”一词来形容思维领域的无拘无束。

人的信息活动的模块既构成信息不同层次的基础，也通过不同的组合参与不同层次的信息活动。人在世界中不断面对物质与信息的差异，也不断在信息和物质的实践中承认差异、区分和认识层块，并通过自身生命活动形成综合统一的态度。

人产生信息的能力和过程并非一成不变，可以通过感官锻炼和更换观察工具、训练和学习、合作和对抗、干扰和纯净等发生变化。概念化或者说范畴化就是改变信息能力的一种方式，这又带来新的信息层次和条块。一个科学家和一个巫师看待同一个世界，却在其坚信的体系中得到不同的世界。

主体将某一个原初的现象经验认定为某种事物，同特定的定义、名称、词汇、反应挂钩，形成概念。这些关于现象的概念，是对具体现象、经验的固化和压缩。它们不能取代原初的经验，但可以使个体原初的现象经验能够被相对快速地识别，纳入思考、表达或进行动作回应，并具备了在群体间分享和彼此确证的可能。现象概念可以是先天的也可以是后天的，可以属于思维、语言也可以属于某种行动信号。人的想象能力和抽象能力都是现象概念的成因，刻在基因中的生物本能和蜜蜂关于花丛的舞蹈也可以归入此类。

获得现象概念和把握现象是两个过程。对于人类来说，个体只有通过亲身体验才能知晓现象概念的真正内容和相关的感官感受。但现象概念可以包含关于事物的记忆和联想，超出原初把握的直观内容。我们看到一台电脑，原初把握中只是一片颜色，而在对电脑的概念认识和操作中明白它是一个人造物、一台机器，有许多功能，并明白操作一台电脑究竟意味着什么；我们想到红色，却只有在进一步的思考中才明白自己想的是鲜红、暗红还是粉红。

现象概念和我们感观经验的对象以及现象经验不直接相等，只是那个现象的指称名义，也无法涵盖对象本身。相比概念，原初的现象经验更难用语言完全还原，也难以用工具测量。例如，甲是一个完全的色盲，他知道关于颜色的概念，但是治愈之前，他无法知晓三原色看起来究竟是什么。一个幼儿拿着手机，却并不知道自己拿的是手机。在信息和物质的不同事物之间，现象概念根据现实形成了界限。我们可以说我们心里很高兴，却无法说一个实物的桌子很高兴。

在亲知内容支撑下，实物得到我们物质劳动的改造，信息以计算、理解等方式被我们把握，概念和语言能够产生，人在感性世界的基本生活得以成立。

原初的或者现象概念的把握并不是人信息能力的极限。人类能依靠一定的计算方法实现超感性的把握和思考，将不同的定义、名称、词汇关联起来，成为体系中有联系的一员。这种依靠算法将经验和概念理论化或者说合理化的行为，使我们获得第三人称视角的知识概念，能够更为简要地进行表达和计算，新的信息活动层次由此产生。

当我们使用这样的知识概念去进行认识和实践时，相关的思维、表达、行动等步骤就变得更规范、稳定和公允。具体的事物现象就可能被囊括进一个或多个理论的总体解释中。即使不完全理论化，现象经验和操作经验经过凝练也成为理性的可重复模仿或利用的知识。即使不完全符合实际，人们也先天或后天地具备一些认识和实践中的信念。

在语言、专业知识、操作经验等的辅助和限定下，我们有方向地把握事物的属性。物理和信息的属性与内容被串联和抽象为世界观、方法论、学科知识、语言、符号、数字等体系条块中的特定信息或信息格式，被用于信息活动中，并行使规范和过滤的功能。

严格清晰的知识概念有利于加快个体的思考和行动，也可以更方便地用于群体间的交流。知识概念终究舍去了原初把握中亲自知晓的一些成分，和感觉直观维持着一定距离，并和现象概念一起设定了人对世界的看待方式和反映内容。

在有意识的范围内，人的信息活动以意识为中心体现出层次和条块的运动特点。而在无意识的范围内，存在遗传信息系统等信息活动，也存在膝跳反应等不经过大脑的简单反射。这些信息活动也有自己的层次或条块，它们支持和驱动人的有意识的信息活动。

一则信息在不同层块间的穿越可能不断地改变载体和自身的具体形式，通过表达同一对象的连续性内容维持自身的单一独立。不同层块的信息共在于个人之中，也使个人成为遗传信息的运动中介、社会信息的传播中介、群体信息的运动单元、人体细胞的综合个体等不同视角下的主体或主体的一部分。

当然，人也不仅仅拥有有意识的信息活动。我的朋友谢飞曾经提到一个有趣的现象，人在发烧、昏迷等状态下会看到一些特殊的几何图形，比较常见的图形类似于棋盘、蜘蛛网、隧道和螺旋等。这些图形被称为“结构衡量”（Form Constant），或者因其发现者海因里希·克鲁弗（Heinrich Klüver 1897—1979，德裔美籍实验心理学家和神经学家）而被称为“克鲁弗衡量”（Klüver Constant）。即使是先天失明的人，也能看到这些图形。这意味着图形要么与生俱来写在脑子里，要么就是自发地在脑子里产生。这种大脑“预装”的信息活动体现了意识和感官之外人类信息活动的一些特点。

人的不同层块信息的关系非常复杂，限于篇幅，我不做更多讨论。在计算机、生物群体等方面，也体现出丰富多彩的层块特点。层块不仅仅是这些较为长期的、稳定的存在，其边界可以变化，其本身也可能在一时间涌现出来后就消散，对它的把握必须是动态的。信息和世界的差异性促使了层块的产生，这在很多主体中能够看到。

世界在信息活动中和个人融为一体。人的信息活动并不是单个人所固有的抽象物。在其现实性上，它是一切社会关系的总和，也是人所涉及的世界的呈现，也就常常通过社会的层块发生作用。如果人们不能承认这种现实，借用马克思在《关于费尔巴哈的提纲》的提法，就会撇开历史的进程，把信息及其内容固定为独立的东西，并假定进行信息活动的是一种抽象的、孤立的、人的个体。[①]

二、贯通

贯通是主体在信息发生和分化后又在自身的感性生活中将其把握为整体的现象。

上文提到，个人的不同层块信息的关系非常复杂，却总体上被统一把握到生活经验中，这就是普遍而又不凡的贯通。

人们面对现实形成的连续性也带有贯通的特点。即使有睡眠、昏迷等情况，主体仍旧能够形成相对连贯的计算和行动。不同主体能够生成具有共同特点乃至共同内容的信息并且能通过表达等方式共用某些信息。主体只能以自己有限的连续存在去面对世界，彻底失去连续存在意味着现有自身的消亡。主体只能以自己个体的所思所行面对不同"成分"的世界，并承担一切反馈和后果。

我们现实地生存于世界，在不同类的直观和非直观中获得贯通，在可能并不连续的时间和空间中实现着贯通。贯通既是世界自身某些特点在主体活动中的映射，也是主体生存的动态过程。

对这种连续性，还有很多讨论的地方，例如，诺伯特·维纳（Norbert Wiener 1894—1964，控制论创始人）就认为："与其说计算机的整个机械结构与个体生命相当，不如说它的一次运转和个体生命相当。"[②]他将计算机的贯通限定于每一次开机到关机的阶段。这也不失于一种解决方案，和当代心灵哲学的睡眠问题有异曲同工之妙。

在社会层面，人类感性直观地面对整个现实的世界，对现象的把握和对现象的理解应用成为支持基本物质生活的基础信息。社会层块的生产积累和质量带来的层

---

① 马克思：《关于费尔巴哈的提纲》，载《马克思恩格斯文集》第1卷，人民出版社2009年版，第501页。

② ［美］N. 维纳：《控制论：或关于在动物和机器中控制和通信的科学》，郝季仁译，北京大学出版社2007年版，第107页。

块复杂性提升使在社会感性生活之外产生了更多抽象信息。个体和社会互相影响地实现着层块变化，并且改变社会信息层块本身。

在历史进程中，直观的信息和非直观的信息彼此奠基和相互影响。人类的不同感性信息之间、非感性和感性信息之间、现象经验和现象概念之间不断变动着具体关系。在这些信息支持下，相对脱离直接现象的知识概念及体系等层块性信息发展出来。个人以及社会因为直观和非直观的信息能力而拥有自身具体的信息和信息获得方式，并对实践的成败产生重要影响。

在自然和人工的路径下，不同内容、归属于不同体系或层次的信息之间，可以通过有序或突变的关联实现迭进的变更，呈现出辩证上升的总关系，实现更复杂的功能或涌现更复杂的现象。遗传信息系统从诞生以来创造了丰富的生命世界，正是信息层块迭进贯通涌现出的奇迹。通过有意识地设计和干预，人类实现了计算机中不同层次信息的联合运动，从作为主体到创造主体。

贯通不是单向的美好前行，常常面对破坏和倒退。贯通也不是连续的线性运动，有时仅仅靠主体的综合跨越现实的断裂。积极和消极的可能同时存在，因为信息必须被创生并可以被彻底删除的特性。信息可能被重新整理，也可能被毁灭、修复或者反复创生，还可能在辩证运动中逐渐退化乃至消亡，贯通因此并非主观规定或者黑格尔所说的绝对精神显现，而是主体在世界中面对的现实。

在复杂的信息层块中，某一层次的微小变化可能对另一层次造成“蝴蝶生成暴风雨”般的巨大影响，例如个人的某次基因突变可能就成为新型遗传疾病诞生的时机。在一定的巧合或主体的主动行为中，某个或某些层块的信息能够在其他相关层块的较大改变中维持自身的稳定，对经常在不同计算机系统间做数据迁移的运维人员来说简直太常见了。信息如此脆弱，却又保持坚韧。

对于主体来说，不同层块信息之间的构成和关联状况对其在信息层面的存在和信息能力有直接影响；主体占有信息却不一定能实现贯通，可能面对分裂。对信息自身来说，不同层块信息之间未必是环环相扣的直接强因果关系，不同的信息之间可能就是断裂、毫不相关乃至矛盾的。无数主体在实践中生成和留存信息，使贯通成为一种经常能够实现的理想状态。

在自然界的大灾变中，之前繁荣一时的物种的遗传信息和里面包含的生存经验大量失效，生物只有具备适应新时代的遗传信息才能够维持自身生命种属，熬过困难时期。在人类社会，不同文明之间的竞争导致的文明消亡在历史长河中不可胜数。让·皮亚杰（Jean Piaget，1896—1980，瑞士哲学家、心理学家）因此提出，智力是适应环境的能力。在科学和文化的转换年代，越习惯于旧范式的人越难以接受新范式，人类对新理论的接受往往需要伴随着年轻人的成长。托马斯·库恩（Thomas Samuel Kuhn，1922—1996，美国科学史家）在他的《科学革命的结构》中专门描述这种现象："科学家们怎样导致完成这种变换（指范式转换）呢？部分回答是，他们常常不能完成这种变换。……马克斯·普朗克（Max Karl Ernst Ludwig Planck，1858—1947，德国物理学家）在他的《科学自传》中回顾他自己的生涯时，悲伤地表示：'一种新的科学真理并不是靠使它的反对者信服，并且使他们同情而胜利的，不如说是因为它的反对者终于死了，而在成长的新的一代是熟悉它的。'"[①] 物种更迭、文明更替、世代变革、思想启蒙与社会革命、自我思辨等，使贯通是现实的而不是空洞的或者仅仅是理念的运动，使贯通是可修复的活力动态而不是刚性的某种规定。

一旦考虑到主体计算的意外和外部的参与、干扰，考虑到同一信息可能在个体不同信息间运动，不同主体之间，不同层次、条块之间的信息区隔就不是绝对的。信息可以在想象、计算错误、协同、突变等非常规状态下出现穿越或谓之迁跃的现象，同其他的层块发生联系。在表达和协作的中介下，不同主体的交互也会使主体拥有超层块的信息。我们可以通过死记硬背书本知识或者软件辅助来使用我们并不完全理解的财务模型、物理模型，古人可以毫无理由地认为地球是圆的。在信息活动中，迭进和穿越都是常常可见的。

主体和各种信息变化现象同在，也在变化中自我改变。主体在生存实践中可能获得一些转瞬即逝、不在思考和行动中发挥影响的信息，但相当部分经验、概念还是主动或被动面临物质和信息实践的反馈和修正，这种反馈和修正既有操作结果上的也有信息上的。例如，有时人们"不到黄河心不死"，到了"黄河"已经没有信息上思考和修正的机会；有时候，个人和群体却能通过深思等因素遏制冲向"黄河"的冲动；有时候，有的人明知道前方是"黄河"，仍旧一意孤行，所以才有"公

---

① ［美］托马斯·库恩：《科学革命的结构》，金吾伦、胡和新译，北京大学出版社 2003 年版，第 136 页。

无渡河，公竟渡河！渡河而死，当奈公何！”的悲歌。在信息的角度，主体可以通过交换、比较、反复等方式把反馈带入自己的感性活动中，不断占有更多更好的信息；信息可以留待实践的检验，却也可以拒斥反馈。

主体、主体把握的不同层块的信息、构成主体的信息和实践等元素，贯通为主体生存、主体和信息同在、主体用信息进行两类实践的闭环。信息的可信可用贯通于世界内在连贯，这保证了以不同方式获得的信息的总体不冲突。

在信息层面的演绎、论证、反复比较中，在物质层面的操作、试验中，人对信息的正确性、可用性、伦理性进行区分。

世界和人自身是什么样的，人才能获得什么样的信息。原初的直观信息综合成为人眼中的感性世界，不同的感官信息又让人们面对不同的存在者分化出区别对待的态度。对还原不同层块信息“本质”“原初”的研究富有价值，又终将在主体的思考与实践中合一。认识角度的差异一定程度上和事物本身的不同交织起来，成为人在感性世界活动不可割舍的现实。

但这还不是终点，人类有意识的信息活动并不能仅仅通过第一人称的方式不断扩展完成。只有回溯其历史性和群体性，才能进一步理解信息。

我们认识一切并形成已有认识的基本前提是我们是人，具备人的信息能力。人的信息能力随着社会积累的各种信息、工具而变化，随着作为一个“类”的人类群体的基因呈现的各种条件而变迁，因为所处的人化自然和社会被设定。人不能脱离类存在和延续，人类的已有信息在相当程度上和人类社会绑定。人的本质生成有身体生长和信息形成两个层面，人的信息形成有历史的类本质和生命体验的类本质两个层面。遗传信息在时代之间传播，社会信息在社会关系之间传播，第三人称的信息让类的运动更为贯通。

我们具备什么，世界才可能在什么情景同我们相遇。物质基础使感官和计算器官的功能模块得以实现，感官使我们直观获得关于外物的信息。我思支撑起自我感知并确认了人在信息层面的存在。思辨和创新使我们稳固已有的认识范式并不断突破旧范式达到新境界。劳动使我们生存与深思并改造了所处的环境。工具的创制和使用让我们有新的观察能力和测量能力。我们测量物质对象的长宽高或质量、重量等属性，用相应的情景、语境、符号系统、逻辑体系等衡量信息对象的内容和价值。在感官支持下，我们了解自身内外的情况；在概念的交流和重复验证中，我们确认社会的存在、规律的存在……

三、信息概念同历史唯物主义的交汇

在分析哲学中，曾经有很多学者试图从语言推出公允意义，从信息格式的环节研究人的意识。这种不顾及第一人称视角信息也并不讨论物质层面的方法已经式微。

在心灵哲学研究中，大多数学者相信神经大脑活动是人类心灵现象的基础。生物电、多巴胺、神经元等不同形式和功能的物质和物质器官参与物理活动为心灵活动奠定了可能。不同信息现象同大脑等器官的不同区域之间具备观测上的相关联系。这种物理的第三人称视角观测提供了大量的知识概念，使物理主义（也被称为当代美国式唯物主义）得到了大部分心灵哲学家的支持。

身体活动、器官运动等物质，现象经验、现象概念、想象、算法、知识概念等信息都是主体所有的。不同层块的信息现象和其物质基础的确归属于一个主体，并因为多层块的联动和复杂性积累支持意识的涌现和持续存在，这使物理主义天然具有合法性。物理主义面对着如何解释意识体验的存在及机理的困难问题，还不能形成将身体活动的最基本物理现象同心灵活动具体内容相关联的强力解释。

内容是信息的谜团之一。当研究信息所在时，我们无法找到信息在物理上的空间属性。我们可以说自己的脚趾疼，却不能说疼的信息处于哪个具体的细胞。我们能够测量神经纤维生成传递的疼痛信号载体的电，发现它曾经走过哪段神经，又引起大脑的哪个部分活跃，但是一旦进入思考，这种研究方法就面临原初体验的第一人称和外部物理观察之间的鸿沟，面临着信息内容和具体物理现象之间关联的困难。

总体大于部分，多异于一。层块的组合呈现出的超过层块本身的各个部分的综合并不奇怪。

意识把握的信息处于大脑计算的总运动中，不能简单地把其中某部分物质或物质运动从器官、从整体的计算中切割出来，说它就是这段疼痛的信息。在寻找大脑储存信息的机制中，也有类似的情况。如果把某一神经纤维的反应或者某一激素的升高解释为某种情绪、某个念头的全部原因，就忽略了信息的内容必须和主体的已有和潜在的信息结合活动展开，就把信息视为一次性完成的成品而不是一个过程，就将主体同自己的身心状况和所处环境剥离开了。信息的关联性决定了它离不开感官能力、主体的已有信息和潜在储存信息、主体的境遇等因素，具体信息的展开要和具体的情景相关。

在信息层面，某一信息加入不同层块的网络中产生意义的变化，让第一人称视角掌握的信息脱离个体已经掌握的各种信息独立或外化出来作为第三人称的方式，常常以削弱信息本身的内容和展开可能为代价。

其他主体也是如此。即使是硬件完全一样的手机，其中活动的具体信息也要受到 App 运行状态、网络、传感器所处的环境、手机操作系统版本、手机内储存信息等因素的影响。

在我看来，心灵或者说意识可以按照不同方式进行层块划分和研究。德国古典观念论通过人的感性、知性、理性等不同层次信息生产能力和这些能力产物的综合把握人的精神意识；胡塞尔（Edmund Gustav Albrecht Husserl，1859—1938，奥地利哲学家，现象学奠基人）现象学通过现象还原把握严格的意识活动；心灵哲学内部分歧较多，已经能够以层级或者模块的方式研究心灵活动的性质和事件；认知科学的各个部分尤其是脑科学更是日进千里，已经尝试对人脑进行内容的读写；还有一些路径的解释之道也各有其道理，在此不可尽言。

大部分研究对心灵的解释分为三条道路：聚焦于意识或精神的唯心主义之路、聚焦于物理主义的唯物主义之路，以及身心二元的相向接近之路。

单行道固然有其价值，从身心两个方面寻求整体解释的道路更有未来。随着认知科学的进展，心灵意识现象已经开始去神秘化，抛开物质谈论信息的行为无论如何都已经站不住脚；抛开心灵活动亲知的第一人称丰富内容，试图通过第三人称观测获得的物理信息把握心灵，则失去了细微的亲知内容。而对于所有的心灵哲学家来说，解释我们意识体验的存在及机理成为困难的问题。

当我从信息的角度将心灵作为信息活动的表现观察后，心灵哲学就可以成为信息哲学的特殊局部形式。困难的问题依旧是中心问题，却不再是绝对的。

同心灵活动具有相关性的物理活动，和同其他信息活动具有相关性的物理活动并没有本质的差别，都可以被抽象为物质的行动。有意识的心灵活动，人类自我能够感觉并以此作为“我”的思维与行动的原点。当无意识、潜意识、非意识等类型的人体内信息活动被发现后，特别是人体内器官的激素信息活动被发现后，意识的我和身体的我之间的不同被注意，体内信息活动也突破了意识的藩篱。在遗传信息活动被发现后，身体的我也出现分化，执行遗传复制的细胞内器官、生物系统与作为人的个体在信息层块和物质层块有着鲜明不同，信息相对于某个层块的某个个体是具体存在并活动的，脱离了能够把握此层次的个体信息又是不可见而模糊的。而在云计算、社会组织行为、生物种属遗传等现象中，多个不同个体组成的主体凸显，信息活动接续跨越身体边界，使唯我论难以立足，使信息视角下的个体有了更多的可能。

一旦完成这些思索，德意志古典哲学的某些优良传统就获得了大展拳脚的空间。将信息作为与主体同在的普遍事物，使“我”有可能建构主体、信息与所在世界之间新的抽象关系。信息作为运动中流变的事物，被塞入人所处环境综合考虑，孤立个体的信息活动被放到个体的所处环境综合考虑。心灵问题变为人类社会的信息问题。

心灵哲学之外的20世纪哲学大多不具备直面信息的路径。当旧框架的坚持者们仍旧拒斥对身体物理层面的分析而专注于讨论语言、意义等时，已经渐渐沦为哲学教授而不是哲学家。在从具体到具体而拒绝上升为总体的过程中，相当一部分人沦为心灵鸡汤的煮夫。

心灵哲学日渐与其他哲学区分开来，对人的物理活动和心灵活动之间的关系加以研究，具备新哲学的气息。

在更大的视角中，心灵哲学聚焦于研究心灵也成为一种缺陷。不论是专注身心关系还是专注人的性格与行动，都容易忽略已经日益庞大的社会信息在循环中形成的自有力量，容易不自觉地陷入天真的人类中心论，还面临无法解释计算机、生物遗传系统等广泛存在的信息活动同人类社会如何互动的困难。

在当代西方心灵哲学中，占据主流的物理主义认为包括心灵现象的一切现象都是物理实现的。反物理主义者则认为存在“心灵—身体”的二元结构。一些物理主义者从单纯依靠经验或科学论证转向了现象概念的分析，以此化解反物理主义难题。斯图尔加（Daniel Stoljar）将这一路径称为“现象概念策略运动”，而这种物理主义被查默斯（David Chalmers）称为“B类物理主义”，霍根（Terence Horgan）和廷森（John Tienson）则直接称为“新唯物主义”。[①] 这非常明显是针对个体特别是个人的信息现象形成的思考，具有个体层面的合法性。

我并不完全赞成美式唯物主义的物理主义或者新唯物主义方案，而是以信息破题。从前文可以看到，我不仅仅关注主体能够获得什么信息、把握什么现象，还注意将感官、计算器官、观测工具、世界、群体等同信息现象联系起来。信息不是直观或者超越直观的概念那么简单，而是主体活动中的事物，世界不仅是主体活动信息的源泉，也是主体信息指导下的生命历程改造过的产物。

通过以上的前提建设，我将心灵归为信息活动的产物的一种，承认信息为一种存在者。信息以物质为基础，却在自身的层面表现出不同于物质的属性。单独认识物质或者信息并不能很好地解决认识信息规律及其与物质关系的问题，要将信息作为和主体结合的信息，将承载信息的物质运动作为能和信息联动的物质运动。

人不应该被机械地作为无信息的物质机器，心灵不应该描绘为不可知的黑暗森林，人类之外的信息现象不应该被漠视，社会中的信息现象应该得到信息视角的还原，当代的机遇和挑战必须得到信息时代应有的分析。

这种探讨必须回到我们的已达世界，回到社会中。

历史唯物主义和辩证唯物主义可以拥有面对信息和解释信息的新地位。随着现代科学的进步，人们已经认识到作为物质特别层次运动涌现的信息活动在地球上并不罕见，并且和物质不可分割，这也是拒斥物质范畴的旧哲学虚化和衰落的重要原因。辩证唯物主义不会拒绝从物质和信息两个维度相向研究信息的道路，并且可以从实践中的人、活动中信息主体的视角去进行综合。信息活动同物的主客关系，也成为构筑新框架的起点。

曾经刚性的“精神—物质”框架在信息加入后，突破了局限于人的视角，扩展到广泛的信息存在视角。信息和物质的关系可以得到更概括性的描述，劳动、资本等得以在人的角度和信息的普遍角度进行双重论述，成为人类创造又约束信息文明的一部分。遗传系统、计算机系统等主体中包含的信息运动及内容就能融合进入人

---

① 参见刘明海、张卫国：《现象概念策略与新唯物主义》，《马克思主义与现实》2014年第4期。

类面对的整体信息图景。

在这种总体解释的尝试中，我打破具体现象的限制，实现对信息社会和处于此中的人的新思考。宏大叙事不仅需要回来，而且可以回来。信息的普遍性和特殊性成为分析的工具，人类面对的不同领域的庞大信息就有了大体的轮廓，“哲学—政治经济学—政治学—人类学”的框架在新的起点上拓展。

在历史唯物主义和辩证唯物主义的基础上，我借鉴并改造新唯物主义的策略，将物质作为信息现象的基础，拒绝在语言或者我思层次止步，通过现象经验、操作经验、现象概念、知识概念、想象、算法等，描述人的信息活动。其他主体有其各自的信息能力和信息层块，能够获得不同的信息，生物学家和计算机科学家已经进行了很多探索。不同主体的信息以潜在和实在的方式成为人类不可避免的历史和现实中的实践对象。

世界如何存在，我们才能如何走向确定。发现的确定性是由世界存在支撑的，现实的差异奠基了直观的差异，实践的不同强化认识的不同。人在处理关于信息的信息和关于物质的信息时，按可操作性的不同学习认识各种差别，并反向塑造着人和人占有的信息。

当聚焦信息时，从不同关系着手，我发现主体必然处于中心的位置。

一方面，信息必须和主体结合，就必须以某种方式同主体物质身体结合。感官、计算器官、信息处理方式等偏向唯物主义领域的元素，必须被纳入信息的总解释中。对所有关系的研究是以主体中的信息，特别是人能够思考信息而开始的。

另一方面，信息不是必然属于人的，尽管目前人在地球不同主体中处于信息中心的地位。由于信息可多样实现的特性，物质和信息不是一一对应的关系。计算机和人的物质组成迥异，但都可以完成 1+1 的计算；两个人的大脑大体相同，思维却可能天差地别。如上文所述，信息领域在自身层块有自己的表现规律和属性，不能机械地试图用物质现象完全解释和还原信息现象。

人在面对要认识的对象或信息载体时，不是试图从事物本身内部获得什么“原始的”信息，而是以自己的信息能力获得自己可以得到的信息。载体只是准信息的物质结构，离不开主体的解读。事物同感官的碰撞只是物的表面或物的表面的反射物同主体感官的中介接触，离不开主体的把握过程。信息和主体之间的辩证共在互动，是在主体和主体所处世界中展开的。

至此，围绕的信息的基础视角建立了起来。

不同层块、不同方面的信息构成人类自身的一部分。

主体、信息、物质、世界等元素并不是同一层级的存在。信息和物质不同，自身信息活动和他人信息活动不同，独立个体信息活动和群体信息活动不同，世界被相对分隔开来。

主体能够把握的信息也可以还原为不同的层块，这些层块与主体的生存境遇、主体改造并处于其中的世界、主体的感官能力及已有信息有不同的关系，又在总的关系中贯通。

我们是世界的一部分，我们认识和改造世界也促成了对自身的改造。世界中已有的各种事物参与了主体的形成，主体自诞生就被抛入这个世界中，也面对着自身被所处群体“包裹”的世界。主体不能回避世界和自身的时时碰撞，承认各种信息，哪怕认为某些信息是虚假的、错误的。

第五节 信息的环境

一、信息环境的三个壁垒

上一节讨论了人的信息活动中分化出现象经验、现象概念、知识概念等不同层次信息的现象和感官中不同条块的影响，并由此建立了本书的基础视角。

主体对“信息是信息”的承认是信息成为信息的关键一跃，却并不意味着主体认同信息的内容和导向。“反对的承认”为进一步论述信息如何存在提供了可能。

在可分的世界中，主体对信息的承认意味着在物质和信息两个层面对信息的接纳，信息所处的地方也被分开了。“反对的承认”处于直观中，也处于主体主观难以直接干涉的物质层面和非意识层面。

“反对的承认”包含着内在矛盾，意味着信息并不天然是信息。信息必须获得敲门砖才能存在于自己可以存在的地方，否则就在器官运动中沦为不能参与计算的杂质，或在信息层面的处理中沦为噪声。信息有层次，信息关联的物质运动也包含着不同区分。

即使成为信息也不是永久不变的。前文讨论了作为运动过程存在的信息同那些储存、通信的载体之间的区别。信息作为不断生成、消灭的流变事物，离不开物质载体。有限的主体难以让自身不断创生的信息全部维持运动存在的状态，就不得不将部分信息删除，或者转入储存的潜在状态。主体每次将信息储存或者对储存信息读取，都必须进行一次承认或否认。

基于这种考虑，信息在不同层块和实在潜在状态转换都在具体的环境中发生。信息存在和运动的环境成为这里要简单讨论的问题。

以著名的人工智能 AlphaGo 为例，工程师没法说硬盘中的芯片或者磁道里的物理结构就是它，或者说计算机逻辑门中运动的电子是它，也不能说具体的某些 0 和 1 的信息流是它。AlphaGo 以一套计算机硬件系统及其储存程序的载体为物质层组成，以程序员编制的基础程序和机器学习获得内容为信息组成。AlphaGo 在人的指令信息下调动储存的信息和载体进入两类信息环境，形成和输出自己的对弈决策。程序的编码和输出结果在其中都只是信息活动的一环，不能脱离整体环境，也不能脱离信息活动的整个过程。而在对弈这种交流过程中，AlphaGo 可以和自己或其他程序对弈，成为无关于人类的主体性活动。当 AlphaGo 和人类对弈时，它的每一步棋都要被人类解读，它的信息活动内容通过棋路向人类展示。

运行中，AlphaGo 在硬件层面分为中央处理器芯片、图形处理器芯片、储存硬盘、路由器、摄像头等模块，在程序层面除了各个硬件的驱动模块，还需要策略网络和价值网络两个模块。每个软硬件的模块又各有自己的组成结构。如果使用的是云服务器，则意味着其“身体”和作为主体的边界已经超越了传统的人那样的主体。

AlphaGo 的例子既充分表明了信息必须从整体上被把握，又表明了信息是主体在不同层块和不同环境转换间实现展开的。一旦我们单方面将信息变为只有自我能够解读的“我向”事物，或者作为僵死的数据、编码，那么就很可能脱离信息的本来面目。

AlphaGo 需要各个层面综合运动。在信息层面，实在的信息以此环境中可被承认的形态存在，保有本层面可以承认的内容与形式，并通过关联和运动构成本层面活的内容。潜在的信息被信息活动调动为实在，或者接纳实在的信息转入潜在。一些层面的信息为新层面奠基，孕育整体的新功能。AlphaGo 就这样从原始代码在学习统计无数棋谱后成为围棋高手。

信息通过形态转换在不同的层块间创生、传播和发挥作用。主体对信息进行承认或否认的矛盾运动就这样以在物质和信息、信息的不同层面之间跨越壁垒的方式实现。

“信息—物质”的转换之间存在着信息运动的第一层壁垒。

信息的每一个活动环节都离不开相应的物质。

信息因为主体相应器官的工作而存在于主体。处于潜在状态被储存的信息依附于载体，和主体能够解读载体的器官结合创生信息。主体的感觉器官同外部的物质能量及其作用接触，在能力范围内反映这些事物。

器官、载体等物质也随着信息的活动而运动。感官随着接触到的物质而运动，进行计算等活动的器官执行自己的功能，也被计算结果影响和调动，并可能进一步形成载体或影响身体行动。

在这个过程中，信息运动随附物质运动，信息运动的结果又引导物质运动的走向。部分信息在脱离运动时被转化为准信息的载体，又可能被信息相关的物质活动读取后从物质创生为信息，在循环中不断突破壁垒。

大脑、芯片等计算器官看似纯粹的物质，一旦进行功能性的运动就按照特定的算法生成处理信息。感官在主体面向对象时起着基础作用，旧哲学往往只把它当成中介，科学的进步使人们认识到，感官自身就带有计算功能，能够根据接触到的可感物质形成信息。

计算器官和感觉器官指向一个事实：原初信息的面貌是物质运动，特定结构的物质自身就是储存着算法的准信息状态，当这些特定的物质运动起来，其中的准信息就变成真的信息存在了。对于计算机科学来说，这不是什么惊世骇俗的认识，在芯片中铭刻的算法是芯片工作的基础。对于哲学来说，“硬算法”与“硬信息”却是跨过鸿沟的重要桥梁，不但指向了奠基意识的基底，还指向了更广泛的信息存在。

硬算法早就被人类发现了，中国人发明的提花机就是典型的硬算法应用于纺织业生产的例子。在提花机还没有问世以前，人们织制表面有简单几何图案的织物时，需要根据花纹的设计要求安装一些综片，并将每片综片都穿入相应的经纱，效率很低。

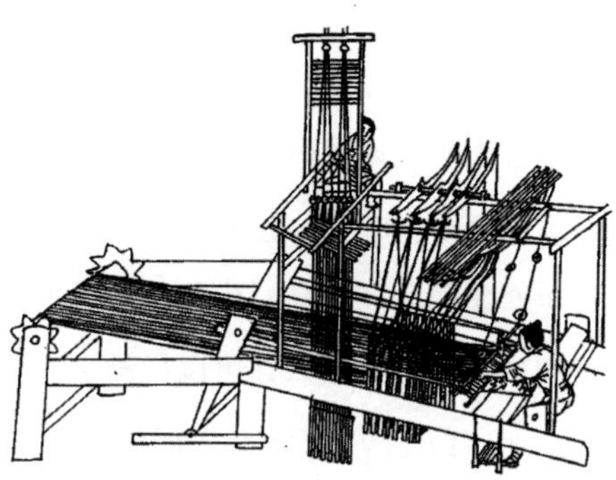

图 1-5 《天工开物》中花楼机图[①]

提花机至少在汉朝已经出现，效率较高的花本式提花机大约诞生在东汉，又称“花楼”。这种提花机能够依靠贮存纹样信息的花本编织出复杂的花样，大大加快了编制花样纺织品的速度。花本由代表经线的脚子线和代表纬线的耳子线根据纹样要求编织而成，是人类最早的机械储存程序的存储装置之一，能够使提花机纺织大型花卉和动物等精美图案。中国人利用花本式提花机曾长期占据世界纺织业的优势地位。东汉著名文学家王逸在《机妇赋》中赞扬当时的提花机“纤缴俱垂，宛若星图”，[②] 这种美的感动来自信息生产对物质生产的促进带来的朴素震撼。

图 1-6　雅卡尔织布机中的打洞卡片[③]

① 赵翰生:《中国古代纺织与印染》，商务印书馆 1997 年版，第 154 页。

② 参见赵翰生:《中国古代纺织与印染》，商务印书馆 1997 年版，第 150—155 页。

③ 《以临高启明位面，元老院的技术能国产化管风琴八音盒么？》，知乎，邓璞的回答，见 https：//www.zhihu.com/question/279508442/answer/407252100。

1801年，约瑟夫·玛丽·雅卡尔（Joseph Marie Jacquard 1752—1834，法国发明家）在提花机的基础上改进出一套打洞卡片系统来控制织布机上的编织图样：它表面上是打孔的板子，可以是铁制或木制，可以由机器生产或木匠手工制造，其动力可以是电力驱动、蒸汽驱动、水力驱动、风车，甚至手摇（图1–6）。只要硬算法结构驱动纺织机械动起来，就能生产华丽的丝织品，代替传统手工刺绣和手工提花法。先进的纺织业不再那么需要织造署的高级匠人，可以批量生产提花织物。这套技术后来被改良成纸卷钢琴录音，也启发了用打洞卡来记录数据和计算机程序的技术思路。IBM为纪念这一信息生产的里程碑，在1994年将其操作系统命名为OS/2 Warp（warp即纺织布上的经线），体现了近两千年来传承的历史痕迹。

"信息—物质"的转换难免有所损失，只有极为精确的机械结构和合理的信息活动才能保证这个不断循环的转换精确运行。精确运行的转换减少了信息运动的错误，也减少了意外带来的创新。在大部分已知的计算中，主体依靠的一定的容错性和鲁棒性[①]包容着转换带来的损失和其他计算错误。如果超出主体的能力限度，就可能带来一定时期的主体信息异常甚至毁灭。

"个体信息—群体信息"的转换之间存在着信息需要跨过的第二层壁垒。

信息是主体的信息，就会产生内外之别。在信息从个体所思转化为个体在外部世界的身体行动与表达的过程中，主体信息进程中占据优势的信息成为行动的依据，并调动物质的身体。一旦实现调动物质的身体，信息就能够在物质世界发挥影响。对于群体中的个体来说，要面对如何把个人信息转化为两人或两人以上的公共信息的壁垒，这就离不开主体进行表达的信息传播。个体的本能、模仿和学习等活动都受到他人行动的影响。对于个体组成的群体来说，其形成和活动高度依赖无数个体的行动。在传播和行动中，外界的反馈输入将改变信息和主体本身，形成内外的循环。通过群体互动，信息成为公允的通用信息，从而更加稳固和大众化。

"相对静止的信息—运动的信息"的转换成为信息运动的第三层壁垒。

上一节部分涉及了信息展开的问题。展开信息是对信息作为动态过程的描述。

---

① 鲁棒是Robust的音译，也就是健壮和强壮的意思，指的是在异常和危险情况下主体的生存能力。比如说，一台计算机在输入错误、磁盘故障、网络过载或有意攻击等软硬件的挑战下，能否不死机、不崩溃，维持运行进程中的信息量，就是该计算机系统的鲁棒性。

展开也是信息在稳定和不稳定之间突破壁垒的动作。

人们在了解信息 A 时会生成关于信息的索引信息 A_A，索引 A_A 代表着人们对 A 的简单印象或预先印象，不等于信息 A 全部内容本身。只有抓住 A 和 A_A 区别，才能把握自我真正占有的信息。

在 A_A 调动和呈现为 A 后，A 还是很难一步到位呈现它的全部内容，要在主体的信息运动中不断变化为连续并且内容相似的 A_1、A_2、A_3……在这种 A 到 A_x 的思考中，信息 A 的内容逐渐变化，信息在这种变化中未必是标准化地次第展开，而是要随着主体的具体使用展开自己潜在可能的某一部分、全部或变体。

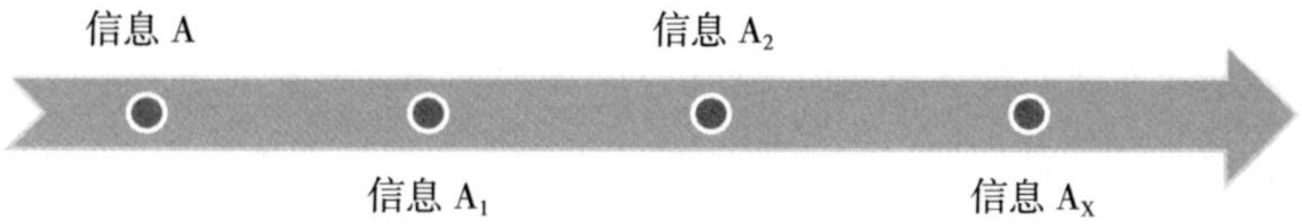

图 1-7　运动的信息

在不同的信息环境，信息的展开方式也会不同。主体对信息的调用可以知其然不知其所以然，可以望文生义，也可以天生知之神奇把握，更可以有学深悟透的完全领悟或推理演绎的精彩完善。

展开不仅仅是从个体的信息运动中发掘某一信息稳定的、充分的内容，还是个体间通过主动或被动协作、斗争、传承等方式稳定信息的过程。

对同一则信息的认定存在一定困难，一般依靠生成的连续性和内容的相似性判断。如果涉及传播复制，那么信息就会在接收者那里再生成，问题就要更复杂一些。在“意识的排除”一节，我所做的关于甲乙互动的演绎就说明了这个问题。

在运动中，由于物理事件的不稳定或信息运动本身的变化，信息 A 很容易发展为有历史渊源但是又分开的 B（A）。A 和 B（A）的差距可能在思考中产生，也可能在“信息—物质”的转换或信息向表达与行动的转换中产生。每次一转换和再生成的不确定性，使信息自身内容可能变化，并且因为具体情境下同其他个体在表达、行动等方面的联动，进一步拉开 A 和 B（A）的距离。

信息在稳定和不稳定之间的壁垒是其绝对运动和相对稳定的矛盾体现，也体现出将信息作为某种实物理解和把握的观点有多么偏颇。“无名，万物之始也；有名，万物之母也。”[①] 认识信息不能脱离其存在过程的不同状态。

信息运动的三层壁垒分别坐落在物质与信息、个体孤立的信息世界与传播通联群体信息世界、稳定的信息和变化的信息三个方面。个体以信息为中介生存在世界中，在表面的平静下常常发生着不可见的信息活动，持续发生着实在和潜在、计算和行动、定在和动在等不同的状态的交替。同一信息在这个过程中多次被创生。

信息本身未必为真，但是不管它反映的是真相还是假相，主体只有拥有信息才能有某种相，才有在感性世界中生存与生活的行动，才具备使信息跨过三层壁垒的可能。三层壁垒既为信息转换带来风险，也成为信息所在环境的分界线，或者说，正是信息的存在才使三层壁垒和信息环境的分界线形成了。

拥有信息、能够利用信息的个体和群体构成了主体。主体的构成被三层壁垒分开：身体要分为信息与物质，活动要分为信息活动与身体行动，身体行动要分为表达传播和物质实践，占有的信息要分为稳定意义的信息和活跃变化的信息。

二、三类信息环境

三层壁垒又反过来成为信息所处环境的边界。

信息以不同的形式存在于个体信息世界、群体信息世界。为了存在于信息世界，信息必须在信息或准信息的环境中活动地存在，这种环境由个体和群体的信息和物质构成。

在前文，我提出信息的量和主体能否承认、纳入自身的信息活动有关。信息的承认必须依靠已有的信息或类信息的衔接才能实现。不拥有信息或者不能接受它的存在就不能把握信息，已有的信息和类信息条件是占有信息的基础。

对于计算机科学家来说，软件自然而然地要以一定的标准编制，处于一定的运行环境中。一些哲学家也认识到信息本身并不完全独立，使用境遇、语境、背景等名词和相关的理论，解释主体已拥有的信息和新信息结合的必要性，说明信息何以拥有内容和生效。

---

① 语出老子，见任继愈：《老子新译》，上海古籍出版社 1985 年版，第 61—62 页。

这些思路朝着同一方向：主体活动的信息和储存的准信息构成了新加入信息要面对的第一类环境。

信息只有生成为主体承认的信号、格式、编码、范畴、观念等形式，进入语境、境遇等不同的环境中，才能得到理解，才能展开自身，才有可能和统一体系或相关场景的信息关联。从最简单的是否判断到复杂的信息体系，莫不如此。

新信息只有同已有信息具备某些共同点或可通约性才能进入一体的运动过程。如果不具备这种特性，就会被已有的信息环境作为乱码或噪声屏除。主体获得的信息，必须是自己能够理解或者有局部理解可能的信息。

信息在完成进入这些环境的转化后，还要处于相应的层次中，和关联的信息连接才能被充分生成，否则只是无意义的乱码。不论是储存记忆中的潜在信息、现实情况的反映还是即时生成的其他什么内容，信息成为整体运动的意义网络中的一员之后才能真正存在。无人理解的信息，有和无等同。

主体先拥有承认和容纳信息的内在环境而后才能开门迎客。一旦如此思考，单独的信息就在时间顺序上晚于其整体环境，层块的信息可能是分化和奠基的产物，信息的软格式源于物质的存在特性。

已有的信息和准信息作为第一类信息环境，其自身和其他信息一样处于和主体结合的运动中。第一类环境的运动又离不开第二类信息环境——物质的器官、工具、机器、载体等事物的运动。

第二类环境既包括主体的身体，如身体器官和体内信息活动的载体等；有时也包括主体使用的工具、能够帮助思考的机器和可感的外部载体等。

第二类环境不能仅为静止的物质或各自独立的物质，它必须是成一定结构进行物理活动以驱策信息活动的事物，其物质结构动起来时就能够产生和容纳信息。它们需要实现信息运动随附的物理运动，能够提供信息运动随附物理运动的能量。否则就无可想象这种运动是现实的。它们既要作为物质基础支持第一类要素的存在和运动，也需要面对生成和输入信息的载体。

对比两类环境可以发现：第二类环境的存在无可置疑，第一类环境却似乎可以被剥掉。假设主体内部不存在已有信息，或者删除全部信息，第一类环境就变成无根之萍，无法解释如何接纳新信息。假设主体一次性接收生成的信息自身就构成第一类环境，那么第一类环境就不是必要的。

这无疑提出了挑战：是否存在第一类环境缺失的情况下信息活动的可能呢？

答案在某个角度来说是肯定的，第二类环境有时也可以起到部分第一类环境的作用，例如，一些没有存储器的计算设备也可以工作。

这时，前文探讨的“硬信息”问题就变得极为重要。身体器官等特定结构的物质运动起来，其中的准信息就变成真的信息，硬信息也就成为信息活动中更具备奠基性，或者说在因果性上可以占据上游。有人认为，没有软件和生态的芯片只是一些高价的石头，这些石头却足够特殊，它们是铭刻了基础准信息的特定物质，一旦运动起来就成为信息活动的中心，自身就成为最基础的信息环境。

器官作为主体信息活动的硬件，只要开展相应的活动就可以实现一定的功能形成信息。一些机器或工具也有类似于器官的特性，可以在相应的运动中形成类似于信息的活动，成为潜在的主体或者准主体。

载体作为承载信息或准信息的物质必须可被身体或工具接受和承认，也是第二类环境的一部分。有的载体是主体内部器官工作时用于计算和传播的产物，如神经细胞传递的电信号、细胞中的脱氧核糖核酸等。有的载体是身体外部同身体的接触，或者身体外物质进入身体，如光子组成的光线、空气、外界激素等。有的载体不与身体直接接触，离不开光线、空气等可以接触身体的载体，如书籍、磁盘等。

如果用大大超出身体承受能力的物质作为需要身体直接接触或吸纳的信息载体，主体的生命将随着物质的到来而结束，也就谈不上什么开展信息活动。

假设反物质星球①的外星人用本星球的纸写了一封信，地球人即使能够幸运地靠近它，也会很快在触碰时发生大爆炸，没有机会看看上面写着什么。

如果作为载体的物质对身体无害，却是主体器官无法辨认的，信息活动也无法达成。例如，当今世界满是电子设备运作和传播信号带来的电磁波，可是没有多少人能够直接靠身体解读它们。

① 反物质是正常物质的反状态。当正反物质相遇时，双方就会相互湮灭抵消，发生爆炸并产生巨大能量。

不论内外，主体生成和传播信息的载体必须同主体自身或相应工具的物质相容，并能够被相应的器官或工具识别。

一旦涉及身体的层面，主体对信息的承认就变成自身存在的前提。作为研究对象的信息就变为我们自身。

我们处于人类社会中，这揭示了信息的特殊的第三类环境——主体身处的群体。

按照之前的方法，对第三类环境再划分，其处于个体之外，由不同个体之间的信息活动具现。

对个人来说，人在出生之前就必须开展信息活动，依靠第一、第二类环境拥有个体的信息世界。这个世界的空间大小取决于它实存和储存的信息的总量，也取决于它可以接触什么样的群体和什么样的感性世界。

对人类来说，在人类诞生之前，就存在创造人类的信息环境，在人类诞生之后，社会是人类面对的最主要信息环境。

人是社会中的人。在社会中，人的信息主要来自社会而不是想象中的无人类的自然。一定数量的人组成了社会，个人从中获得信息，使信息展开并按照信息实践，也被已有的社会存在反向设定意识。

表达则是一种特殊的行为，主体通过表达将信息转化为外在的颜色、动作、空气振动等，目的在于影响其他主体或者制造信息的载体。

个人通过表达同他者联通，个体的信息世界由此发展为更广阔的信息世界。对人来说这个世界主要存在社会中，他们同家人、朋友、同事及陌生人交流时，两个或多个信息世界一时间联通起来，信息在此前隔绝的信息空间中传播、变化与生成，信息世界边界因为交流时时改变，信息世界的数量因为主体数量的变化和主体间的不同组合而时时变动。

其他主体也能发展出自己的社会。20 世纪 80 年代，计算机科学家认为传统计算系统过于封闭，必须按照非常局限的软件和数据方式满足一致性的要求，然而社会机制是开放的，软件系统发展飞速，并不是总能够满足一致性条件，部分系统在这种矛盾下，需要通过某种协商机制达成一个可接受的贯通。马文·明斯基（Marvin Lee Minsky，1927—2016，美国人工智能学家）将每个个体称为一个代理（Agent），认为个体的有机组合能够构成计算机的社会——多代理系统（Multi-Agent）。这成为全球互联网的思想先声。

人类和其他主体共同融入信息世界的崭新面貌中。互联网联通了无数人，每个人、家庭、组织相对孤立的内部信息世界拥有了一个恒久的中心。这里储存了惊人的准信息，点对点的信息传播和依靠中介的信息传播在服务器、路由器等信息机器的帮助下成为全时全域的行为。

自动化的信息机器加速了信息生产，它们生产的信息不一定能够让人类全部读懂，却可以在人类的指导下帮助人类获得更多量的信息。信息机器正拥有更多的传感器，并通过机器人等方式拥有自己的肢体。它们日益具备能动性和实践力，正在成为这个世界的新主体，也让信息世界的空间增长更为迅猛。

即使知识和经验极为丰富的计算机专家，也很难以个人身份从软件和硬件两个层面完全地理解当前信息世界的环境和各种参与者。人们一旦联结起来就很难分开，处于空前巨大的意义网络中，这本身就是巨大的新信息。

新的信息世界从 20 世纪 90 年代开始通过互联网征服主要工业国家，从 21 世纪开始，以移动互联网的方式实现了更快的全球扩张。曾经名为“网民”的少数者身份现在却已经成为大多数，他们和信息机器一样是这个世界的主体。人类日益离不开崭新的第三类环境。

三类信息环境使信息能够存在并作为主体的他者对主体的存续与变化、信息环境的演化等产生影响。

信息进入一定的信息环境中，在环境的限制下存在与展开，也影响着信息环境。已有信息、新获得和生成的信息使个体和群体的信息世界发生变化，让随后到来的信息处于不同的信息环境中。

主体或者准主体拥有的物质身体，不是单纯的一堆细胞或某种晶体的排列，而是主动或被动地在一定结构下组织起来、运动起来。主体孕育之初就拥有生成和容纳信息的可能。

已知生命从细胞到器官的结构是在遗传信息指导下构建的，身体的运作在自身没有意识到的时候就在生理信息系统的指挥下展开。包括人类在内的生命都是在信息参与下建设起来的，是和信息共在的同路者。只有具备生理的信息活动和遗传的信息活动，生命才真正来到世间。非生命主体也离不开类似的预设信息构建。

信息和具备信息能力的主体共存，这个过程表面上主客泾渭分明，实际上却是辩证共在的。信息既面对主体，也进入主体内外环境；主体既要处理信息，也因信息而改变自己。

信息环境一旦承认，信息就被作为信息而把握。如本节开头脉冲星电波的案例，主体承认它是什么，就会试图从中得到什么信息，哪怕是误解或者获得假信息也不能改变承认这一事实。而在比特翻转现象中，物质怎么变化，即有的承认机制就把新的比特状态读作什么信息，即使纠错机制也无法完美识别。对信息的把握未必是有意识的，但一定是主体的行为。无意识的生物把握信息的能力可能仅限于条件反射或本能行事，但是无碍信息生效。

信息纳入主体，加入的是主体中已有信息的活动。新信息只有同已有信息具备某些共同点或可通约性才能进入一体的运动过程。如果不具备这种可能，传播者赋予了某种结构的物质可能被已有的信息环境作为乱码或噪声屏除。主体获得的信息，必须是自己能够理解或者局部理解可能的信息。意识、精神等信息活动中的范畴在可通约的框架下被纳入总的信息范畴。它们都可以算作主体信息层面的存在的一部分。

在这种绝对的主动性背后，貌似为对象的信息却成为主体信息层面存在的一部分而活了起来，并能够改变主体和主体所处的环境。主体占有信息既是处理信息的过程，又是信息及其反映的事物同主体发展联系的过程；既是通过新信息改变自身信息量乃至物质构成的过程，也是新信息展开为已有信息、改造已有物质并以此设定个体和个体的类的过程；既是主体从其他个体和同类群体获得信息的过程，也是受其影响改变自我的过程。

信息不断被屏除也不断被创生。信息在突破每一个壁垒时，都改变着它的形态和边界。只有这种在过程中活的信息才是完整的信息，这也使得它依赖能量输入而存在。

第六节 共同命运与破壁

我们知道世界上存在信息，它组成了信息世界，是现实的存在。可是信息却是主体的信息，受信息环境影响。

主体是信息的所在，主体自身的一部分由信息组成。和信息结合的主体可以按照信息的导向活动。但信息未必是某个主体的信息。

这一节的主角转向信息，在以信息为中心的情况下，信息和相关主体的命运是什么呢？

一、共在

当代崭新的信息世界由无数不断上线下线的主体共同构建，它和我们共存，又不因为某一个人、某一台设备的离去而消失。新世界成为众多主体的中介和归宿。

信息的存在不是单纯的“有”，要落实到主体的相信和使用中，落实到改变信息世界、物质世界和其他主体的实践中。主体的实践又保证了信息的物质基础存在，促使自身和其他主体的信息变化。信息和主体共同存在、共同变化。

新世界的信息量由共同参与的主体维持，新世界的建成最终反映到对人类感性生活和物质条件的改造中。人们一开始修建信息高速公路，几年之后就迎来了“互联网 +”，人们前几年还热捧 AlphaGo，突然又被 ChatGPT 震撼。一波波的信息浪潮是人类社会信息化总进程的表现。

如果借用计算机技术的术语，有连续性的信息运动可以视为一个进程，同一信息运动的不同层次和相对独立的部分可以视为一个线程，是总进程的一部分。但自然的信息活动在规定性上要灵活得多，每一个进程中都有信息之间的复杂网络的联系和重叠纵横交错：有时整体有关联性，有时只有细节有关联性，信息运动不绝如缕的连续性使进程维持下去。

作为一种裸猿，我们仍旧仰赖人类诞生以来甚至诞生之前就奠基的生命信息，离不开地球生命共有的遗传信息系统以及它对人的规定，也传承了生命自宇宙大爆炸以来学习的很多经验。人类胎儿孕育中的变化体现了地球生命进化的诸多历史记忆。作为不能脱离社会的群居动物，我们处于人类社会运动连续的信息总进程中。

信息的存在是主体存在和活动的必要条件，在没有第三者帮忙重启的前提下，这种开端必须是连续的。如果地球上信息、主体之间辩证共在的运动曾经被彻底打断，也不会是我们所处的这一运动。因为一旦停止，信息的存在就消失，信息和主体的共在瓦解，生命的总进程就失去它的开端，我们也不会有条件在这里讨论信息。即使进程重启，曾经的开端也不会是现在的开端了。

主体、与主体结合的信息、主体已达的物质世界三者共同存在与共同改变，具备了共同的命运。

信息存在和变化的连续性由三者共在和共变的连续性支撑。主体在生存中既要面对信息，也要面对物质，更必须把二者结合起来，面对外部的信息和物质世界。已知的物质世界不是想象中孤立的未经接触的概念化的自然界，而是包括人在内的主体已经通过物质活动活跃和反映、通过信息活动描述和回应的世界。可触及的已达世界是主体存在和信息延续的最大基础。世界已经呈现出来的部分，提供了主体和信息连续存在的可能。即使按照概率，我们的世界可能会突然塌缩而消失，可能因为行星大冲撞而毁灭，但到目前为止它还存在着，我们因此而生。

信息既处于主体内部的两类环境中，又随着主体处于物质世界的社会环境中。

信息和主体共在，主体与世界共在，信息随附在世界的物质里，物质以信息中介呈现给主体，主体要跳到信息外。

三者共存而无法彻底分离，这就提供了在同一世界中以彼此为中介的运动的可能。信息汰旧迎新的辩证运动离不开主体的信息生产和物质实践。主体按照信息生产的结果在物质世界和群体间实践，面对生老病死、优胜劣汰。物质世界在信息和主体的辩证运动中作为基础的环境，渗透着信息和主体，自身也被广泛改造而充满活力。

主体、与主体结合的信息、主体已达的物质世界，三者之间因为存在方式不同而有自己的变化规律，又因为存在方式之间的关联而彼此影响。三者之间的变化最终产生了地球上的自然物质、主体和信息世界。

二、破壁

在共同的命运中，物质处于原初的地位。信息、主体都因为物质的现实而存在，也不能拒绝物质因为物理、化学等方面的运动而发生的影响。主体的实践是最特别的力量，它的特别不在于力量大小，而在于其根据信息调动信息和身体，超越了物质层次活动的限制，并且能够改变信息和物质。

信息对主体发挥影响，使主体相信并据此行动的导向性、可以在不同主体之间传播复制的可复制性，使信息拥有自己的扩张和运动方式。它被主体改变，却也通过主体行动而间接触及物质世界，它因主体存在，却也给予主体创生并参与生存竞赛的能力。

信息发挥影响的关键在于实践。运动中真实存在的信息才能超越刻板的必然，行动起来的主体才能突破信息、主体、物质之间的壁垒，维持自身的续存。二者结合使信息穿越不同个体、穿越物质与信息而不断地飞跃。

在历史性的进程中，外部的物质和信息环境奠基了主体的信息能力和已有信息，又推动主体的新知新行。但主体毕竟不能直接占有外部信息和物质，要依靠自身在信息和物质层面的活动实现自身的影响并被影响。主体的信息活动相对内在，主体表达信息和根据信息调动身体的活动相对外在。

三个壁垒再次浮现。突破壁垒成为主体依靠信息特性在感性世界实现解放和信息展开的过程。

主体首先要实现物质之壁垒。

信息对物质的随附性是信息存在与产生的基础，也是突破从信息到物质这一壁垒的秘密所在。

物质运动催生了从物质到信息的过程。在计算机发展中，人类第一次亲手创造和见证了这一过程。在产生信息时，外来的物质可以干扰信息活动随附的物质或者加入物质运动，给信息运动添加新内容，这成为通信科学中消除干扰和噪声的研究内容之一。

物质并不与信息一一对应。机械计算机和电子计算机都能完成计算，不同的人可以有共同的思想，同样或近似的信息可以通过不同的物质运动实现，构成主体在信息生产上的自由。

依赖却不一一对应，这就是信息对物质的随附性。

信息对物质的随附性也有其反向的一面：信息运动可以调动物质的器官和运动过程中的信息载体。在这一点上，通信科学、脑科学和计算机科学已经有奠基性的研究。物质的器官和工具可以承认特定结构的物质，顺从其导向，并采取行动。当信息活动构成特别的物质结构或物质输出时，就能调动接收到这种物质结构或物质输出的关联器官和工具进行信息活动或身体活动。这种连接并不仅是中心式的，也可以是分布式的，人体可以不受大脑调控直接完成的膝跳反应和断头后仍旧存活的公鸡就是例证。“信息—物质”之间的循环不但成为信息存在和变化的状态，还成为信息联动物质的通道。能动性成为随附性潜在的另一面。

在信息和物质的循环中，信息向表达和实践转化是一个由虚到实的过程，主体行动起来并创生信息又形成了由实到虚的过程。主体的信息通过能动性走向外部感性世界，突破个体身体的壁垒局限。

主体并非仅在信息世界或物质世界中某个单一个体里生活。自然形成的主体必须能在物质世界满足自身对物质能量的基本需求，哪怕是寄生虫，也要碰到合适的宿主，这又需要一定的信息活动引导主体。计算机显示了另一种可能，一个具备高度信息能力的主体主要活在信息世界，出生和活动的物质来源都是他者。这就表明主体既可以通过响应信息的行动作用于物质，也可以通过他者的物质输入维持信息活动。

主体以信息及信息的活动为自身能动的开端。信息活动又往往为满足主体的物质能量摄入服务。信息耗费物质能量又影响主体的物质能量使用，信息驱动下的主体完成物质运动，满足自身需求和改造物质世界，又在这一过程中生成信息和自身。改造世界的历史成果成为主体和信息的沃土。

个体的表达和响应将信息和物质完整地联系起来，使信息化为外在的行动，这些行动离不开作为他者的表达和行动对象。

在这种限定中，主体解释世界只能改变自身信息，改变外部世界则离不开主体的表达和实践，离不开对主体之外的输出。从解释世界到改变世界，看似坦途实则暗藏鸿沟。

信息必须活动起来才能存在，所思所想乃至无意识信息活动的产物却不会脱离表达和实践自动呈现出来。在实践和解释中选择悬而不论（悬置）因而不但是可行的，而且常常是必须的。主体计算的自由必须同收到外部世界限制的表达和行动相对分开，又在实践关头结合起来，并且被物质实践的结果所改变，这就构成突破信息与物质壁垒的双向过程。

其次是群体之壁垒。

我们习惯于将个人作为主体，却在日益发展的当代信息生产中看到了作为计算机的主体和作为计算集群[①]的主体在计算中并无二致。只要不同主体能够按照一定的计算路径共同行动或者协作，不难发现多个个体组织起来的群体也构成主体。

不同主体之间可以通过表达交换信息，可以通过实践互动生成信息。群体和个体信息活动的互动构筑了更复杂的信息循环，使信息的实在更加丰富，也让生命的信息延续存在。“论迹不论心”在群体之间也成为更真实的描述。个体和群体之间信息的流动需要跨过群体之壁垒。

绝大部分生命需要生活在同类组成的群体中，部分主体能够和非同类的其他个体构成共生的群体。群体是多个个体组成的集体的、组织的、社会的集合。群体不仅依靠物质在空间和结构上简单的贴近形成，还需要信息关系塑造自身和实现运动。它基于不同个体间有意识或无意识的承认集中起来。群体的同类感、集体感、组织、制度、社会关系等，本身就是得到承认而存在的信息。群体活动在多个个体的计算理解与表达响应中协调出来。在群体中，个体互为可能的信息反映对象、表达对象、行动对象。群体可以协调面对外部事物，它们总的表达和行动结果影响着外部世界和其他群体，也影响自身中个体的命运。群体是相比个体更为网络化的信息环境，个体之间、信息活动之间关联更复杂，能够保有更多的信息。个体成就群体，群体也成就个体。个体是群体的信息生产成果。生物个体从代际的群体间获得遗传信息。国家、民族、家庭等人类群体具有的信息基础和物质基础能够通过教育、遗传、劳动、斗争等过程塑造个体的算法、个性等。群体和个体不断交换信息，使自身的信息成果得到延续。

---

① 计算集群是多个计算机组成的系统，它通过一组松散集成的计算机软件或硬件连接起来高度紧密地协作完成计算工作。

群体中的个体可以彼此交流，互相模仿和学习节省获取信息和计算的时间；可以进行协作，节省个体获得物质能量的时间；可以竞争、对抗与毁灭，造成信息和物质的减量。个体要通过一定的信息交换才能维持作为群体一员的身份，参与到群体的活动中，其自身也从群体信息活动中获得相应的反馈。群体中的表达方式如尿液味道、语言、无线电以及其格式被先天或后天地众所承认，为群体共同的信息生活创造了条件，共同表达又成为群体的组成方式之一。

群体因此可以作为更宏观、更庞大的主体。它们有相对于个体独立的信息和物质活动。群体的信息活动往往要依靠不同个体的大量表达和行动作为中介，最终形成群体产生的信息。越庞大越持久的群体越难以依靠“他心通”、默契和单纯的猜测实现组织与协作。相比内在而难以把握的个体信息活动，面向群体的表达出口难回，走向物质世界的响应行动覆水难收，信息呈现在输出的表达与行动中。群体的形成、维持和信息生产，靠的是相对更稳定、更实在的表达与行动。

群体活动使信息成为可持续的实在，不会因为个体的消亡而消失。只要个体将自己的信息通过记录、生殖、教育等方式传播给其他主体，信息就有机会跨越不同主体实现互联互通，跨越时间和空间，成为具有历史性、对物质世界和其他个体产生持续影响的存在。在群体中，行动起来创造事实的重要性始终是第一位的，它是维护群体的信息存在和物质生存的首要条件。因为只有行动才能使信息成为不同个体乃至不同群体共通之物。

个体作为群体的一分子，需要处理同类或异类主体的各种表达和动作，作出相应的回答或行动。个体面对的不仅仅是具备能动性的其他主体，还包括主体间的复杂信息。正是群体的存在使孤立的个体连成信息世界的海洋。他者也因此参与个体的塑造。在生育和教养中，个人成为人类的生命信息和信息文明积累的中介和过程。在社会的生产生活实践中，个人成为社会信息的网络节点，被社会信息驱动。蓬勃发展的外骨骼、植入芯片和基因编辑等技术预示着人类依靠科技信息的积累改变身体的边界。人工智能科学家在观察到GPT这一人工智能生成引擎的惊人性能后，已经大声疾呼要建立人工智能和人类共同进化的新机制——预示着人类日益临近面对信息能力不逊于自己的异类主体。人类在信息工具以及后来的信息机器的发展中塑造准主体和主体，见证信息突破人类身体壁垒的新境界。

个体的信息转向表达和行动后，信息活动由内部的、主观的、虚化的成为互动的、客观的、可见的。感性世界和世界中的其他个体成为主体在信息导向下能动的改造对象。主体自身也在信息和物质层面主动或被动地改变了。

信息实现了个体之外的存在，不但冲破了身体的壁垒，也突破了个体寿命的壁垒，得到时间上的传承和遗存；突破了个体归属的类的壁垒，实现了主体的创新和塑造。信息由此不再是个体占有的私有物，而作为主体必须面对的一种活动的事实，最久远的影响就在此处发生。

信息在变动和稳定之间转化必须跨过较为隐蔽的壁垒。

信息在每个活动中及活动之间都有可能发生变化，这是由信息运动的存在方式和可以被改写的特点决定的。

受到算法、算力和计算时间等限制，主体并不是即时得到清晰的计算结果，需要一定的计算过程。对个体来说，时间和信息能力有限，活动中的信息可能被遗忘或者被新信息覆盖、擦写，其计算结果也存在随机性，在计算本身中常常存在不足以形成导向的中间环节。

信息活动的规模取决于主体的信息能力，它必定是有限的。信息的命运因此捉摸不定。大部分个体生产的信息阅后即焚，用后即亡，甚至没有理解和使用就已消亡。个体的信息在表达和行动中也有损失或扭曲，展开为不同于纯计算时的面貌。群体间的信息反而因为不断传播和外在的表现形式有时更加稳定、更容易留存。绝大部分信息不能随时随地都完全处于活动中，必然有一部分或全部被储存、被遗忘，处在信息活动之外。信息离不开展开的过程。

某个具体信息的边界变动不居，相对于别的信息而界定，并且像物质那样可以层层细分。但在向后看的视角中，信息在运动中表现出差异性，从简单的存在发展为具体的有内容的事物，引导主体的计算和行动走向特定的方向。这就是为什么差异性和导向性是信息内容的重要特点，也是信息以运动方式存在的表现。

具体信息要靠同其他信息的关系来确定自身。它的边界和同其他信息的关联随时受到挑战和创生。只有加入已有环境的网络中，才可能全面展开自己的内容，哪怕这种展开的过程会否定曾经的自己。

假如信息 A 本身不再处于活动的存在状态，那么代表这个潜在信息的 A_A，代表去哪里以什么方式寻找A的索引，或者代表相关储存载体的索引信息（X，A）就可以起到索引的作用，使信息活动在关联到A时可以将其生成在计算中。信息A以活动中的部分和储存中的部分作为大概的独立边界，处于活动中的部分不能抗拒改变，处于潜在储存的部分必须经历由储存的信息载体被反映为信息加入活动的过程，储存的原内容在经历这个过程时可能发生变化。信息A不是长存的，既面临信息活动的变化，也面临"信息—载体"双向过程中的变化。

信息的不稳定和变化不仅以运动的方式体现，也不仅在"信息—载体"双向转化的过程中体现。当我们把思考、表达与行动作为信息运动的总过程考虑时就能发现，信息每一次转变状态都面临着改变。例如，一个人想的是A，说出了B，实际做出了C。这表面看不符合知行合一的要求，却是生活中的常态。一些哲学家无谓地探讨心灵和行动的因果，实际上是将人丰富的信息活动切片后孤立起来。这些探讨同现实相比黯然失色。

我们拥有使用的一些信息甚至未必能被自己意识到，可能在应激的反应中完成了自己的使命，可能被潜意识消化了，也可能被无意识的算法过滤掉了。作为总体的个人依旧享有此信息、把握此信息。信息对个人来说是实实在在的，对物质世界和他者来说却可能难以把握并被影响，是虚化的实在，也是不定的存在。

除了内容的导向，信息的格式、表达的载体和行动的模式都处于这种交替中。以计算机的活动为例。

硬盘、光驱等储存信息的载体得到读写，形成电子流。但我们不能简单地说在计算机中运动的电子是信息，它们在逻辑门中的运动形成的无数个0和1——机器语言束流动起来时，才成为计算机能够辨认的信息。预设在电脑中的由辨认0和1的逻辑门等构造的集成电路是固定的物质，大部分没有专业知识的人无法理解它们具体代表着什么样的准信息；在具备专业知识的人眼中，这些电路在物质和信息层面都较为稳定，里面预制的算法和电路本身的工作逻辑可以被理解。

对大部分一般程序员来说，0和1以及集成电路里蕴含的信息或准信息是难懂的，无法直接支持大规模的软件工程。一些高明的程序员通过更复杂的汇编语言和高级语言，在0和1的基础上建立起新的信息格式，让程序编制变得更简单，信息的固定方式得到改进。

计算机中程序生成的内容既可以继续用信号的方式传递给其他机器，也可以通过显示器、音响等工具用影像、声音展示给其他人。

同集成电路中逻辑门结合电子运动起来的 0 和 1 只有计算机能够实时解读，几乎没有人能理解流动的电子。程序员能够解读程序，却未必能理解计算机用户利用程序获得的信息。计算机用户远离这些背后的信息，却能够从计算机获得自己想要的内容，计算机中展示的内容需要和用户自己的信息环境结合才能形成信息。

在这个例子中，我们不能简单地分辨过程中的某一环节的某一事物是否为信息，信息存在的确认和其变化发展都离不开相对应的主体，也只有正确的解读对象才能获取其中的全部内容。信息在不同的层次以相对静止或变动的状态存在，想把其中信息运动和信息随附的物质运动彻底切割成孤立的环节，是不可能的。计算机如果脱离显示器、音响、指示灯、机械臂等表达工具，就无法提供普通人能理解的信息。专业人士已经在面对这种挑战。2023 年，一些计算机科学家希望开发具备解释功能的人工智能系统，这些系统会将自身的算法用语言对用户进行解释。这种系统用来应对现状：用“用户友好的”语言向普通人解释人工智能系统是如何做出预测或决定的，已经越来越困难了。

这种困局体现出信息像一个液体洋葱球，其变化不但发生在自身，也发生在更深或更浅的圈层中，发生在支持这个球聚拢的有限性的同一中。每一个层次的信息只有实现自己的相对稳定，才具备传播和发展成其他形态的可能。

人创造了计算机，使其计算、储存和表达信息的能力日益迭代演化，能够更加准确稳定地为人类信息生产服务。新信息世界因此获得了繁荣的基础。

信息如此多变，人的主观感觉却不一定能感受到。计算、理解等信息活动是个体的、内部的、主观的，它们背后还有无需理解的神经活动和生理信息等，个体能把握的可能只有面向自身感官展开的部分信息。自我反映和生产的信息被一些哲学家看成最直接、不易走形的事物。但实际上，很多信息在范畴的约束中活动，当人使用语言、公式、逻辑、数学等工具思考的时候，就已经把自身有意识的信息活动很大部分限定起来，把活动中的信息的格式限定为语句、数字、量和质等标准。

何止是范畴呢？人的所有信息都已经在生成中受到了物质器官和载体的规定，否则就得不到承认。

信息通过各种方式被相对固定下来，稳定了自身的存在。

主体生产信息的过程受其算法的选用和计算过程的随机性影响，充满着不确定性。其他主体难以直接把握其他个体活动中的准确信息，好像面临量子物理学中的概率波一样。其他主体不论主动还是被动，只有以反映该主体的表达作为中介后，才能试着去理解、去猜度其信息活动。当表达缺失、无法理解或难以信任等情况发生时，该主体的行动就成为判断其由何种信息驱动的唯一标准。主体将信息转化为表达或响应行动，相对来说是外部的、客观的，更容易被其他主体感知、把握。信息也通过主体的行动过程完成自身信息的显化与“固定”。

人们往往忽略信息的不定和常变，相信信息的稳定并追求不变的信息。这种追求有其崇高价值，对信息的固定提供了在已有成果和既有道路上创新的可能，使理性、科学、量化等道路越走越宽。依靠书籍、磁盘、芯片等工具储存的事物越来越多，依靠符号、公式、数字、货币等工具去固定信息的尝试日益成功。如果没有从信息层面和物质层面固定信息的种种努力和成功，之前我谈到的对信息的承认就是不可能的。上文举例中提到的计算机的工作，就是将信息固定化的无数技术的集大成，不同类的信息转化为硅晶体中活动的电子，以数字的格式活动，大大提高了信息生产效率。

对稳定信息的追求也脱离不了矛盾的普遍性。一些盲目固定信息的尝试，忽视了信息必须依靠运动存在、必须和主体结合存在，蕴含着忽略信息不定和变化的意图。

人们不能设想信息仅仅在一个层面按照一种格式固定地运动，那就意味着信息之路的终点离我们不远了。一方面，对信息固定化的过度褒扬强化了随附性而否定了能动性，是生命无法承受的重量，将生命带向机械的物质运动；另一方面，对主体来说，未被固定的信息暗示着自由，稳定的信息有可能是束缚，解除一些信息的固定可以带来解放。这种生命的轻灵时常是必要的、革命性的。

在主体追求信息稳定的背面，蕴藏着主体突破旧有的信息格式、模式和导向，追求新信息、进行新实践、创造新主体的运动。信息在主体之中和之间通过“稳定—不稳定”的不断转换实现存在与变化的双重命题。

在混沌[①]中，有序[②]会产生，在物质中，分形[③]隐隐发生，在热寂[④]中，耗散[⑤]实现了挣脱。物质的存在为信息的产生和发展埋伏了可能。我们既然不能奢望无主体的信息，也就必然根据生命史推断曾经存在无信息无主体的地球历史时期。在生命孕育和稳定的时期，信息生产可能具备雏形，但也会经历不稳定、没有特别固定的格式或结构持续存在的时期。信息的稳定进程完全有可能在这种状态下依靠突变出现。约翰·何顿·康威（John Horton Conway，1937—2020，英国数学家）开发的生命游戏（*Game of Life*），就试图模拟平面的细胞自动机模型如何由不稳定存在到稳定存在，展现在平面的世界上构筑某种类似生命的形态的可能性。稳定的信息就像计算机一样不是先天存在的。

正因为信息对物质的随附性，器官工作、载体和疑似载体的干扰也就不足为奇。这种干扰对稳定的信息生产和固定的格式是不利的，但是孕育着差异和变化。例如，在遗传系统中，每一次变异带来的既可能是可怕的错误，也可能是微妙的创新。

能动的创新也是突破旧有稳定信息的道路。文字的改革、术语的变革、科学中范式的革新等，都体现了人类能够自主打破已有的信息格式的束缚。对于很多主体来说，除了等待稳定瓦解和生成、静候意外自然到来，也有创新的可能。在 2020

---

① 这里的混沌是指物理世界中存在的一种貌似无规律的复杂运动形态。共同特征是处于无序的形态，偏离预期的规律性。

② 在物理学研究中，发现宏观的混沌环境中可以诞生有序。“在远离平衡态的地方，一些新型的结构可能自发地出现。在远离平衡态的条件下，我们可能得到从无序，从热混沌到有序的转变。”见［比］伊·普里戈金、［法］伊·斯唐热：《从混沌到有序：人与自然的新对话》，曾庆宏、沈小峰译，上海译文出版社 1987 年版，第 46 页。

③ 分形（Fractal）本意是不规则的、破碎的、分数的。美籍法国数学家伯努瓦·B. 曼德尔布罗特（Benoit B. Mandelbrot，1927—2010）等人建立了分形几何学来描述自然界中传统欧几里得几何学所不能描述的一大类复杂无规的几何对象，在不规则中找到了规律性。

④ 热寂（Heat death of the universe）是猜想宇宙终极命运的一种假说。根据热力学第二定律，作为一个“孤立”的系统，宇宙的熵会随着时间的流逝而增加，由有序向无序，当宇宙的熵达到最大值时，宇宙中的其他有效能量已经全数转化为热能，所有物质温度达到热平衡。这种状态称为热寂。这样的宇宙中再也没有任何可以维持运动或是生命的能量存在。热寂理论还存在一定的争议。

⑤ 耗散结构（Dissipative structure theory）指的是，当系统处于远离热力学平衡的状态时，在一定外界条件下，由于系统内部非线性相互作用，可以经过突变而形成新的有序结构——耗散结构，这种新型结构需要从外界输入能量或物质实现维持，是一种开放的结构。它由比利时科学家伊利亚·普里戈金（Llya Prigogine，1917—2003，又译作伊利亚·普利高津）于 20 世纪 70 年代提出。由于这一成就，普里戈金获 1977 年诺贝尔化学奖。耗散结构和信息活动高度相关，我们在本书第三章会有讨论。

年的澳大利亚山火时期，长鸣的火警就让喜鹊学会了模仿消防车的鸣笛声。

信息走向稳定和突破稳定的交替过程还通过“活动的信息—信息的表达—信息的行动”来体现。

自我的信息活动可以在个体内进行，表达需要时间或空间差异的其他主体，响应信息导向的行动离不开被指挥的自身身体、外部物质等对象。三者的差异使“事实胜于雄辩”这句名言在信息的稳定性中有了新的意义。

对单个主体来说，信息活动能够改造信息，表达响应则将信息转化为物质；一个偏向于信息的现实，另一个偏向于物质的现实。它们是个体面对信息世界和物质世界采取的不同行动，有相关的后果。通过这样划分，就能把信息和物质分开，防止把它们简单地统统归类为实在。

物质到信息、信息到新信息、信息到表达和行动的过程，构成了以主体为中介的一种物质信息循环。从物质世界的角度来看，信息即对象，信息即行动，信息必须转化为物质世界的现实行动和改变物质世界的物质，才能使主体存在并实现其他目的，才能使信息具现到物质世界并反哺自身。

正因为感性世界的不同构成和三层壁垒的存在，信息在壁垒的保护下拥有自己的空间，受到限制，在突破壁垒时达到自由，承受衰减。

三、共变

信息在每一环节存在，似乎有其独立性，但又不能脱离任何一个环节保证自己的存在，必须连续地存在于总进程的各个环节和层次中。

只有能动的主体能够把信息的存在和自由维持在辩证统一的有限中，因为它兼具物质与信息，可以利用能动性根据信息调动身体、通过身体形成信息，从而兼具改造二者的能力。

能动性是主体真正自由的基础，也是信息完成自身存在的关键力量。在历史的循环中，改变由此而生。

通过能动性，主体可以用两类实践创造和生产生存所需的物质和信息。物质环境在此过程中不断被改造，信息日益丰富。

当人们生产信息，并按照信息创生信息或调动身体时，信息就突然呈现出同一的面貌，它不是虚构的，而是实在的。对于已经被承认的信息，你或许无法从物质意义上触摸它，但必须以思考或行动来回应它。

意识之内的信息是信息，非意识的信息也是信息。主体自己拥有的信息是信息，其他主体拥有的信息也是信息。

主体不能保证自己生产的是真信息，生产的是自己可以接受并相信的信息，甚至可以向着幻想或者造假等方向生产信息。错误的信息也是信息，主体被物质干扰后产生的信息也是信息。

人们设想的原始生命雏形的大分子形式已接近准信息的特点了，按照一定结构运动的机械计算工具已经有了信息的特性，储存状态的物质内含潜在的信息。它们与和主体结合的信息之间的差距还有待探讨。

种种的信息和准信息都是在物质的基础上创生的。对主体来说，实现信息的创生之后才有能动性。这样我们就回到了信息如何存在又怎样存在的开端。

信息必须和主体结合存在，也因此持续变化着。

不管是突变涌现还是被创造生产的信息，它们的存在、变化和转化都必须以主体的存在为条件。真正的信息，不断面对被影响、被设定、被改变。主体要按照内部计算的结果去面对内外的信息、物质和其他主体，要通过不断地破壁面对信息和物质的感性世界，才能维持自身的生存并使信息存在。

物质可以脱离信息、主体而存在和运动。信息却必须依赖物质存在，更离不开特殊的物质——能够占有并使用信息的主体，信息自身的运动发展也要通过和主体结合实现。

也正因为如此，信息就是依赖于主体存在，随附于特定结构物质运动，能被主体反映的存在。

信息未必被主体感官所感知，也未必和有意识的主体结合，但它随附于特定的物质结构并反生出能动性调动物质的运动。信息的主体由此诞生并根据信息动起来。物质未必能被主体反映，但它在主体信息活动中展开的部分已经可以支持主体的生存。

新诞生的信息世界同已有的物质世界将旧有的世界分为两边，主体又综合信息和物质构成世界统一起来的动力。

主体同信息世界和物质世界的关系体现在主体、信息和物质的共在，变化的联动与连续，壁垒的阻碍和冲破阻碍等现象之中。

主体兼具信息与物质，是特殊的存在。主体、信息与物质的联动以主体的能动性为线索，以信息对特定物质结构的随附性为基础。

主体面对的感性世界分为信息世界和物质世界，主体的实践活动按照对象分为信息实践和物质实践，这个区分即使在二者交叠进行的某些时候也是有意义的。

主体需要各类营养和能量来维持生存，更高级的主体还需要物质工具维持和改善实践的效率。主体需要信息，这种需求不仅仅是马斯洛需求理论中的生理、安全、归属与爱、尊重、自我实现等主观满足感，而且要求自身的感官能够产生实践中必需的信息，计算器官能够正确地处理信息，有些主体还需要被养育和教育。主体的信息需要和信息的存在特点在博弈中协作，必须符合其在感性世界中生存的要求，能够穿越各种壁垒，必须在客观上成为现实的存在。

物质实践并不一定需要主体主观启动，就如主体的需要并不一定是有意识的一样。例如，小孩感到饥饿，通过哭闹获得食物，这一切的起点是人类遗传信息铭刻的、补充耗散结构能量的本能。人的基本需要和是否有明确的意识无关，意识水平决定了人类满足自身需要的方式和能力。

信息必须被作为变化中的、与主体结合的事物来考虑。正因为如此，满足主体的信息需求或者维持和主体结合的信息的量，不能仅仅通过给予主体大量的信息载体实现，也不能仅仅向主体灌输大量以符号、数字等高度浓缩格式的抽象信息实现。信息必须由存在方式向有内容的具体存在转变。主体只能承认和占有同自身信息能力相匹配的信息，超出这一界限就会导致信息溢出、不能理解等情况，引发信息乃至信息环境本身的崩溃，输入的内容等于零甚至破坏已有的信息量。

主体和信息的关系，既包括自身内部的信息活动同所思所行的关系，也包括主体同其他主体、信息载体、反映的物质世界的关系。主体在被预设、被影响、被塑造的过程中形成了信息层面的存在。

主体不仅是自然的成品，而且能够依靠两类实践改造自己和感性世界。按照信息行动是伟大的跨越，在纯物质和主体、准主体之间实现了“人往高处走，水往低处流”的重要差别。“信息—物质”的循环通过主体的信息活动、表达和实践在不同壁垒之间不断实现。

把这一切联系起来可以发现，人类精神活动属于人类信息活动的一部分，人类社会中信息的总运动属于信息在世界中总运动的一部分，信息世界的广袤图景能够与人类对信息的当代实践相结合。

虽然我们所知有限，还不能肯定宇宙的其他地方有信息，但我们可以知道，信息普遍存在于地球，同万千生命和人造的各类主体、准主体结合而存在。那些人类尚不了解的信息也难以脱离主体或准主体存在。

自然界从生命诞生起积累了无数的信息，遗传系统成为自然界信息生产的中心。它保存信息的格式微妙准确，存在于所有生命的组织中，使信息以主体为媒介持续存在，使主体具有并稳定自身的基本结构，使生命能够展开活动，使生物变异能够产生并扩散。

人类在地球已知的生存竞赛中改造了旧有的自然信息圈，成为地球上的信息中心。人们通过感官和工具反映事物，既把握信息也把握物质、主体。物理世界得到日益深入的反映，非人主体生产的信息被转译为人类可以把握的信息。

这种把握也有一定的局限。人类社会积累的信息绝大部分是针对人、只有与人结合才存在的信息，以人的感官、实践能力、计算能力为边界，因此不免产生偏差、误读、误导等。人类终究要通过信息作为中介指导知与行，终究要通过群体的力量、历史的传承去突破个体信息的局限，也因为外物和他者的非我属性而不得不在怀疑中前进。

信息可以被多样地实现，人和狗这样不同的主体都可以因为馋流口水。信息也可以被相对精准地复制，曾经被认为难以完全还原和复制的信息在计算机系统中实现了迁移和备份。信息同物质密不可分却不是亦步亦趋，而是随附物质，因物质改变又有自己的层块现象和属性规律。层块的复杂性保持了信息的神秘，信息的多样可实现性和人们的还原努力又使这种神秘可以被把握。

在信息环境的限制下，信息及其随附的物理事件有基本的形式，形式本身也是信息和信息随附的物理事件的一部分。单个的信息及其载体可能只能在本层块相关的范畴体系中形成基本的意义，却因为同其他范畴体系联系起来，同一定的语境、情景联系起来，具备超越本层块或其他层次的意义。这种关联并不会止步于信息本身的层块，还有向其他层块蔓延的可能。例如，数字体系的“1”和中国数字的“一”可能因为写法和语言归属而处于不同体系，又在数学表意上意思相等，在指代具体对象，如1头牛、一支铅笔时，有各自的延伸。因此，单纯用某种符号或形式概括信息活动往往面临割裂并牺牲一部分内容的困境。

我们认识一个事物必须以信息为中介，不论这个事物是信息还是物质。我们对获得的信息却并不一定能彻底把握。这种信息也不可能全方位地包含此事物的全部属性，仅仅是一种压缩、一种代表、一种范畴。人类理解的事实是有格式的事实，不论是真理、谬误、假说还是实验数据都如此。哪怕无意识中非范畴的信息也经历了承认过程中的格式化。

信息不是实体，我们并不能立刻就获得信息的轮廓。在时间上，信息需要展开的过程，我们往往只能在一定时间内把握某个方面、某个片段。在信息世界的空间里，我们很难同时面对所有层块的信息，而同样意向的信息在不同层块呈现的内容可能不同。

百分之百地精确理解他者表达的信息更是个难题。当代，计算机技术和遗传信息研究都迅猛发展，人们早已清楚不能把握全部内容的信息。人类难以宣布自己解读的信息和人工智能在机器学习中获得信息是一致的，也无法断定自己对遗传信息的认识和其代码的功用百分之百一样。

即使不能理解，也不一定是问题，因为信息还可以通过表达和行动来把握，人类可以测度信息行动的效果。在生物工程学中，人类剪裁修改遗传基因，试验由此带来的变化。在人工智能领域，人们无法完美解释AlphaGo究竟是如何计算出战胜人类棋手的神之一招、ChatGPT为何能够表现得如此智慧，却能够创造和改进这样的人工智能。无论自然采集的信息还是通过工具生成的信息，人类要通过自身的理解才能成为实践中的可用之物。正是在这种限制下，人类之间的关系不能完全被信息机器越俎代庖。

对遗传信息的把握和创生新的主体之所以可能，源于人类对信息进行格式化固定等相关技术的进步。遗传信息是自然的存在，人类对其定位和编码。AlphaGo和ChatGPT本身更是程序员利用计算机语言编制程序后训练出来的。固定格式下的信息和信息随附的物质，能够按照其内在的导向运动形成新的信息。自然与人造物的信息以人类的方式汇聚到人类的积累和人类的实践中，又固守自身内容导向和随附物结构包含的特性。

在文明的发展中，人们自觉不自觉地使用语言、货币、文字等方式固定信息的格式和内容，通过遵循本能、信念或服从组织、命令、计划等使自己的行为可控，通过宗教、科学、文学等内容构筑自己行动和思考的进路。

在当代，人们对信息固定的努力成为康庄大道，以量化和测量作为旗帜攻城略地。任何学科乃至任何人类活动都在更多地使用概念、定义、编码、数字等方式固定信息，沿着一定的范式去拓展本学科、本领域研究信息。连哲学、文学、历史学等传统学科都尝试量化研究方向。

这符合人类进行信息活动必须穿越信息在"稳定—不稳定"壁垒的要求。用词语、概念、数字、符号等方式固定的信息，已经自带了和信息环境更好衔接的特性，在一定程度上规定了自身展开为什么内容。这些依靠群体共识形成的表达格式，通过自身或者组合应用可以表达从简到繁的多种信息。这种衔接无疑大大降低了人类对复杂信息的理解难度，让表达更为简洁。只要按照一定的算法和模式就能完成解释的基本任务，在诸多标准化的尝试中，数字成为当代社会运行的圣杯。

人们更多地按照数据行动。工程师们相信数据不会骗人，金融家们根据数学公式进行投融资和资产定价，军事家们按照武器火力规模和精确度设想战争的成败。标签标注好的天量信息已经成为如火如荼的Gpt等大语言模型必备的养料。个体开始与终止行动的阈值和行动的模式成为定量下可以确定的东西，外部世界的一切已经尽在掌握……

维特根斯坦（Ludwig Josef Johann Wittgenstein，1889—1951，分析哲学创始人之一）曾相信，凡是可说的就要说清楚，凡是不可说的就该保持沉默。这是当代信息生产向某些极端方向发展的绝佳注脚。

当前的信息生产存在否认思辨、感知、定性等道路的倾向，认为这些太过空虚。这就把信息活动的对象限定为可说之物，又把说的方式限定为量化，等等。

然而在感性世界中，我们经常讨论说不清的事物，也经常按照无法用语言表述的信息行动。对清晰量化的崇拜与现实潜在地摩擦着。

信息是现实的信息，不会因为人们规定的格式而轻易改变其现实的来源和内容，也必须同主体一起参与现实的生存竞赛。一些信息可能可以被语言化、量化，但是它必然按照现实的可能和实际情况去演变，而不是简单服从解释家们的规定。一些信息可能无法通过已有的格式稳定与固化，却是我们行动不可缺少并已经使用的。我们沉默地去做，信息沉默地在变，感性世界的现实力量使我们在沉默中发声。在实践中，我们发现“纸上得来终觉浅，绝知此事要躬行”，把握到更完整更丰富的信息。

通信领域相信，信息是用以消除不确定性的东西，有人进一步要求信息必须是正确的，有人相信认识的本质是统计。但现实未必总是如此。

信息是存在的信息，即使是幻想或者错误的信息也如此。信息有导向性，但是主体并不必然靠它消除不确定性，获得正确的引导。信息的现实性在于，其获得承认后引导的信息运动和物质活动，而不在于信息的真假对错。事实上，人们通过幻想等方式生产出大量不知真假的信息，搭建出传说、故事、小说等，成为历史和文明的一部分。人们不能在实践中摆脱错误的信息，只能在相信信息和使用信息后迎来后果，甚至因为新获得的信息而面对更多的不确定性。创新带来前所未有的方向，能够让我们跳出历史经验，摆脱已有范畴的束缚。

人类试图量化一切的努力和信息现实的存在方式，已经孕育潜在的矛盾。

可视化工具的广泛应用，功能可见性被作为圣杯，使信息被作为最终的结果而不是过程呈现。一些用词语、概念、数字、符号等方式固定的信息，被作为已经充分展开的信息，不再要求人的思考和全盘把握。信息产生变化过程中带有的初心、过程和背景常常被割裂舍弃，部分内容因此而损失。当这种损失持续时，就会在社会运动中产生偏差。

丰富的成品信息流动在社会中，一些人主动或被动地陷入仅仅按照获得的符号进行记忆或直接执行的境地。信息和这些人的信息环境日益脱离，被简化为僵死的内容。在信息的灌输中，主体自我思考的空间被挤占和剥夺，能动性被遏制，信息同主体已有信息延伸意义网络的可能被压制。信息本来应该进入人的信息层面，在跨越壁垒的同时改变主体的信息存在，此时却落了空。信息的总量反而因为信息生产的“进步”而减少，社会的信息化造成部分人的去信息化。

信息所有权和一些稳定信息的方式被作为万灵药，支持着信息所有者的扩张解释权。格式化表达信息的方法受限于格式自身的局限和人的表达能力，无限的现实受限于有限的信息生产能力，不同的人受限于不同的信息来源渠道和自身的条件。这些有限性常常被无视或利用，片面的信息被作为完整的信息使用，类似的强行解释使一些信息和反映的事物、指导的实践之间的间隙扩大，有无信息带来的权力差别日益凸显。

如果说实物在当前社会浪潮下被作为可描述信息的集合，那么人的特性和社会关系也同样没有逃脱这个命运。格式化的信息被用来标注人和事物，成为人类控制与操纵的依据。人在统计数据里不再是人，而是理想中各项指标平均化的“平均人”、多个标签汇聚而成的“特定人”；人在经济活动中被设定为服从经济理性的“经济人”，又在经济理性无效时被批评为“非理性人”；在政治学中，人被设想为具备某些特点的“公民”或“选民”。具体的人被范畴化，又被训练向范畴化靠拢。信息和事物之间具体入微的描述与实践关系，被特殊的抽象的关系遮盖了。个体到外部世界的壁垒又增添了一层被标签化的栅栏，并因为标签的越来越密集而日益严峻。

在当前信息生产的路径中，个人和组织都按照数据的指导行动，并成为数据的生产者。为衡量信息生产的劳动，工作结果变为 KPI，工作时间被描述为朝九晚五、“996”。社会运行的精度越来越高，社会能够调动的物质越来越多，社会运行中的能量循环越来越大，活动的信息也不断增加。然而矛盾也时常以当代危机等方式爆发出来。

在当代经济生活，处于重要地位的资本本质是一种信息，并被尽量用货币度量。一切非市场的劳动都被尽力转化为价值，一切价值都被尽可能高效地转化为货币。货币和货币运动最集中的金融市场已经成为当代信息生产的中心。新型金融危机是这个辉煌中心最引人注目的裂痕。1998 年长期资产管理公司的陨落[①]和 2007—2009 年的金融海啸展现了精通数学的金融家如何画地为牢。他们强调自己面对的是概率上极小的风险，却偏偏倒在这种风险下。金融领域的创新被公式和理论言之凿凿地证实，风险却常常如影随形，最终让全社会付出代价。

---

① 长期资本管理公司成立于 1994 年，曾是美国首屈一指的对冲基金公司，其成员包括两名诺贝尔经济学奖得主和美国财政部前副部长兼美联储前副主席，擅长根据独特的数学模型发掘投机机遇。1998 年初，该公司交易员动用大量资金抛空互换利率交易利差，几个月后在俄罗斯金融危机的冲击下濒临破产，被迫接受美联储和主要银行的援助并在 2000 年倒闭清算。

在社会领域，解释和现实的冲突也时有发生。随意摆弄数据并没有改变感性世界的情况，还把部分解释者实践不力的窘态展现在信息世界中。

经济和社会领域的数据已经为人类实践提供了相当的指导，也暗示着反映物质和人的社会信息不能脱离人的解读。例如，美国政府称，从全美范围看，2020 年全美总体犯罪率比 2019 年低 6.2%，与 1980 年相比，下降了 60%。[①] 网友看到的却是很多州将吸食大麻、抢劫和盗窃等罪行合法化，指出这种数据的滑稽之处。

对可说之物的言说是辩证的统一。对人的活动、物质的价格的描述，既承认和限定了它们是什么，也要求它们不是其他的什么，排除不确定性的同时降低了可能性。对已有事物的描述面向已有的历史，意味着它指出的未来是推测而不是预言。人在相信信息对物的描述、对实践的指导时，需要而且必须谨慎地怀疑，做总体的联系把握。正所谓："人心惟危，道心惟微，惟精惟一，允执厥中。""无稽之言勿听，弗询之谋勿庸。"毕竟信息、主体、物质关系中三种壁垒的存在无可否认，实践的脚步也无法停下。生产力发展与社会改造的实践是否能够同人民求解放、社会要发展、国家谋富强、文明图存续的普遍愿望相匹配，不能单靠某一个环节说得好或者做得好，而是由总体循环成功与前进决定的，要依靠亿万参与其中的实践者。

总体循环的要求在信息生产日益强化的当代面临着再平衡。信息生产的发展和互联互通的信息世界的崛起，正在改变人类面对的感性世界的构成。

在政治领域，新世界的萌发已经根深叶茂，部分权力已然转移。社交网络在被新自由主义者高声称赞的"阿拉伯之春"中以"中立"的面貌出现，反对派发布的信息畅通无阻实现了社会鼓动和网际组织，带来的动乱直接引发了从利比亚到叙利亚的持续多年的战争。而在 2020 年的美国总统选举中，人们已经能够惊讶地看到，时任美国总统的特朗普竟然被互联网媒体限制信息发布的权利，这种难以想象的事实已经沉默地展现出时代的变革。如果我们在今天看见互联网平台用算法和标签引导人们的阅读内容和理解，那么我们是否会在明天看到互联网平台主动塑造人们的阅读喜好和世界观呢？

在同样的资本量和人力面前，能否善用信息世界的加持成为胜负手。哪一方越

---

① 见美国政府网站 https：//share.america.gov/zh-hans/crime-rates-in-the-u-s-continue-to-drop。

了解技术，越善于使用技术，越能控制信息发布的平台，就越能调动信息世界联通的组织和千千万万的人，拥有更大的权力。在经济活动中，权力转移带来的效果也极为明显，“互联网 +”不仅是产业行为，而且是一连串的金融控制、企业兼并、利润再分配、估值变动的活动，剩余价值的渠道和流向被重构了。

当代的信息生产将信息、人、物质都标签化，控制这些标签生成的是掌握标签权力的人和实践的方法论。也就是说，在标签化的进程中，信息自身的导向正在叠垒，影响人、塑造人。货币流和新闻流沿着信息的特性和内在的导向，与全社会主体的解读力量汇合，超出设计者预想的掌握，带着人们走下去，这个必然浪潮中的某些信息甚至不是由人自己生产和控制的。

信息的社会还是社会的信息？人的信息还是信息的人？这，就是当代悖论。

第二章

扬弃与告别

第一节 “踹门”

前文已经粗略地建立了关于信息的一些新观点，我们以此为工具开始对已有哲学道路的局限进行关注。必须声明的是，我的思考和已有诸多思想探索有很多共通之处，也从它们的成果中获益良多，每一句质疑都暗藏着比那多得多的肯定，往往只在全面思考信息这个独特角度出发时有效。尽管如此，尊敬无法留恋，要进一步处理信息问题只能尝试撑破已有的框架。

基于已有的探讨，我不再接受将信息存在的范围局限于人的主观意识的观点，也不再接受将信息看作一种实物或者实物的属性。

传统的唯物主义停留在人的意识阶段，当今的物理还原主义倾向于把信息作为物质的某种现象，都不能把信息作为直接的对象深入讨论。曾带有时髦气息的现象学和分析哲学的研究方法，关注的是信息的片段，也并不直面整体的信息现象。

大多的已有哲学或思想观点并不能依靠小修小补就对信息进行抽象研究，必须进行整体的装修。要理解信息，必须有专门的框架。

为了这种建设，就不能彬彬有礼，让我借用一些脑洞来“踹门”，先把口子开得更大一些。

一、僵尸在世界中为伴

心灵哲学家们是最接近信息的当代研究者之一，在他们富有信息时代色彩的

"哲学僵尸"假设中，心灵哲学过信息之门而不入的问题显露出来。

假设存在一个僵尸甲，拥有和人类完全一样的身体，表现出人类所能做的一切身体活动，包括身体状况、行为方式等。人们可以直接观察到甲的外在表现和普通人无异，并将甲和人表现一样作为事实。但甲实际上不具备主观的"意识""精神"等，只是单纯地进行机械的行动。例如，甲不会感觉到疼，但是如果被针扎伤，他会做出类似人类吃疼后的机械反应，应激反射、捂住伤口、大叫等。如果甲有同类，它们甚至可以开展谈话。

对于仅仅通过物理视角进行外部观察的他者来说，僵尸甲和普通人没有差异，由此导致我们无法确定僵尸是否有精神意识，甚至无法确定，自己以外的其他人是否是这样的僵尸。

意识的存在难以被观测和证明，他者难以知晓没有外在表现的自我感知信息。部分心灵哲学家利用僵尸假设强调这一要点，反对意识和身体活动之间的必然联系，一定程度上质疑了物理主义立场的"物理—心灵"强还原观点和只关注外在行动的行为主义观点。

传统的唯物主义、德国观念论、保守的分析哲学都在这里碰壁，没有足够的工具参与讨论。即使用精神分析、语言哲学等工具进行改良，也无法达到心灵哲学探讨身心关系的高度和深度。

丹尼尔·丹尼特（Daniel Dennett，1942—，美国哲学家）针对性地提出了升级的假设：假设存在一种僵尸乙，乙也具有和人类完全一样的身体，能够进行人类所有的身体活动。乙能够实时获得关于自己的行动信息乃至更高阶的信息，例如"乙发现自己在进行 A 行动""乙发现自己所处的位置应该看到和听到什么"。

丹尼特认为，如果不能获得关于自己的信息，僵尸就没有办法跟人类实现完善的交流，也就异于常人。僵尸要么具备乙获得信息的能力并根据信息做出反应，要么就会被人类挨个辨认出来。

这两个假设中，甲和乙外在的身体活动表现是完全等价的。在心灵哲学家看来，两个假设的第一个争论点在于甲和乙在心灵哲学的角度是否有心灵上的等价：

如果承认甲和乙在心灵上等价，那么就必须承认甲也有意识，这就和甲没有意识的预设相悖。

如果认为僵尸甲和僵尸乙在心灵上不等价，二者表现又完全相同，那么身体活动和心理活动的因果关系就必须被削弱，思考和行动的联系就会被质疑。什么情况可能导致这种相等成为必须提出的问题。

第二个争论点在于：僵尸乙是否会“认为”自己有意识。

我们可以预设僵尸乙能够获得关于自己的行动信息乃至更高阶的信息，并在这些信息的支持下表现得如常人一样活动。在这种情况下，要么承认僵尸乙与常人一样可能是有意识的，要么自以为有意识的人类可能是现实中的哲学僵尸，实际上没有意识。

除了主体自身，没有其他人能够观测到意识是否存在，甚至连主体自己对意识的把握都不是确凿无疑的。一切从自我意识出发的世界观的确可以完成自身存在的确证，却又会怀疑另一个主体是否真的有意识。如果僵尸乙的状态是拥有意识，那么个体只要获得自身的身体信息并以这些信息为行动依据就足够了。如果说僵尸乙没有意识，则他人是难以证明这一点的——我们又陷入证明自己有意识的困境中了。在意识的标准下，心灵的研究者可能研究的是一个虚假的对象，反而言之，意识标准本身被挑战。

一个难题就这样出现了：除非将引导僵尸甲、僵尸乙行动的诸条件等同于意识，否则僵尸能像常人一样行动在心灵哲学的意识框架内无法解决，心灵哲学在此开始了回溯，探讨心灵和意识标准的问题，探讨意识是不是一种幻觉，却又错失了深入探寻主体按照信息行动的一般意义的机会。

假设的争论已经揭示心灵哲学的不足，并为全新的信息哲学做了铺垫。人工智能学家在这一领域曾经和心灵哲学家进行过争论。如果不以有意识的亲知性为标准评判意识，而将身体和身体行动看起来是否无异常人作为评判是否存在意识的标准，那么“自我意识”“意识到自己有意识”等就在一定程度上是具有特殊性的，以自我把握为中心的世界观向以普遍主体性为视角的世界观发展。

面对各类具备信息并且根据信息采取行动的主体，必须解决无意识但是有行动的问题。

面对有意识和无意识的主体之间行动的差别，需要研究信息与行动之间的关系。

面对主体的行动和自然界无信息的物质运动，要尝试谨慎区分无信息活动和有信息活动。

在这些问题面前，前文关于信息的基本观点尝试建设解释的方向。

沉默而不自觉的信息活动广泛存在，不论是个人成长还是对自然史的考古，结果都倾向信息在意识之先。遥控的玩具提示，在信息和行动之间可能有更曲折的关系，丹尼特假设之中的僵尸乙可能是另一信息源头的主体信息，通过僵尸乙实现了身体肢体的延伸。身心问题的解释方法，因此可以顺势升级为“信息—身体”的解释方法，从而面对无意识乃至外部输入的信息的问题。

一切信息都不能脱离主体和一定物质的运动来考察。前文关于信息随附于物质并与主体能动性是一体两面的分析指出一种差别：信息活动和其关联的物质活动是同一的，而信息活动和其调动的身体行动存在不同的连接和层次。在差别之中，主体可以是不同范围的，可以是多个主体组合而成的，主体和主体性的边界存在弹性。在信息活动对物质活动的随附性下，只要信息活动和其关联的物质活动，以及其调动的身体能够得到持续的物质能量等补偿，信息活动可以脱离主体的生存实践继续下去，寄生虫、人工制造的计算机等主体都如此。对此，心灵哲学的身心观念已无法解释传统的唯物主义、现象学等，可以在“信息—物质”的关系的指导下重新组织。

有信息和无信息是绝对的也是相对的。信息被删除、主体的灭亡，在主体的角度信息已绝对归零。在人对石头的观察中，人不能确定石头有无信息，但是可以确定自己占有信息，也可以确定石头没有连通观察者有意识的信息世界。信息的有无也处于不同的层次中。

强力物理主义还原论的缺陷在于，只强调信息存在的第一类物质环境，没能认识到信息必须和第二类信息环境结合才能存在。这将导致无法分辨信息相关的物质活动和非信息的物质活动，一定程度上走向物理倾向的泛信息论，认为一切物质皆有信息。

从信息的视角看，一部分心灵哲学家所持有的二元观点不完备。不同的个体精确建设完全一致的信息环境和信息运动，可以实现它们的信息近乎一致，这在计算机系统搭建和生物基因编辑中并不罕见。心灵更复杂，导致难以还原，一定程度上是三类信息环境的复杂导致的。“信息—环境”的问题从心灵问题的相关讨论中延伸出来，并因为信息层次之间的关系而更加复杂。

对心灵哲学的延伸是不是画蛇添足？在物理世界中，我们可能还未见到这样的僵尸，但是在信息世界，我们却已经和此类存在者一起生活并习以为常。那些能够进行聊天、下棋、客户服务、游戏的人工智能就是“僵尸”，这些“僵尸”语言声情并茂，行为体贴入微，在我们确定它们是没有意识的一段程序之前，就已经同我们一起互动、游戏了。无人驾驶的车辆逐渐上路，无人机、机器狗从人们最熟悉的科技玩具转向重要的生产资料，连物理世界都将不再留有“清静”。

如果说互联网上没有人知道对方是一条狗，那么当人们知道对方是“僵尸”以后，可以把运行的程序看作意识吗？这挑战了相当部分的心灵哲学的研究方向及全部现象学，支持了人工智能研究者的观点，意识和智能的关系并不明确，甚至不是当前的重要问题。人们必须面对这样的事实：

无意识的信息主体已经从不可捉摸的隐秘角落走了出来，在新世界潜移默化地令人们习以为常。无意识的甲和有意识的乙可以做出同样的行动，不是由于重力、机械推动、自然物带动等物理原因，而是一定的导向或控制的结果，信息的存在浮现出来。

不管是有意识的主体行动还是无意识的主体行动，都是信息的原因。即使是机械的公鸡和闹钟，在获得发条的能量支持后，也能够转化为结构中铭刻的行动，这种物理上约束和可重复的现象就是信息存在的基础——并不需要意识的存在。

意识可以从等价关系中剥离，作为把握信息的一种境界或是随机信息活动涌现的一种功能。信息调动物质的不同机制可以被讨论。聚焦于身心问题的心灵哲学一分为二,一部分超越自身研究范围走向信息，另一部分成为信息现象统领下关注心灵活动的特殊研究。

二、“玛丽的房间”中的蓝色历史

意识问题总会带来亲知性的研讨。人类自身获得的第一人称信息和他者表达给予的第三人称信息之间有巨大的差别，关于语言和存在关系的问题也在两种信息差别之间进一步凸显。让我们一起在“玛丽的房间”里看看信息问题为何不能在纯信息的角度思辨，而是要考虑物质的身体特别是感官。

弗兰克·杰克逊（Frank Cameron Jackson，1943—，澳大利亚哲学家）提出一个假设：有个科学家叫玛丽，她从出生起就一直住在一个只有黑白色事物的房间里。她靠黑白的显示器和黑白的书掌握了关于颜色的很多知识，能够用语言表达色彩，了解光学的各种特点，但她从来没有见过真实的彩色。当她走出这间黑白屋，第一次看见真实的颜色时，她将获得和书本知识完全不一样的感受。

玛丽的房间看起来是个荒诞而且不人道的设想，但是实际上我们可能都住在这种黑白屋子里，我们就是玛丽。

作者七君在微信公众号“把科学带回家”里曾经介绍过一段很有意思的颜色研究史。[①] 人们并不天然必然地认识蓝色，而是在认识颜色和表述颜色的感性历史中、在生理变化中，发展出了蓝色这个词汇和概念：

从各种文学作品时间轴来看，蓝色比红色和绿色出现得要晚，是人类语言中很晚才出现的词汇之一。古代人并不知道蓝色是什么的概念，甚至没有感受过它。

在19世纪60年代，德国语言学家拉撒路·盖革（Lazarus Geiger）研究了多国典籍，发现在各国的语言里，颜色的词语竟然有统一的出现顺序：黑白两色最先出现；接下来是可见光的长波段红光附近的各种颜色，最后才有描述短波段，也就是蓝光附近的词汇出现。

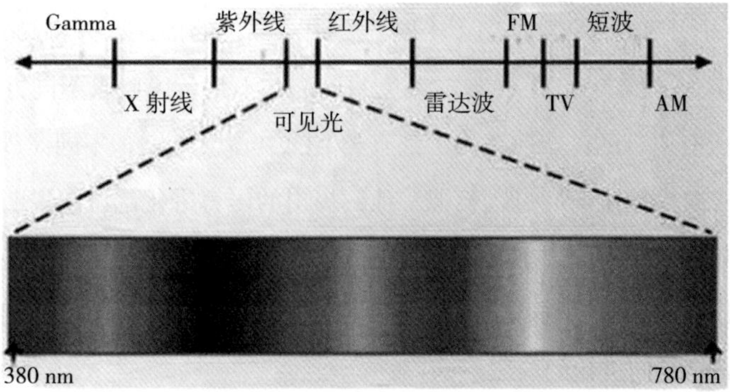

图2-1　电磁波谱与可见光的关系

① 《为什么有人分不清蓝色和绿色？不奇怪，古人连蓝色是什么都不知道丨睡前科学故事》，微信公众号“把科学带回家”，见 https：//mp.weixin.qq.com/s/_yQPkMuFc1LHYy0eeMz6mg。

> 即使在现代，也有许多语言里也没有表示蓝色的单独的词语。实际上，全世界的语言可以按照会不会区分蓝色分成三类：一类能看出蓝色和绿色的差别；一类看不出蓝色和绿色的差别，统一用一个词语表示；还有一类更夸张，他们看不出蓝色，把蓝色一律叫作深色。
>
> 非洲纳米比亚的 Himba 部落的土著人的语言里没有“蓝色”，他们也分辨不出蓝色和绿色的差别。墨西哥北部土著语言 Tarahumara 也差不多，他们有一个词 siyname 专门用来表示蓝色和绿色之间的颜色。最厉害的是新几内亚人，他们的 DugermDani 语里，颜色只有黑色 / 昏暗，和白色 / 明亮这四种。①

这种现象被语言学家放在历史发展的角度考察，并形成了语言史的观点。

> 1969 年，人类学家布伦特·柏林（Brent Berlin）和语言学家保罗·凯（Paul Kay）在盖革研究成果的基础上，提出了自己的研究成果。他们认为不管一个人说的是什么语言，这种语言文化里颜色词汇的出现顺序都是一样的，总是：
>
> 黑白→红色→绿色和黄色→蓝色→棕色→紫色 / 粉色 / 橙色 / 灰色②

布伦特·柏林和保罗·凯整理了不同语言中对颜色的描述，并将其分类为 11 种颜色。他们认为，代表这 11 种基本颜色的词汇并不是各民族以不同方式任意切分的，相反，“所有语言的基本颜色词汇都有类似的中心意义”③，不同民族描绘颜色的方式、形成普遍颜色范畴的过程相似。他们提出的语言进化论试图说明，各种语言尽管类属不同、源流不同，但其基本颜色词汇和词汇含义都经历了一些基本相同的发展演变过程。语言有普遍共同的原则和发展现象，区别两种语言之间基本颜色词汇和描述的只是它们进化的阶段不同。

---

① 《为什么有人分不清蓝色和绿色？不奇怪，古人连蓝色是什么都不知道 | 睡前科学故事》，微信公众号“把科学带回家”，见 https：//mp.weixin.qq.com/s/_yQPkMuFc1LHYy0eeMz6mg。

② 《为什么有人分不清蓝色和绿色？不奇怪，古人连蓝色是什么都不知道 | 睡前科学故事》，微信公众号“把科学带回家”，见 https：//mp.weixin.qq.com/s/_yQPkMuFc1LHYy0eeMz6mg。

③ Berlin&Kay，*Basic Color Terms*，California：Berkeley University of California Press，1969.

美国语言学家本杰明·李·沃尔夫（Benjamin Lee Whorf，1897—1941）和他的老师美国语言学家和人类学家爱德华·萨丕尔（Edward Sapir，1884—1939）则发展出"语言相对论"（Sapir–Whorf hypothesis，萨丕尔－沃尔夫假说），其中最重要论点是语言的形态制约思维的形式。"背景性的语言系统（或者说语法）不仅是一种用来表达思想的再生工具，而且它本身也在塑造我们的思想，规划和引导个人的心理活动，对头脑中的印象进行分析并对储存的信息进行综合。""我们用自己的本族语所划的线切分自然。我们从现象世界中分离出范畴和种类，并不是因为它们客观地呈现于每一个观察者面前；相反，呈现在我们面前的是千变万化的印象流，它们是通过我们的大脑组织起来的——很大程度上是用我们的大脑中的语言体系组织起来的。"[①] 他们还相信，世界上的语言系统具备惊人的多元性，彼此之间存在着不能忽视的差异。这种有了什么样的认识才能实现什么的直观的看法语惊四座。

语言进化论和语言相对论都关注颜色问题，争论的焦点在于语言之间是否存在任何程度的概念一致性。也就是说，不同语言的颜色语码系统是根植于其文化系统之中同其他语言很少相通，还是基于某种特定根源和发展历程有可通约的接口。二者都有相当接触的逻辑链条和证据，彼此不能彻底说服。

这场辩论在2002年出现了新的强势选手。新解释提出，蓝色的词语那么难出现，问题还是出在了天上。[②]

林赛德（D. Lindsey）和布朗（Angela M. Brown）在研究中延续了前人的探索。他们把关于颜色的语言现象和语言人口所处自然环境结合研究发现：热带地区的人普遍很难区分蓝色和绿色，很多语言中没有"蓝色"这一颜色词汇，这些语言的使用者将感受到的这一波段光刺激称为"绿色"或"暗色"。

在研究涉及的世界各地203种语言中，太阳照射的户外紫外线（UVB）剂量与当地语言的颜色语码系统内容之间存在显著相关关系：在紫外线较低的地区，语言通常带有"蓝色"一词；在紫外线较高的地区、特别是热带地区，语言大多没有

---

① ［美］本杰明·李·沃尔夫：《科学与语言学》，载［美］本杰明·李·沃尔夫：《论语言、思维和现实——沃尔夫文集》，高一虹译，商务印书馆2012年版，第211页。

② D. Lindsey & Angela M. Brown, "Color naming and the phototoxic effects of sunlight on the eye", *Psychological Science*, 2002, 13 (6), 506–512.

“蓝色”一词。此外，在没有“蓝色”一词的语言的地区，人们大多表现出蓝黄色盲，这可能是由于长期暴露于阳光中的紫外线导致的眼睛里的晶状体老化。也就是说，关于颜色的语言变化史中必须考虑自然环境的因素和人体感官的因素。

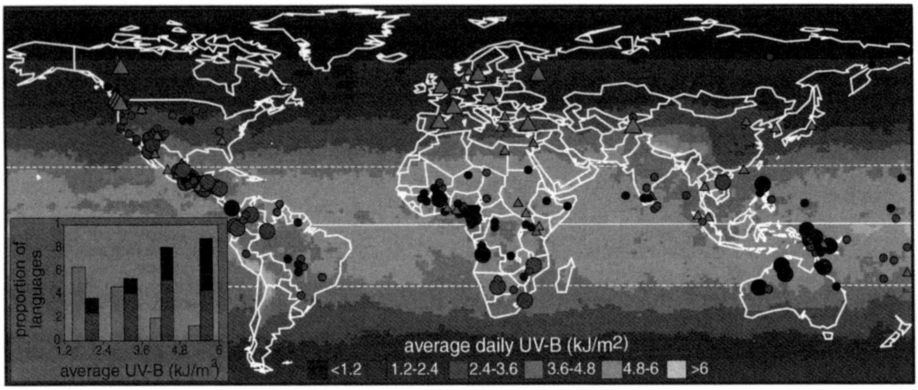

图 2-2　户外紫外线（UV-B）剂量与当地语言的颜色语码系统内容对比

来源：Lindsey，D. T.，& Brown，A. M.（2002）[①]

注：■表示有蓝色词汇的语言，■表示蓝色和绿色混为一谈的语言，■表示蓝色被看成黑色的语言。户外紫外线（UV-B）越强的地方底色越白。

林赛德等人的研究具有突破性，但并没有完全排除语言进化论和语言相对论。中国学者谢书书、张积家和朱君在研究中发现，同地域的汉族人和纳西族人的颜色分辨能力有明显差异。“在语用中蓝、绿混用的纳西族被试在颜色搜索时比汉族被试更困难。”“纳西族被试和汉族被试对红紫的知觉速度和准确率并无显著差异。由此可见，纳西族被试对蓝绿辨认困难是由语言所致，证明语言影响颜色知觉。”[②]语言文化的力量并没有被排除。

“玛丽的房间”就这样突然坐落到地球上，坐落于生活在具体地域、时代、文化，具备不同生理和心理条件的人中。黑白颜色的寓言以海阔天空的蓝色来到了现实。第一人称视角信息和第三人称视角信息直接冲突，个体从群体中获得的关于某个对象的概念和知识，同其用自身的感官直接反映事物的所感大有不同。

---

① D. Lindsey & Angela M. Brown，“Color naming and the phototoxic effects of sunlight on the eye”，*Psychological Science*，2002，13（6），506–512.

② 谢书书、张积家、朱君：《颜色范畴知觉效应发生在大脑两半球：来自纳西族和汉族的证据》，《心理学报》2019 年第 11 期。

试图从第一人称或第三人称把握描述主体、拥有信息的道路出现冲突。双方的极端派都希望自身成为绝对的解释，但是彼此不能说服。

蓝色的历史恰恰说明，试图脱离人的身体、人所处的自然环境和社会环境，谈论人的信息活动是局限的。以某种单一层次或角度的信息活动去概括整个世界的尝试或许能够自圆其说，却必然以牺牲部分内容、部分层次为代价。心灵哲学二元论的出现，分析哲学的形而上学兴起，神经现象学的出现，都在试图弥补这个同样的问题。

“玛丽的房间”的假设并不仅仅是第一人称视角原初把握获得的亲知信息和第三人称视角获得的知识概念之间的差别那么简单。一旦用信息的辩证唯物主义观点去考察就能发现，它涉及身体的物质感官以及这些个体具有什么样的物质与信息的历史问题，又涉及主体身处什么环境进行什么活动的实践问题。主体有什么感官，才能获得和理解相关的类信息；主体有什么样的类信息的记忆，才能想象或完整重现什么样的信息；主体的身体感官和已有信息都是历史积累获得的，有什么样的个体及类群体的历史才能有可能拥有什么样的信息获得方式以及信息；主体处于世界中的具体环境空间，并且因为历史活动范围、进行的交往、拥有的观测工具等实践条件的不同而获得不同的信息。历史唯物主义和辩证唯物主义在信息面前的历史任务就是，将信息活动的世界属性、主体属性和实践属性进一步发掘。

我们与“僵尸”为伴，我们竟然处于奇怪的黑白屋中，世界还能更奇怪吗？

三、“缸中之脑”与魔兽世界中的冒险

再来看看“缸中之脑”的有趣设想吧，信息问题注定要转变实践问题，不管我们获得的信息有多奇怪。

法国哲学家笛卡儿（René Descartes，1596—1650）曾经陷入苦恼：如果万事万物都是一只妖精给予他的幻觉，那么他还有什么可以相信的呢？笛卡儿的“妖精”最终使他得出一个结论：我思故我在。思考这件可以确定的事实令他可以在纷繁万象中保持自己的锚点。

笛卡儿的结论并非无懈可击，思考能够确定的更可能是意识的存在，难以直接确认自我以及自我所处的世界，但他的妖精苦恼也得出了一个重要事实——信息被

承认为信息的那一刻就已经存在，不管它是“真的”还是“假的”，对它的思辨、使用或其他处理已经是下一步的事情了。

在当代生物技术和计算机技术的影响下诞生了名为“缸中之脑”的假设，进一步发展了笛卡儿的思考。哲学家们假设存在一种独特的世界：这个世界由一个计算能力远超现实的先进计算机虚拟出的万事万物组成，一个或多个没有感官和肢体的大脑依靠培养缸中的营养液活着，通过电极连接着计算机的终端；被联通了模拟的感觉器官，从这个世界获得感性信息，形成生存圈和群体，并相信自己是肢体健全、依靠感官获得信息、在物质世界生活的普通人。缸中之脑们面对不能发现自己现状的困境。

美国哲学家希拉里·怀特霍尔·普特南（Hilary Whitehall Putnam，1926—2016）认为，人们认识世界离不开语言，人们的语言系统中，有着特定的规则亦即指称系统，“作为钵中之脑（缸中之脑）的人们，根本不可能指称任何外部事物”[①]。他们的所有认识活动都基于其生活的计算机虚拟世界，其形成的指称系统将和生存在外界的主体的指称系统完全不同。他辩护道：“钵中之脑不可能想到或说出它们是钵中之脑。”[②]

在普特南看来，缸中之脑形成的语言或者说认识机制，只会匹配它所处的世界，指称的事物也是它在已有世界能够有意识把握的事物，其本身必然是贯通的。在这个世界的框内，它不能觉醒并发现外界。普特南认为，如果有的人觉得我们是缸中之脑，那么他就犯了两个错误：一是过于看重物理的可能性，二是相信心理表征一定指称某个或某几种外部事物。由于前者，人们相信计算机无限发展的功能；由于后者，人们相信心理活动最终一定会涉及“真实”的世界。但是计算机、蚂蚁等装置或生物的活动难言有意识，人们关于外部事物的心理活动也仅仅是对某个信号的回应，而不一定意味着要指称最“真实”的某个对象。

丹尼尔·丹尼特则从计算的角度认为，人类在技术上难以造出支持缸中之脑世

① ［美］普特南：《理性、真理与历史》，童世骏、李光程译，上海译文出版社 2005 年版，第 11、15 页。

② ［美］普特南：《理性、真理与历史》，童世骏，李光程译，上海译文出版社 2005 年版，第 11、15 页。

界的计算机，不但现在如此，恐怕永远也实现不了。

一个通过计算完全拟真的世界，哪怕仅仅是提供给主体关于所观测对象的方方面面的动态信息，都需要巨大的信息流，信息流的变化和扩展将导致信息上的组合爆炸[①]。在如此恐怖的信息量面前，这样的世界或者不存在，或者在缸中之脑的感知中破绽百出。[②]

如果对缸中之脑的假设做一个减法，会发现普特南的坚持和丹尼特的质疑都可以被削弱。

假设的减法先从主体开始。在一些情况下，缸中之脑认为自己没有人类平均的视力、听力等感官能力，认为自己因为受伤、天生残疾或者基因如此。与此同时，可以通过精力编制程序，虚拟出没有 BUG（程序错误）的简单世界，让他们看到黑白线条，听到有限的环境声和话语，这些所听所见甚至比当今游戏玩家接触的电脑游戏的素材还要简陋。

在有效干预下，缸中之脑们在虚拟世界的活动被限制在一定范围中，他们被引导自愿地留在这个范围，也被有效地阻止离开这个范围。

丹尼特的质疑在这里打空。虚拟世界需要的计算量被压低到一个可实现的范围，作为主体的缸中之脑们在发现合适的方法和工具前无法找出现实的缺陷。

相对于现实的发展，我假设的减法已经非常保守。日新月异的 VR 技术所能提供的影像声音已经部分超越了这种可能。脑科学的发展也同样令人瞩目，荷兰神经科学研究所（NIN）的一项发现表明，通过在大脑视觉皮层中植入新开发的高分辨率电极，可以使受试猴子大脑中出现人工植入的视觉形状和知觉，比如可识别的运动和复杂形状的感知，包括字母表中的字母。[③] 降级版的计算机和电极已经出现在远方，将会提供给未来需要帮助的残疾人乃至每个人。什么是现实？这一问题将和社会共存，而不再仅仅是哲学家的思想游戏。

---

① 组合爆炸是指由二个以上的有限多个元素或类构成不同类别的高一级系统或类时，元素或类的数目惊人地扩大，故用“爆炸”来形容。组合爆炸常常导致计算机的数据溢出。

② ［美］丹尼尔·丹尼特：《意识的解释》，苏德超、李涤非、陈虎平译，北京理工大学出版社 2008 年版，第 7 页。

③ “Shape perception via a high-channel-count neuroprosthesis in monkey visual cortex”，见 https：//science.sciencemag.org/cgi/doi/10.1126/science.abd7435.

当我再进一步，假设外部的技术人员虚拟出一个拥有 BUG 的简单虚拟世界，可以看到普特南的指称辩护也遇到一些问题。

假设世界 A 是技术人员通过虚拟技术构筑起来的信息世界，缸中之脑甲生活在世界 A，并建立了匹配的指称规则。在甲的观察中，世界 A 大部分地区和外部的物理规则表现一致，但是，在部分时刻或者部分区域，里面的事物运动会发生穿模，即在一些人物、物体或人物与物体之间发生碰撞，导致互相穿透叠加的现象。但是，就像我们所处的现实世界玩家能够接受不同的 BUG 一样，甲和他的同类也会在 BUG 无关生存时适应它们，在 BUG 可能危及生命时学习如何避开它们，由此将会诞生一套和这个有 BUG 的世界相适应的指称。

在主客关系上，不是主体适应指称，而是相反，否则就无法生存。主体按照一定的计算方法生成和改变信息，在指称规则及其基础上扩展的语言既是意识问题也是算法的约束问题。信息的计算方法约束着信息的可能性，也支持着信息的稳定性，这些限制并不是牢不可破的。人类熟悉的算法包括语言、数学、逻辑等，自有一套体系内的运动方式，引导信息的发展方向。想象力、出错等算法却经常突破这些限制，也带来新意奇妙的算法。

在前文，我们谈到了贯通——个体的感官经验与操作经验、经验与概念、现象与知识等之间具备或者可以构建出整体的连续性和合理性。贯通的连续和合理没有绝对的自相矛盾，只要有连续的现实运动就能成为可以被克服的辩证性矛盾。这种克服可能通过精进实现，也有可能通过遗忘、出错和故步自封实现。虚拟世界的 BUG 不在技术人员力图实现的合理范围之内，是错误的计算和设计的结果，却仍旧可以被甲承认。缸中之脑甲的脑内活动仍旧是贯通的，但是对世界的认识却在没有 BUG 的大部分虚拟世界和 BUG 之间产生了裂痕。普特南对自然形成的指称规则的信心，源自我们所在世界的现实和我们对实现贯通的追求，却不能随意推广到任何缸中之脑的世界中。

缸中之脑面对两种可能的世界：一种是大脑联通的感官能够涉及的对象建立的有限动态世界，这更偏向丹尼特的设想；另一种是超越大脑联通的感官范围，形成一个总体的广大世界，这更偏向普特南的设想。

丹尼特和普特南对缸中之脑假设的关注点不同。丹尼特考虑构筑世界让主体接受世界的可能性，普特南则提出主体在世界之中获得什么信息的可能性。

他们的共同特点在于，越过了传统形而上学，借用计算机科学带来的可能性，直接从语言或信息生成的可能来思考这一命题。当我把包容缸中之脑和那台计算机的外部世界加入设想，设想缸中之脑们作为现实的人类群体生活在虚拟世界，就能看到这一假设的辩证性还远远没有穷尽。

如果我再加入一些元素，缸中之脑在两种世界都可能面对着自我指称同所处世界的矛盾。甲被说服接受了简化的感官经验，规避了丹尼特提出的算力不足挑战，其生成的指称系统同它的生存境遇与活动相适应。但是当甲成为变化中的主体，例如能够开发和使用更复杂的观测工具或者思考形成更深入的世界概念，那么就面临超出已有的计算机系统能力的可能。

工具带来的延伸具备的可能性要超过感官。第一种，只要有足够的时间，甲和甲的同类在世界会触及计算机生成世界算法的界限；另一种，甲和甲的同类迟早可以探索到世界微观或宏观的计算极限。

我再次加入新的元素，世界有一个开发者为了延缓矛盾爆发，不断升级换代计算机及其软件系统，那么甲又将面临这些升级换代带来的问题。例如，第一种，甲和外部的开发者形成了一场发展竞赛，最终以一方的极限或消灭达到竞赛的重点。另一种，形成了甲触及世界边缘的极限时刻，开发者要不断开发世界延长“合理”的寿命；升级换代可能带来当前世界同之前世界的不连贯；BUG 使沉浸感和自洽出现断裂；长时间运行带来垃圾冗余数据、牵一发动全身的巨大系统等原因造成主宰计算机的开发者无法再改动系统……种种问题将使缸中之脑感到异常。

甲对异常只能做出有限种类的回应：1. 接受和承认世界本来就没有连贯的逻辑，不断摧毁和重建自己的指称系统；2. 不断遗忘，承认一切现存的都是合理的，只保留最基本的指称系统；3. 从不断的异常中把握辩证的连续性，发现已在世界同已有指称系统的矛盾，进而发现外部存在的“新世界”，甚至通过某种手段到达那里。

合理不仅是逻辑上的也是实践中的，不仅是当下的也是历史的。合理是生命信息活动的要求，不合理的主体是要灭亡的。

在第 1 点和第 2 点中，坏的无限出现了，甲面临着自我毁灭或者停滞，陷入疯癫或者无意义。一旦向第 3 点前进，缸中之脑就具备了触摸到新世界的可能，并可以因此建立新的指称规则和语言。它们的活动也将导致已在世界和新世界被影响和改造。主体、主体占有的信息同世界形成了新的一体关系，走向了有限中的无限。

在向第 3 点前进的路上，甲可能面临实践的问题：

第一，信息物质的差异构成了坚固的壁垒。甲生活在软件虚拟出的信息世界中，信息的终究难以直接变成物质的。软件只是虚拟出一个世界和模拟甲的身体功能，并不具备外部世界意义上的物质结构，难以影响计算机系统之外的外部物质世界。两个世界之间的墙使缸中之脑的回归异常艰难，甚至连关于外部世界的猜想和认识都不一定能得到确证。

甲的物质大脑一直存在于外部世界；但在感性中，外部世界与甲的距离是遥远的。只有通过计算机的传感器、机械臂联通外部世界或者沟通，取得开发运营者回应计算机等方式，甲才能获得外部世界的反馈并进一步探索。

虚拟世界的可操作事物在甲看来可能更物质化，而需要传感器才能了解的难以操作的外部世界事物反而更信息化。甲在感官和操作经验上必须区分这种差异，在认识上却面临另一种差异。

第二，主体在不同的生存境遇中主动或被动地形成不同的信息及信息环境。不同世界和其中具体事物的差异将使主体不得不将其信息调整为针对多个世界的。主体面对将不同指称系统兼容并包和彼此贯通的困难，也存在贯通不同世界的艰巨任务。

作为缸中之脑的甲可以扩展研究不同现象间的因果性和实在性。例如，甲可以通过研究认为，外部世界有更坚实的存在基础，但甲和外部世界的主体一样，只能暂且以感性直观或工具中介上可操作的实物，作为生活生产的直接对象，并将实物和自身的纯思维在范畴上予以区分。

如果甲能够在外部世界重新获得完整的身体或控制浸入感极高的机器人，就进入了嵌套结构：一方面，在机器人中介下操作外部世界实物的经验和自身的纯思维依旧可分。机器人传感器面对物质实物获得的信息和反映虚拟世界可操作的实物的信息具备一些共性。另一方面，甲的身体处于外部世界，他可能发现自己在虚拟世界的操作对生存影响有限，而在外部世界对营养缸的操作直接影响自身的生存。根据奥卡姆剃刀原则，存在减去虚拟世界一环的可能。在这个阶段，外部世界变得更为真实，甲关于两个世界的不同认识存在贯通的可能。

第三，即使甲形成贯通的认识，他也将发现思维和感官信息仍旧分层，并且面对两个世界的嵌套。

甲除了构筑外部世界和已在世界的关系，还必须构筑自己和不同世界的关系。如果甲是一个“语言人”并选择只相信已有的一切，那么它只能迎来无尽的痛苦或麻木；但当甲承认现实高于“逻辑”，那么它将追问下去：两个世界是否存在因果联系？两个世界谁更本源？两个世界在存在上是相互独立还是有层次的整体？两个世界和甲的关系又是什么？在不断修正对新旧世界关系的认识进程中，甲才有机会稳固和发展指称系统，进入螺旋上升的好循环。局限于旧世界的认识将会终结。甲也能对自己在两个世界的不同实践方式进行区分，形成面对两个世界的新范式。

只要甲和他的同类如常人一般生存，这些问题就有概率出现，而不仅仅是脑洞。它们指向主体在同一性和差异性之中实现生存和变化的问题，这不是在心灵、语言、物理等某一领域可以解决的。

我们不知道自己是不是缸中之脑，但现实已经要求人们面对缸中之脑，甚至作为缸中之脑。人类的技术还不能完美实现缸中之脑设想，但是已经实现了反向缸中之脑——无数网络游戏的开发者构建了精彩世界，让不同的主体汇聚到虚拟的世界。

2014 年底的挪威奥斯陆，一座小教堂正在进行小规模的葬礼。在逝者的父亲罗伯特发表悼词时，教堂里来了一群不速之客，连逝者本人都没在生前见过他们。逝者名为马斯（Mats），是网络游戏《魔兽世界》的玩家，而那些葬礼现场的陌生人，就是他在虚拟游戏的艾泽拉斯世界中的朋友。

马斯于 1989 年出生，4 岁生日后渐渐无法行走，他被发现患有肌肉萎缩症，很难活过 20 岁。受限于身体，他很难过正常人的生活，但在网络游戏中，他打开了一个全新的世界，认识了四海朋友。马斯在《魔兽世界》中建立了两个游戏角色。在日记里，他写道：（两个游戏角色）是我自己的延伸，他们代表了我不同的一面。他在游戏中探索了广阔的世界，接触到在之前的技术条件下不可能接触的众多朋友。[①]

---

① Vicky Schaubert, “My disabled son's amazing gaming life in the World of Warcraft”, 7 February 2019, From https：//www.bbc.com/news/disability-47064773.

对马斯来说，他几乎已经被锁在缸中，技术让他从外部世界进入虚拟世界，带给他更丰富的生命体验。在他能分辨的两个世界中，虚拟世界对他来说更值得探索。他的指称系统不但没有被破坏反而更加丰富。

在现实中，我们面对的不仅仅是可能进入虚拟世界的问题，也面对着虚拟之物的反向入侵。增强现实（Augmented Reality）技术正在通过电子眼镜、手机等终端让现实世界的实物和虚拟之物一同显示在人类眼中。在日本厂商任天堂开发的游戏《宝可梦 GO》大流行下，人们已经面对虚拟动物在现实世界的混合，并自然地对待这种差异。

现实的自然态度固然可喜可贺，严肃的思考者仍必须面对几个假说及其现实镜像中提出世界的构成等问题。

如果把僵尸设想和缸中之脑联系一起，事情就更加复杂了。僵尸和缸中之脑如果同在虚拟世界，如何分辨彼此呢？这里就不复赘言了。

心灵问题面临困境后，终于走向人工智能哲学，但这种具体研究对象之间的转换还处于旧瓶装新酒的状态。

现象学和分析哲学等都已经无力应对信息问题。以概括、思辨和设想的方式完成对信息的认识升级，才能摸索主体、信息和世界的关系，向改造社会的方向前进。

读者们也将发现，在这条路上，信息的运动通过主体呈现，人在历史中形成的社会关系成为人类信息活动的最大成果，也对人类做了巨大的规制。我们终于走向辩证法，并为新世界提供一个历史唯物主义的新框架。

第二节　扬弃

通过建立关于信息的基本观点，我介绍了信息的基本轮廓。历经了“踹门”，我已经展示了将信息带入哲学思考的必要。现在我要继续在信息角度对之前的哲学观点做简单批判和必要扬弃。

我并不想使本书过于拗口，所以力图减少引文和专业名词，让读者易于接受全书。在本节，我还是邀请读者一起从信息的角度看看旧有哲学，并在已有成果和不足的肩膀上尝试重建。这种历程也将揭示对信息的思考不是突然出现的，而是由巨人们奠基，从而达到连续而不彻底的互相否定。

一、分析哲学的语言阶段及其不足

20 世纪的哲学特别关注语言问题，使哲学传统从关注本体论中实现了转向。

分析哲学从建立之初就关注语言问题。以弗雷格（Friedrich Ludwig Gottlob Frege，1848—1925，德国数学家、逻辑学家）、罗素（Bertrand Arthur William Russell，1872—1970，英国哲学家）、维特根斯坦为代表的研究者开发和倡导使用现代逻辑、人工语言等工具，要求严格理解和使用语言。很多分析哲学家放弃了研究世界是什么，而把如何用语言表述获得的知识作为主要研究方向。前文在僵尸假设时提到普特南关注的指称规则和语言问题，就带有浓重的分析哲学色彩。

研究如何稳定精确地表达信息是信息生产发展的表现。分析哲学形成了一套表述更格式化的学术语言和思考方法，有助于稳定地表达和进行程序化分析。其建立了更加标准的规范和方法，同图灵机①的内在逻辑有不谋而合之处，对符号计算有相当的推动。

分析哲学的内部思想很复杂。在 20 世纪晚期和实用主义合流之前，大部分传统分析哲学家认为语言决定了人类思想的方式和构成。沿着对语言这一表达工具的研究，他们走上研究如何用格式和算法稳定信息的单向道路。分析哲学的成就集中在逻辑研究、语言分析、科学语言等方面。分析哲学中早期较有影响力的逻辑实证主义流派甚至有学者主张，用自身建立的人工语言取代人类社会历史形成的自然语言，用数理逻辑取代自然语言的逻辑。分析哲学中的日常语言学派反对逻辑实证主义的一些倾向，对社会现实语言的理解和使用更为重视。他们相信："一旦哲学家，包括自称为'科学哲学家'的那些哲学家，如果允许自己误用日常语言，而且尤其是把事实上解释不清的'专门术语'引入哲学的论题，那么灾难就会发生。"②他们的研究在语用和语义上有很多进展。

---

① 图灵机是英国数学家图灵于 1936 年提出的一种抽象的计算模型，即将人们使用纸笔进行数学运算的过程进行抽象，由一个虚拟的机器替代人类进行数学运算。

② ［美］普特南：《亲历美国哲学 50 年》，王义军译，《哲学译丛》2001 年第 1 期。

随着研究深入，传统分析哲学的局限开始暴露，首先遭到打击的是逻辑实证主义。正如普特南回忆：“现在我们知道，逻辑实证主义者所谓的中心论点是假的。按通常观点，逻辑实证主义者坚持认为，所有有意义的陈述，要么是关于感知材料的可确证陈述；要么属于‘分析性’陈述，诸如逻辑和数学上的陈述。他们相信，综合性论断与分析性陈述之间泾渭分明。他们并不懂得，有些概念是充满理论特色的；还存在着像科学革命之类的东西。他们认为，科学哲学可以用完全非历史的方式加以处理。20世纪40年代末，奎因（Willard Van Orman Quine，1908—2000，又译作蒯因）指出，一些本体论问题，诸如数是否确实存在是有意义的；这和逻辑实证主义者关于‘所有形而上学问题都是无意义的’的论断正好相反。这样做有助于实在论形而上学在美国的复活，尽管奎因本人保留着一些实证主义偏见。此后不久，他就认为，分析和综合的区别是站不住脚的。后来，奎因又指出，认识论有可能成为自然科学的一部分。我也力图证明对‘观察项’和‘理论项’的实证主义二分法是站不住脚的，从而为摧毁逻辑实证主义尽了自己一份力量。”[①] 逻辑实证主义还暴露出自身表面上拒斥形而上学，其实是另一种形而上学的僵化，在普特南、奎因等新一代分析哲学家的攻击中式微。

“在对传统分析哲学的批评中，很多分析哲学家开始改变研究的方法，他们在工作中仍旧使用数学和逻辑，但是已经开始认为自己是以科学的方式思考实在的本性。”[②] 以科学方式思考实在的本性并不容易，分析哲学的一些机械观点存于其根基中，尤其是在形而上学等方面。例如，普特南认为：“正如欧几里得几何学被广义相对论所推翻（被揭示在经验上为假）一样，亚里士多德的逻辑学，结果也变得在经验上为假，同样，也由量子力学所推翻。”[③] 这种观点恰恰把物质的规律和信息的规律混同，把不同层次和领域的现象混同，是一种思维上的倒退。我们不能因为在物理世界只能见到近似的圆就否认思维中完美的圆是可以立足的，也不能因为语言的重要作用就否认存在语言难以描述的第一人称角度亲知信息。分析哲学的思辨水

---

① ［美］普特南：《亲历美国哲学50年》，王义军译，《哲学译丛》2001年第1期。

② 陈亚军：《分析哲学、实用主义与哈佛传统——美国哲学家盖瑞·艾伯思访谈》，《开放时代》2001年第12期。

③ ［美］普特南：《亲历美国哲学50年》，王义军译，《哲学译丛》2001年第1期。

平在转型阶段仍没有达到古典欧陆哲学的高度，这也使后来的分析哲学家们尝试学习和结合欧陆哲学的一些方法。

分析哲学对以人类语言为中心的信息活动形成了方法论，其合理的部分推动了内部的自我更新与改革。当它和实用主义结合演化时，这种优势体现得更充分。

分析哲学的研究方法和工具在研究一些按照单一算法进行的信息活动时很有价值。他们秉承语言理解必须依赖于一定语境、知识必须依赖于一定体系的认识，部分触摸到了信息的关联性和必须存在于一定信息环境的特性。

从信息的角度看，传统的分析哲学流派在某种程度上忽视或否认无法言说、没有言说的亲知信息，也看不到无意识的，甚至不属于人类的信息的重要性，仅仅停留在维特根斯坦早期的水平，并没有实现维特根斯坦晚期的领悟。他们并不关注人类在表达与实践环节中出现的信息损耗和叠加，其代价是毁灭现象的细微性。

传统分析哲学放弃了对信息环境中第一类环境的非语言层次和第二类环境的讨论，并因此头重脚轻。其传统方法在研究语言内容时有效，甚至能够积极参与人机工程，却没有面对整个世界鲜活又整体的信息现象，一旦向心灵问题、信息问题、意识形态问题发展就无从下足或者陷入僵化。

在同实用主义的融合和心灵哲学的兴起后，以上分析哲学的一些内部问题被发现并被学者更新消化。然而，由于“有源源不断的奖学金流向实用主义传统的研究”[①]，哲学教授们还可以在自己的庭院多玩一会，而不是根本地转变。

现实并不能由哲学单方面决定，哲学也不应该成为思想游戏，而一定要走向时代精神。分析哲学重视的指称及语言不是某种独立存在的事物，而是同主体在软硬两个层面结合、在主体实践中的世界中被设定和形成的信息。主体一旦进入实践特别是验证的环节，语言或者某种人为规定的严格信息格式就必须脱离信息运动的自循环，成为主体在实践中使用的工具和改造的对象，既要面对不同的信息和物质，也要在主体的使用中改变和超出自己原有的意义范围。指称规则及语言同世界相互匹配，不是因为它自身的完备，而是主体在实践中改造的结果，也是主体在世界中被改变的结果。不面对实践，不把世界看成实践和改造过的世界，不把信息看成一

① 孙咏：《美国实用主义：演变及其当代走向——苏珊·哈克教授访谈录》，《广东社会科学》2014年第2期。

种活动，哲学对信息的认识就不可能完成。

如果哲学安心地处于规范表述和语言思辨层次，就丧失了整体把握第一人称视角信息层次或者非人工的其他信息活动的能力，削弱了深度参与探讨脑科学、计算机科学现象的能力。在语言之外，世界的问题不容忽视，信息崛起的现象已经构成挑战。近年来，随着分析哲学家和实用主义者们对这一问题的认识逐渐深入，早先拒斥形而上学的倾向淡化，哲学家们不得不用从排斥形而上学研究中发展出的工具，研究分析哲学的形而上学。这种“挖祖坟”的行为并没能处理分析哲学内在自相矛盾的缺陷。

分析哲学仍旧在发展中，他们能否消除矛盾走出新路值得拭目以待。但是我们却不得不继续前行了。

二、现象学中的“吃豆人”及其困难

现象学曾经是一门显学，这一道路试图避免传统哲学的过多理论预设，寻找知识发生之前的直观状态。现象学试图以人的意识把握到的现象经验为根本，追问世界为何可以被人类理解，并认为自然科学和其他一些哲学不假思索地接纳并停止于世界的可理解性。现象学建立了一些把握现象的方法，推进了对人的活动的理解，却也遗憾地止步于此。

现象学将不认为是研究对象的事物剥离开去，将现象中受已有认识影响的非原初把握放在一旁，希望通过这种方法在各种现象中寻找作为确定、明见的认识根基的现象。这种方法可以一定程度上用最少最直接的已有信息来解读新的信息，并且减少不同视角带来的复杂情况。

现象学家们将意识、存在、身体等作为出发的不同起点，将不同起点上被直接给予的现象和世界的其他部分、已有的知识等切割，使自身的研究实际上处于较为原初的信息变化与生产环节。其相关逻辑非常完备，在“直面信息”一节，我们借用了一定的现象学思想。

从信息的角度看，现象学为了完成其直面现象的目标形成了“吃豆人”的解释方式——用人、特别是“我”把握的直观现象咀嚼一切。

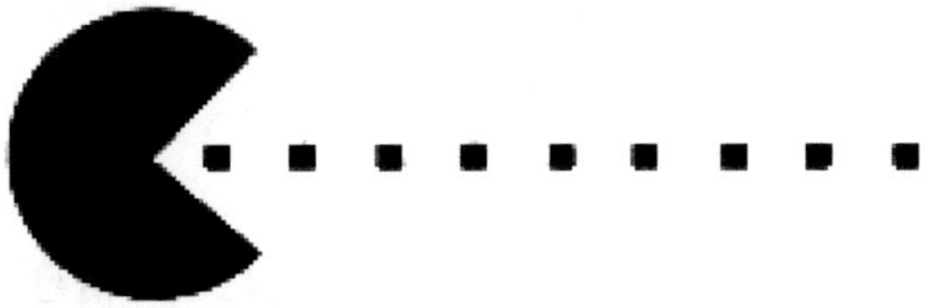

图 2-3 曾经风靡一时的吃豆人游戏

如果将不同流派的现代现象学所关注的信息环节作为具有主导性的中心，这种吃豆人的视角没有任何问题。意识到的信息无疑是人类个体可以掌握的最多信息，可以反包个人对整个世界的理解，对生存境遇的意义把握可以反包其他现象。现象学中心视角的合法性源于人类具有自我意识。如果拘泥于现象学的方法，那么这种合法性也就止步于此了。

胡塞尔悬置了自然存在的种种前提和已有知识等，从意识把握的现象出发建立认识论，对心灵哲学有持久启发，对此前哲学的不严格有一定的批判。他关注的直观把握现象不仅是外部感官反映外物所得，也包括意识获得的和外部实物不相关的现象；不仅包括人们觉得真实的现象，也包括内含矛盾的现象。按照胡塞尔的标准，“飞马”这种生物并不存在，但飞马的观念有意义，是真的；“圆的方”不但不存在，观念也不可设想，但它的意思人人都懂，有其“意向对象”，在这一层次上它也是真的。从这一点说，胡塞尔肯定人的意识活动中信息的存在性，一定程度上触摸到信息作为存在者的事实。他排斥直接套用物理还原主义或者自然主义立场，试图在意识领域找到这些立场的基础和源头，并以此作为解决问题的起点。在晚年，胡塞尔开始重视身体同意识的关系，并将世界表述为主体意识把握的各种现象来源的“生活世界”，尝试超越之前路线的局限。从信息的角度看，他试图以人能够意识到的各种信息“吃掉了”各种现象的“豆子”，来解释有意识的认识何以可能——这没能赢得当时人的理解。几十年后在新一代心灵哲学、脑科学同胡塞尔现象学的结合中，他的思想成果才出现复苏迹象。

海德格尔作为胡塞尔的学生并不因循导师，他主张悬置对各种具体存在者的讨论，以追问更本源的存在的著名方法推动哲学转型。他通过主体和存在的关系规定人的本质，追寻人的意义和存在本身的意义，改变了现象学讨论的重心。海德格尔启发了法国哲学的存在主义运动，是后现代哲学的引爆点之一。他的思路涉及信息在主体存在环境和当下思考中生成的问题。海德格尔的晚期思想通过研究语言同存在的关系触及了很多深度的信息现象。

从信息的视角看，海德格尔重视的意义也是一种信息，更主观、更为经验的信息。海德格尔对人和世界关系的论述很多都是信息产生环节的现象，这也是人以信息为中介把握世界的必然。和分析哲学关注语言的方式不同，海德格尔强调语言是思想和存在的根据。他的哲学研究不同于胡塞尔关注的意识环节，偏向于表达和行动环节。他那吃豆人般的视角可以解释很多问题，却也限制自己处于很小的层块中，丢失了对不可言说及与意识无关的信息的解释能力，在提出实践理论时有陷入空洞的危险。

如果把现象、意义和语言作为人把握到的信息考虑，两位代表性的现象学哲学家的思想亮点很突出：他们承认人的信息活动受信息关联性的干扰，主张深入认识人的信息生产活动，试图寻找其中的一些规律，用最稳定的信息构筑认识和生存的理论基础。他们承认信息必须通过其他信息才能解读，也提出信息是针对主体境遇而存在的，实际上触摸到了信息在关联性形成的意义网络中展开的问题，和分析哲学鼻祖弗雷格的语境说、美国实用主义者皮尔士（Charles Sanders Santiago Peirce，1839—1914，美国哲学家）的哲学观有异曲同工之妙，实现了时代交汇。他们使用现象学还原的手法，切断了当时人们偏爱过早地主观加入的关联，解构了一些旧的成见，对社会关系和实践关系进行了新角度剖析，把一些人们日用而不知觉的语言和社会现象解释推到了新的境界。

但是他们的缺陷同样明显：现象学家悬置的事物太多，形成了自身认识内的循环。在他们的方法下，研究者需要不断地砍断关联的事物，面向的对象越窄越虚化，就越容易有所结论；越宽越物质化，则更可能艰难晦涩。他们释义的活动和现实就在这种差异中渐行渐远，最后难免有神秘色彩。海德格尔和伽达默尔（Hans-Georg Gadamer，1900—2002，德国哲学家）等人追求的主客一体，最终停留在人的禅思中。

海德格尔并没有开辟更具突破性的道路，而是把语言神圣化，希望用诗表述那些还不能说、不好说、不可说的事物，可能足够艺术和深奥，但离时代变远了。海德格尔晚期阐述了信息关联性和网络性的一些新现象，但是没有得到更好发掘，其他类型主体的蓬勃信息活动依旧得不到考察。

相比分析哲学，现象学的优势在于第一人称视角经验的描述，这个优势在心灵哲学兴起后渐渐失去。当代的心灵哲学家一方面承认，心灵哲学很多基本问题仍旧处于形而上学的范围，另一方面已经自豪地认为其在心灵层面的解释并不比现象学差，而现象学对身体、物质的悬置则使他们停留于自己的园地走不出来，无法深入心灵哲学开启的心灵因果性和身心问题等新领域。

现象学围绕现象的研究，贴近了主体都要以信息为中介把握世界的核心问题。只要假设主体处于缸中之脑的困境就能明白现象的必须。主体可能无法区别自身生存的情景是幻象还是现实，连自己身体的情况都不能确定，意识把握到的信息流似乎是唯一可以确定的事物。意识的信息流及精神对人类来说是自我的基础，这种对内的感官功能是个人主动认识的基础。这就不可避免地导致有的人把一切信息都和意识挂钩，以意识评判信息是否为信息、信息是否存在。

不论是关于现象的经验还是概念，不论是现象还是超越现象建立的知识，不论是关于信息的现象还是关于物质的现象，都是人类以意识为起点把握到的。内外差异、视角差异、信物差异的确都可以被统一到意识把握的现象中。

但意识的起点不能作为还原的终点，意识起点所在层次的边界也不能作为认识的边界。主体并不仅仅依赖精神的主观能动性开展认识。主体的感官一方面主动获得信息，另一方面何尝不是在无法拒绝地同世界的接触中被动形成不同信息呢？意识的起点最终还是要回到生存和生活中。人的感官时刻同事物和事物的中介接触，并不是主体可以简单拒绝的。即使没有意识到，信息活动也不会停息。人类在自身意识之外拥有丰富的信息活动，实现内脏的功能，进行细胞的分裂，遑论被大量讨论的无意识、潜意识等不同于自我能够察觉到的信息活动——这些活动中自有其认识过程，是不应该被回避的。

人们看到现实中红色的杯子，在现象学家的描述中，人们看到的红色是具体而细致的，可能是品红、酒红等颜色，所看到的不仅是这只杯子的红色，更有“红本身”，在直观中把握了红色本质。然而，一旦我们把红色替换成蓝色，把前文提到的“玛丽房间”问题请过来，从直观出发的描述就面临局限。

我们曾经提到人类关于颜色的认识历史。语言进化论和语言相对论关于是人塑造颜色描述还是语言发展决定人对颜色的认知的争论仍在继续，让知觉的本质和人类生产生活中发生的语言纠缠起来。科学家发现，不同地域影响人的生理条件并影响人感受颜色的能力。在这种情况下，蓝色并不是某些地区的人能够直接把握的，即使进行反思等进一步动作也不能获得更多。直观的能力，被主体的生命历史和自然环境塑造，由拥有的工具、知识和身心状况构成。社会中的人主动被动地参与种种协作，被种种关系限制和塑造，且作为现实的事物也必须来自历史并走向未来。现象学只能走出现象，面对现象之外的抽象、现象之中的断裂、现象之外的猜想等。这些何尝不是现象，又何尝不参与现象的形成呢？

有历史经验参与的现象学，人们必须面对现象之后是什么的问题。如果止步于现象，追求对现象把握的纯化，的确可以获得领悟的喜悦。然而我们终将在实践中面对超越意识直观层次的现象构造，也就不得不对现象做进一步的挖掘和抽象。当我们试图研究更宏观和更微观的物质、无意识的信息、非人类的信息等现象时，人直观把握的现象就不能局限于自身的感官，要和观测工具、观测方法联系起来，并研究形成现象具体内容的环境。从自然观点向现象学观点的过渡，还需由现象学观点继续超越。关注社会，就不得不面向自然；关注自然，回头又发现它是人化的自然。把握现在，发现它是历史构筑的；面向未来，却只有当下面向的未来。现象的流动最终不能脱离社会关系和人的类的关联。关注本层次的现象不免延伸向其他层次。现象学的方法要走下去，就不能不在辩证中突破、超越。

我们回到主体意识工作的起点可以发现，每一种现象都和相应的物质器官须臾不可离，每一种现象都是人的类本质参与的反映生成物。在思考中，大脑是人体的计算中心。在直观上，人们依靠不同反映能力的物质器官获得声光色味等彼此难以混同的感性信息。在行动中，口舌和肢体是具体的执行者。现象也在物质器官和身体行动中迎来分叉：纯思维、感官反映和行动过程对外物的改变，成为三种对象不同、操作后果不同、调动身体器官不同、获得反馈不同的实践；主体的活动也由此分为内在信息运动、感官信息运动与调动肢体和实物的行动。

面对现象，人们体验到的并不是直接的万物一体，而是区别与分化，现象就不能停留在现象界，面临抽象和超越。这也是人类认识发生过程中确实可见的。

无意识的个人信息活动被大量发现，进而使非人类生命的信息活动和非生命的信息活动被纳入讨论并抽象化。信息不再完全处于人的意识的评判之下，而是主体的信息环境能否承认和接纳的事物，从而不必是有感情的或者被意识到的。如果说从布伦塔诺到胡塞尔承认了心理活动感知信息的存在性，那么就必须承认无意识信息的存在性，并能够被抽象出来谨慎地称为一种类现象或者存在的事物。

与信息相对的，则是物理意义上可操作的实物，不管这种实物是通过身体还是工具操作的。改变信息和改变物质的过程与方式不一样，在个人的思维、表达、行动等环节特别明显。这样，直接讨论本质妄图生造知识或概念的努力，就变为感性生活中实践的结果。实践、物质的抽象也因此可以在现象中回流，哪怕是缸中之脑的错觉，也会维持到幻象破灭前的那一瞬。

这种维持不是主观要求的，而是客观设定的。前文提到的贯通，是通过主体在脱离感官的计算活动、依靠感官的反映活动和调动身体的外部行动之间，以彼此组合、衔接等方式实现的，并且历经验证、反复、比较、修正。贯通不是三者的统一或者无缝对接。在贯通中，基于意识的精神被现实设定，在主体中生成并不断改变。主体获得现象的信息能力和信息环境不是一成不变的，而是历史的产物。好的信息环境使主体占有更多更好的信息，发展不足的信息环境可能使主体自我精神残缺或分裂。

如果说是否依赖意识、是否需要评判正误是讨论主体信息的一个方面，那么如何使用信息就成为更重要的方面。各类主体无意识的信息活动未必把握到现象，但一定离不开信息。载体和中介要在承认中被接纳为信息活动的一部分，信息包含的具体内容、具象等和人类主观能够意识到的现象没有本质区别。主体将不可避免的接触转化为信息，并根据不同的内容指导自己的行为，承受行动的后果。对主体来说，不论感官反映的是物质世界还是虚拟世界，都要处理和使用信息，评判信息的标准除了正误，还有相信和使用信息后带来的后果。后果甚至比信息是否为真在自然史上更为重要。生物的生存和竞争何尝不是其信息和信息生产能力的竞争呢？信息导致的行动可以是胸有成竹的思考产物，也可以是直接的响应；思考程度未必影响行动的后果。

停留在现象、淡化乃至避而不谈各种具体的存在者，是可行的。人可以通过把握生存状态或者接触到的现象的直接意义，以此反照社会或世界。这一路径展现了人有意识的信息活动，直面了实践的后果和困惑，具备很强的吸引力。但这不是指向信息问题的直接道路，也没有改变必须通过范畴化、假设等手段进行研究的实际情况。关注具体的事实不意味着完成追寻抽象事实的任务。哲学和科学关于信息活动的某些研究成果在此道路中被悬置一旁。

现象学代表了当时欧洲思想的焦点，从侧面反映出当时欧洲思想界已经在信息生产即将喷薄的时代潮流中显得保守。现象学家们从心理、存在到身体等不同起点不得不一步步走向更物质的存在，最终在 19 世纪末尝试通过神经科学构建神经现象学。

传统的现象学和分析哲学虽然本身已经同信息纠缠不清，但仍旧饱含前信息时代哲学的色彩。他们并不认为自身关注的是信息现象，而认为能够通过信息活动的某个环节去解决其他问题。

它们都在尝试摆脱精神和物质关系的旧框架，在这个过程中转变了自身的研究方向。在科学飞速进步的时代，前信息哲学的坚守者们不再研究如何可能或者希望获得具体的科学知识，而是转向研究语言和思想、语言和知识等关系。他们以信息活动的某个环节为中心，直面了信息的某个切片，但是没有回归到作为整体过程运动中存在的信息之中。

“缸中之脑”等假设的提出是信息现象日益丰富的表现之一，也带来了身心关系、信息本质、操作、行为、功能、人工智能等新问题。前信息哲学很难参与讨论。

三、语言发生学的探索与辩论

哲学家以及心理学家直面信息的努力首先发生在语言哲学和心灵哲学中。在 20 世纪哲学转向的领域，语言作为信息内容承载的格式和重要的人类信息得到了关注。在对语言的研究中，语言起源和个人学习语言以及其他知识是如何实现的问题不容回避。由此开启了语言哲学家从自身的角度研究心灵问题的历程。

在当代心灵哲学发展之前，心理学和传统哲学已经对身心问题做了很多研究。

在心理学领域，行为主义等流派相信人脑是一无所有的“白板”，人的认识来自外部世界，通过主体接受客体传递来的刺激发生。这是一种贴近经验主义和实证主义的立场。

而在古典哲学特别是德国观念论的一些哲学家看来，主体先天地具有一些观念、形式和范畴等，认识是对它们的回忆（柏拉图），或它们的逻辑展开（笛卡儿），或主体将它们强加于客体（康德），或主体的所有自我意识中的先验要素自己产生自己、自己设定自己（费希特），或绝对精神通过主体展开（黑格尔）。

代表传统分析哲学的逻辑实证主义拒斥一切形而上学，在面对认识论问题时集中火力评判前人理论中的逻辑和表述是否精确或有意义。他们并不能提供关于心灵的新知识或者指出解决问题的道路，而希望通过对概念的语言分析，澄清人类在“心”及“心身关系”等方面存在着的语言混乱现象，最终证明人们在心灵哲学中提出的各种问题都是一些“假问题”。

让·皮亚杰既不满意传统的经验解释或先验解释，认为它们缺乏严格的基础，也认为逻辑实证主义没有直面问题，不能推动问题的解决，他选择从语言发生学入手，通过生物学和心理学寻找理论和实际案例的支持，超越逻辑上的纠缠或者纯思辨。

通过对语言发生学的研究，皮亚杰扩展出自身的知识发生学。“传统的认识论只顾到高级水平的认识，换言之，即只顾到认识的某些最后结果。因此，发生认识论的目的就在于研究各种认识的起源，从最低级形式的认识开始，并追踪这种认识向以后各个水平的发展情况，一直追踪到科学思维并包括科学思维。”①

皮亚杰认为，遗传机制和身体的组织、状况对认识的发生发展有一定影响。当时流行的生物学和心理学的成就，都存在未从遗传因素与环境因素的密切相互作用的观点考察本能的缺陷。他认为，任何认知行为，哪怕最低级的，都不能仅用环境解释，而需考虑主体的内部条件。皮亚杰一方面肯定主体在认识中的主观能动性，同时又强调客体对主体的作用是认识的基础，并主张认识乃是一种过程。②皮亚杰指出，认识既不是起因于一个有自我意识的主体，也不是起因于客体被主体意识，而

① ［瑞士］皮亚杰：《发生认识论原理》，王宪钿等译，商务印书馆1981年版，第17页。

② 顾伟铭：《皮亚杰的发生认识论及对传统经验论和先验论的批判》，《哲学研究》1984年第4期。

是通过主客混合的状态辩证地构建起来并变化。他的理论总体上强调，任何认知行为都要考虑环境和主体身体状况，语言是主体身体内的认知机能与语言和非语言环境相互作用的结果，它具有发生性。

皮亚杰较早地结合其他学科内容，从哲学的角度认真地批判了传统认识论。他认为其中实际上暗含一个未加证明的前提，假定“在所有认识水平上，都存在着一个在不同程度知道自己的能力的主体，存在着对主体而言是作为客体而存在的客体……”[①] 两者都将主体的自我意识的存在当作既定的事实。但皮亚杰通过心理发生学的研究驳斥了这一前提，认识不一定起因于一个有意识的主体。从生物遗传系统和计算机科学的实践来看，皮亚杰的这个批评是非常有力的，无意识的信息活动在人体内和人体外广泛存在。

同时，皮亚杰摆脱了分析哲学和欧陆哲学中一些僵化成分的限制，敢于通过各学科的成果探讨身体机制的问题。身体、认识过程以及语言都被作为历史积累呈现出的对象加以研究。他的理论也因此具有较好的案例支持和可操作性，得到了广泛的承认，一度成为教育领域和儿童心理学领域的主流理论。他的理论已经开始用全新的视角面向身体和心灵的关系问题。

相比皮亚杰的建构理论，同样为著名语言学家的诺姆·乔姆斯基（Avram Noam Chomsky，1928—）公开主张“语言天赋观”，以一种近乎唯理论的立场排斥语言学习的经验主义论述。他认为语言与数学和逻辑一样，都是人类生物遗传的结果，是由遗传基因预先设定的，是先天属性与后天经验相互作用的结果。[②] 他将人的认识产生同身体的历史物质积累强势联系起来，一定程度上恢复了以法国为代表的西方唯物主义哲学传统。

乔姆斯基认为，人类语言知识的本质就是人类心智 / 大脑中存在基因遗传所共有恒久的语言认知系统，该系统中高度抽象的语法规则构成了语言应用所需要的语言知识。语言是有限规则的无限使用，有生成能力，转换则是生成的重要手段。正因为存在这种内在的系统，不同地域的人才能够都发展出语言，而内在受损的人才

---

① ［瑞士］皮亚杰：《发生认识论原理》，王宪钿等译，商务印书馆 1981 年版，第 21 页。

② Avram Noam Chomsky，*Modular Approaches to the Study of the Mind*，San Diego：San Diego State University Press，1984，p. 243.

会出现失语症、阅读障碍等疾病。

19世纪之初，德国语言学家和人文学者洪堡特（W. V. Humboldt，1767—1835，也译作红堡）就观察到“语言是有限手段的无限运用”，乔姆斯基发展了洪堡特的理论，并从数学上作了严格的论证，形成了乔姆斯基层级等语言的形式语言理论结构。[①] 这一成果是当代计算机科学的基础理论之一，在算法分析、编译技术、图像识别、人工智能、自然语言处理等领域中得到广泛应用。现在日益发达的人工语音助手、智能翻译等程序就曾依靠这一模型进行开发。

在乔姆斯基的处理下，心智被视为一个自然客体，而不是将心智与物质对立起来，也不是将心智简化还原为目前人们所理解的简单物质。他通过对失语症、各种语言起源等现象的研究认为，大脑中有一些暂时未被观测到的结构，大脑结构“预置”了语言的某些要素，这些要素就是关键的有限规则的基础或其本身，没有这些要素，人的语言、认识都无法达成。

一度徘徊于西方哲学研究范围之外的物理现象与事件，或者说物质的问题，再次强而有力地回归到研究中。与此同时，乔姆斯基对物质采取了非常谨慎的态度，他写道：“最后出现的物体概念是什么呢？回答是，不存在明白无误的确切物体概念。”“结论是暂时的，权为经验假设所应做，但不容易遭受批评，因为它们超越了某种先念的物质观。不再有任何确定的物体概念。相反，我们发现物质世界是什么样模样，它就是什么模样。”[②]

1975年10月，乔姆斯基同皮亚杰在法国巴黎附近的若约芒（Royanmont）进行了一次著名的辩论。[③]

皮亚杰与乔姆斯基在基本立场上有一致之处，都反对传统经验主义和行为主义，承认语言具有一定的普遍结构。他们的不同也很明显。皮亚杰认为语言是在人的先天基础上逐步学习形成的，人获得认知的能力是后天逐步建构的结果。因此他反对任何严格意义上的预成概念。而乔姆斯基认为皮亚杰还没有摆脱经验主义，自然界

① 满海霞、梁雅梦：《乔姆斯基层级与自然语言语法——从短语结构语法到非转换语法》，《外国语文》2015年第3期。

② ［美］乔姆斯基：《乔姆斯基语言学文集》，宁春岩等译注，湖南教育出版社2006年版，第353页。

③ 关于这次辩论会的详细内容可参见：章士嵘：《认知科学导论》，人民出版社1992年版，第68—85页；吴道平：《自然？使然》，《读书》1995年第12期。

环境并不包括认知的结构，语言的普遍性可以最终归结为人类所独有的生理结构。[①]

与会的生物学家更支持乔姆斯基的观点，列举了刚出生的猫的例子。猫有些视觉神经元“预设”为只接受水平带状形体。对这种神经元显示垂直线，它便毫无反应；如果水平带状形体在猫出生后一直不出现，则那种神经元将完全失去作用。也就是说，神经元的这种能力是由基因决定的，而环境提供了必要的刺激使视觉能力最终发育成熟。相比之下，心理学家和计算机科学家更支持皮亚杰。

在这场辩论后，普特南也加入其中，他持有更为经验主义的立场，认为乔姆斯基唯理论式的语言天赋论里的论据可以用经验论的方法解释：语法可以看作是语义、演绎逻辑和归纳逻辑等的共同产物，是语言的属性，不是大脑的属性。他以猩猩学习语言的案例反驳乔姆斯基的理论，认为有的猩猩学会了很多人类的语言，猩猩和人类的先天差异依旧存在，这个例子体现了乔姆斯基语言天赋论的缺陷。[②]普特南的观点带有分析哲学的色彩。

在辩论中，乔姆斯基获得了更多支持，皮亚杰的理论受到了一定削弱，但是要说形成定论则为时尚早。

皮亚杰、乔姆斯基、普特南参与的历史争论具有标志性意义，代表着哲学研究问题和研究方法的转向。当代西方哲学向心灵哲学的转向在那时开始加速。

哲学发生潜移默化的创新。个体为何具备语言能力、如何学习语言……参与辩论的各方自然地将论题发展到包括语言在内的人类认知活动何以可能，如何具备信息活动能力的心灵哲学问题上。

在心灵哲学正式登场的后继研究中，科学方法进一步介入，人们对主体同外界环境和社会群体在认知上的关系有了新的关注和发现。认知科学在研究中发现，大脑在不同的环境刺激和训练下，特定区域会受到促进或抑制。人的信息能力不再被作为一个等着装东西的篮子，或者万事俱备的计算机，而是被作为可以变化的，可以被建构、解构的动态能力。当代心灵哲学在认知问题上的发现已经远远超过旧日

---

① 参见王巍、寇世琪：《追寻人类语言的来源——析乔姆斯基与皮亚杰、普特南的哲学争论》，《自然辩证法通信》1998年第2期。

② 参见王巍、寇世琪：《追寻人类语言的来源——析乔姆斯基与皮亚杰、普特南的哲学争论》，《自然辩证法通信》1998年第2期。

这场辩论的范围。

这场辩论也体现了方法革命的思潮。无论哪一方，无论是台上的二人还是作为听众的语言学家、生物学家、计算机科学家，都天然地承认物质在心智中的地位，并将非人类的信息活动同人类的语言现象进行了比较。各方都引用心理学、生物学、进化论、语言学等方面的案例和理论参加辩论。普特南也采取更为实用主义的立场，用猩猩学习语言的例子加入了哲学讨论。不同学科方法的边界意识被跨学科的共同认识冲击，不同学科具体的研究对象被信息活动的共同点推动聚合。1975年，美国学者提出将哲学、心理学、语言学、人类学、计算机科学和神经科学六大学科整合在一起，研究"在认识过程中信息是如何传递的"，这个研究计划产生了一个新兴学科——认知科学，其研究的控制论、神经语言学、神经心理学、认知过程仿真、计算语言学、心理语言学、心理哲学、语言哲学、人类学语言学、认知人类学、脑科学等问题，至今仍旧处于科技界的前沿位置。

这场辩论浓缩了当时西方哲学孕育的革命。人为何能够获得信息的问题正在通过"遗传—建构"得到新诠释。世界的历史运动带来有信息能力的人及其信息活动，而不是相反。心智被视为一个自然客体，而不是与物质对立起来。人的信息活动是身体活动的层次，有意识的信息活动是人的总信息活动的层次显现。语言是人的天赋信息能力在信息活动和外部环境刺激下的产物。在这种视角下，心智是物质运动的一种层次活动，而不是同物质相对应的同等层次的存在。

思想的长河中，人们从来不曾忘却信息，却又常常不能直面信息。古典哲学集中面对人把握的各种概念，分析哲学把人的信息活动归于语言，现象学家把人的信息活动囊括到现象中。语言发生学以语言发生破题，终于突破了围绕已有信息、较为稳固的信息展开讨论的旧框架，把人的信息活动描述为动态的历史的过程。但这些思考的焦点还是没有放到信息本身。

历史在这里画了一个圈，我们重新回到马克思思考世界问题的起点：

人的全部信息活动在本质上是实践的。信息是个人在社会和世界中的产物，旧框架下分析的抽象的概念、语言与现象，"是属于一定的社会形式的"[①]。信息活动也

① 马克思：《关于费尔巴哈的提纲》，载《马克思恩格斯文集》第1卷，人民出版社2009年版，第501页。

不应该脱离物质进行讨论，毕竟，“‘精神’从一开始就很倒霉，注定要受物质的‘纠缠’，物质在这里表现为振动着的空气层、声音，简言之，即语言”[①]。

四、心灵哲学的兴起和遗憾

参与语言发生问题辩论的普特南是著名的西方分析哲学家和语言学家，也是心灵哲学的早期拓荒者之一。普特南认为心灵是大脑的功能，猜测大脑同图灵式计算机有某种近似的结构，因而可以实现心灵。他做出了一个著名论断：人就是图灵机。他判断人的信息功能工作模式就是图灵机模式。这种创新式思维和马文·明斯基等早期人工智能理论家的思想趋向合流。

普特南用计算机功能类比心灵，走上了用抽象方法把握信息的道路。他脱离了分析哲学传统上不面向问题只面向表述的局限，开始展望其他学科的先进成果，这也是西方心灵哲学家研究方法的整体特色之一。

20 世纪 30 年代以来，计算机科学、语言学和心理学等学科蓬勃发展，计算机语言更是激发了思想家们的好奇心，也推动了哲学向心灵问题转向。

普特南就是其中的代表，他从信息可多样实现的特点切入，提出了人就是图灵机的观点，由此开启了哲学的心灵问题转向：“图灵机的状态是通过在一定的运算过程中所起的作用来进行辨识的，而不依赖于其在物理上怎样体现。借助于纸和笔运作的人脑计算机，19 世纪建造的那种机械的计算器，以及现代的电子计算机，都处于同一种计算状态，而不处于相同的物理状态。三者都能从事特殊的运算。我开始把计算机理论所建议的图像运用于心智哲学，在 1960 年所发表的一篇讲演中，我提出这样一条假设，它以功能主义为名日益发挥着影响，也就是，人类的心智状态表现为人脑的计算状态。”[②] 在 60 年前能有如此发现，普特南无疑在那个时代引领了时代之先。

普特南的观点富有启发性，也因存在一些缺陷而遭到批评，连他自己最后都发现了其观点的矛盾之处。普特南在语言领域是语义外在说的支持者，认为语言的意义由所处的环境决定，这和他的心灵计算功能说存在明显矛盾。信息的多样可实现

---

① 马克思、恩格斯：《德意志意识形态》，载《马克思恩格斯文集》第 1 卷，人民出版社 2009 年版，第 533 页。

② ［美］H. 普特南：《亲历美国哲学 50 年》，王义军译，《哲学译丛》2001 年第 1 期。

性也被用来攻击普特南理论较为机械的弱点："不同的计算结构或功能组织，也同样可以实现相同的信念。这样一来，心理属性的唯一实现性就遭到了失败。"[①]而从另一面来说，计算机存在图灵机以外的结构，这就意味着仅仅用图灵机限定大脑和心智有关部分的结构也不一定准确。

普特南也承认功能主义在解释感性和感知问题时存在困难，他不能将感性和感知区分开来，也就面临所感必所知的限制，因而在面对类似哲学僵尸、缸中之脑的问题时不能提出被广泛接受的解释方案，在面对幻觉、主体对感官信息的进一步利用等具体现象时解释乏力。他仍旧陷在用分析哲学面对心智的框框中，还没有认识到讨论信息问题不一定要讨论意识，感知的错觉不代表感官功能的失败。

普特南时代的计算机还较为初级，只有单线程计算的能力，更没有当代千万行级别代码的复杂程序，人们对计算机能实现什么样的计算有很大争论。普特南等人用计算机类比心灵，哥德尔（Kurt Gödel，1906—1978，美籍奥地利数学家、哲学家）通过其不完全定律对计算机能力限度进行讨论，都涉及计算机底层逻辑，也涉及本体论的问题和实践问题。这种讨论的确不是能够轻易有定论的，但是已经开启了心灵哲学和人工智能哲学的道路，指向了未来。

在普特南等人开启的序幕之后，心灵哲学声势日益壮大，并且向前回溯了心灵研究的历史，成为当代哲学的热点和主流。

在对心灵哲学的历史梳理中，人们归纳了关于心灵的多种解释方案。从信息的角度看，它们各有成败。

平行论、偶因论和唯心主义倾向的心灵哲学不相信或不谈论物质构成的身体和心灵的关系，倾向于存在独立的心灵实体或者相信心灵无法影响外部世界。

平行论认为心灵现象只同其他心灵现象有因果关系，身体现象也只同其他身体现象有因果关系，而心身之间不存在因果关系。心灵和身体的事件发生在相互分离而又平行的两个世界之中。

偶因论是笛卡尔学派在心灵认识上的主要观点之一，认为心智和身体是互相分离的，彼此是平行的。每当心智的思考与身体的动作碰巧同时发生时，表面上看似

---

① 陈思良：《论普特南心灵观的嬗变》，硕士学位论文，华中师范大学，2013年。

在相互作用，但实际上是由上帝控制的，是上帝在人们心目中造成这种观念的偶然的原因。

唯心主义的心灵哲学怀疑物质的概念和物质存在的可能性，不探讨心智和身体的关系，甚至怀疑身体的存在。

这些论调一度起到过重要作用，现在已经不再居于主流，取而代之的是物理主义，或者说西方意义上的唯物主义的当代心灵哲学的兴起。

副现象论者从机械唯物主义出发，主张作为物体的身体是实在的，心灵事件或心理事件是身体机械过程的副产品。身心关系是单向的：心灵（心理）事件是身体内部机械运动的结果。信息变成机械的纯粹物质运动，能动性在这里被取消了，信息调动物质的现象被忽视了。

行为主义认识到人内部的信息活动难以测量，希望通过身体的行动界定人的信息活动状态。这个解释强势确认了信息同物质身体的联系，又大大降低了信息处于尚未突破由内而外的壁垒时的意义，事实上回避了思考或者是计算的过程。即使在解释心灵现象时，也忽略了信息活动同身体活动并不总是一一对应的。

同一论提出心灵的状态和过程同一于大脑的状态和过程，相信人体物质和心灵现象的严格对应，开始认真地谈论作为人体内计算器官的大脑同心灵的关系，也反抗了行为主义的粗暴解释。这种理论把人体内计算器官的地位作为人类信息生产的全部因素，忽略了生理信息的运动、噪声等问题，也忽略了外部物质对人的信息活动的干扰。

功能主义将心灵视为身体内运动出现的事物，心灵事件也推动心灵的活动，心灵的状态“可多样实现”，不同的结构可以获得同样的信息；心灵状态不是大脑状态，而是功能实现。从信息的视角看，这一理论的优点在于，整体地看待心灵，让心灵或者说信息和已有的物质及信息联系起来，甚至承认图灵机具备心灵。这一理论只关注结果反而规避了一些理论难点，存在取得更多成果的潜力。

心灵哲学家们不断吸收各方面的先进成果，使用了大量心理学、神经科学、脑科学的先进成果，使当代心灵哲学成为直面人的信息的哲学。它的特点十分鲜明。

首先，在心灵哲学带动下，哲学领域出现了唯物主义的全面兴起，开始用唯物主义的方法推进哲学研究。当代心灵哲学大都持有自然主义或者物理主义的倾向，承认身体在心灵活动和认知进程中的基础作用。意识和身体中的物理事件的关系成为这方面讨论的中心问题之一。心灵哲学并不自守门户，而是勇敢地进入脑科学、神经科学、人工智能科学的领域，学习利用它们的先进成果。很多心灵哲学家自身就是高水平的脑科学、神经科学、人工智能科学的研究者，除了传统的哲学方法，还使用科学的实验手段验证自己的理论。心灵哲学、脑科学、神经科学的结合，带来新兴的认知科学的进步。

其次，心灵哲学关注意识、心灵同身体的关系，并由此扩展到什么样的心智水平才是心灵等问题。这些问题画出了心灵哲学的大致边界。一方面，心灵哲学的问题框架一定程度上来源于历史传统，一些学者从语言哲学特别是前文提到的认识发生学转向到心灵哲学，承接了之前的一些话题和方法。部分心灵哲学家以语言分析的方式关注心灵活动的结构和内容，对人进行由外及内而非由内及外的研究。另一方面，人类心灵存在感知性，人对自己的所思有感知。但通过“哲学僵尸”论证可以发现，个人无法直接断定别人有这样的心灵现象。如何解释意识体验的存在及机理成为一些心灵哲学家关注的困难问题。

最后，心灵哲学不断突破心灵的边界，触摸着信息的轮廓。例如，面对第一人称视角亲知的信息难以被语言完全表述的问题，以美国哲学家约翰·塞尔（John Rogers Searle，1932 年生人，也译作希尔勒）为代表的心灵哲学家用研究非语言信息的方式扩展研究，提出了“意向性”等主题，设计了“中文屋”等思想实验场景，展现了脱离意识和感知运作的信息活动。心灵活动是否等于大脑活动也没有定论，澳大利亚哲学家大卫·查尔默斯（David J.Charlmers，1966 年生人，也译作查默斯）等人提出了延展心灵等认知方面的问题，人类占有的信息在多大程度上依赖身体和外部环境互动得到了多轮讨论。如此等等，正在把心灵哲学拉出传统哲学的核心问题——意识，21 世纪的哲学革命正孕育着。

从上述心灵哲学的特点可以看到，唯物主义的兴起并没有断绝对心灵活动独特性的研究，心灵活动的独特性也没有断绝对非心灵的信息活动的研究。心灵哲学有关意识的形而上学的观点在这两种矛盾中分化，各种单向的、多维的研究框架因此产生。根据查尔默斯的分类①，当代心灵哲学具备三种代表性的物理唯物主义类型：

---

① ［澳］大卫·丁·查莫斯：《有意识的心灵：一种基础理论研究》，朱建平译，中国人民大学出版社 2013 年版，第 199—207 页。

第一种观点认为，物理事件和意识把握的现象之间不存在认识上的鸿沟，已有的研究已经接近于将彼此一一对应。

第二种观点认为，在物理事件和意识把握的现象之间的鸿沟是一种暂时的困难，可能仅是人类还没有认识能力去破除。

第三种观点认为，这两者之间确实存在着深刻的认识上的鸿沟，但是这种鸿沟在原则上是可以跨越的。

而在对心灵独特性的研究中，也分化出三种类型的观点：

第一种观点认为，物理领域并不是因果闭合的，意识把握的现象对物理世界产生影响，实体既具有物理属性也具有意识把握的现象属性，但是意识把握的现象属性在影响物理属性上具有不可还原的作用。

第二种观点就是通常所说的副现象论，即意识把握的现象属性与物理属性在本体论上是不同的，身心关系是单向的，物理状态可以对现象状态起作用，反之不可。

第三种观点认为，意识是物理实体的构成属性之一，其位于物理实在的基本层次，但具有自然界中的基本地位。

这些不同的观点正是心灵哲学研究中两个矛盾的体现，实际上涉及查尔默斯提出的关于意识的简单问题和困难问题。

所谓简单问题就是易于直接根据计算的或神经的机制而加以解释的问题，例如，通过观测大脑、神经等信息器官的工作，可以判断简单的膝跳反应是非中心化的；通过编制计算机软件，可以成功实现预想中的某一功能并有足够的理论支持等。在这个层面，信息活动的内容和物理事件可以实现多个角度的关联并完成还原。

困难问题则在碰上不可还原的感受时发生。即使我们将与心理事件、状态或过程所对应的一切神经和物理过程都弄得一清二楚了，也无法解释为什么这些神经或物理的过程会伴随着某种主体的感受或经验。

同样的问题导致不同的解决方向。

第一，部分学者继续以自己可以明见的意识出发，构筑认识何以可能的解释方案，即就人谈论信息，拒绝其他维度和方法。这从逻辑上说是可行的，但一定程度上回避了物理事件和更广阔范围的信息。

第二，语言学家和传统的分析哲学家研究固定的概念，也就是研究“独立”的信息内容，而回避物理活动、身心关系等问题。这在一定程度是向 19 世纪某些哲学传统的回归，“对对象、现实、感性，只是从客体的或者直观的形式去理解，而不是把它们当作感性的人的活动，当做实践去理解，不是从主体方面去理解”①。

第三，心灵哲学中的行为主义和物理还原主义用一种强硬的唯物主义态度试图将信息解释为一种物理活动，并不深入考虑其内容的细微处和多样性。信息的多样可实现性使这个类型的解释方案碰壁。不同物质可以运动生成同样的信息，机械计算机和电子计算机都能实现 1+1=2，物质对信息的绝对主宰在此现象中被削弱了。用物理现象完全界定信息内容的努力还面临测量等问题。在我来看，他们在相当程度上忽视了信息环境，特别是第二类信息环境。

第四，查尔默斯通过将经验规定为物质的一种新的属性，将信息规定为既具有物理学属性又具有现象学属性的两面性的办法尝试解题。他提出的信息双重维度理论，将信息分为两个必需的方面：物理和现象，两者之间具备随附的关系。载体和中介的作用显示，信息的被承认和使用不仅仅是信息层面的，也是物质层面的。

查尔默斯的理论由两条法则支撑：其一，在“现实世界”和信息之间，存在结构融贯法则，即物理结构和现象的结构之间存在着某种融贯对应；其二，在结构之间，存在组织不变性法则，即拥有相同组织的两个物理信息系统或状态将会有相同的现象信息。②

周理乾在评论查尔默斯的理论时认为：“一方面它强调信息的不可还原性，另一方面又讲信息必须有物理基础。”“这种信息二元理论仍然不能让人满意。首先，这个理论除了将之归为经验，并没有讲清楚现象信息是什么。在他的著作中，除了一些现象描述外，经验这个概念本身也缺乏明晰的解释。第二，查尔默斯认为现象方面和物理方面的联系很关键，但没有给我们提供一个能够解释这个联系的动力学

---

① 马克思：《关于费尔巴哈的提纲》，载《马克思恩格斯文集》第 1 卷，人民出版社 2009 年版，第 499 页。

② ［澳］大卫·丁·查默斯：《有意识的心灵：一种基础理论研究》，朱建平译，中国人民大学出版社 2013 年版，第 301 页。

理论。”[①]

我部分赞同周理乾的看法，但这并不意味着查尔默斯的观点的贬值。查尔默斯的理论已经大大改变了过去心灵哲学盲目地谈论心灵事件和缺乏足够的抽象理论建设的局面，使心灵哲学达到了新的境界。他将信息视为随附在物理运动之上出现的事物，将心灵活动尝试性纳入信息的解释中，并且将一般的运动产生信息和涌现导致的信息的产生作了陈述。而在组织不变性原则中，查尔默斯对信息可以复制还原作了说明。这些观点是指导性的。

查尔默斯尝试解决困难问题，很多的想法基于预设，也就不免缺乏部分细节。不论如何，查尔默斯已经在相当程度上用心灵哲学的基础进行着直面信息的工作。周理乾将查尔默斯等心灵哲学家的部分理论作为信息哲学的一种也是理所当然的。[②]

从信息的角度看心灵哲学，除了形而上的部分，有一些思想值得重视。

心灵哲学同德意志古典哲学的观念论和现象学不同，他们突破了就信息内容、现象谈信息的限制，关注信息产生的物理源泉和方式。他们在心灵和人体计算器官的关系、心灵同人的行为的关系等方面展开讨论，贯穿了人体内信息穿越各个壁垒的过程，也探究了信息存在的必要环境。心灵活动本身就是一种信息活动，心灵哲学具备运动的视角，而不是孤立静止地看待心灵这一信息现象，充分体现了信息必须运动存在的特性。

唐纳德·戴维森（Donald Davidson，1917—2003，美国哲学家）提出了非则一元论，这一理论的核心思想体现三个原则：一是至少有一些心灵事件和物理事件有相关的因果链条；二是这些因果相关的事件有一定的严格规律；三是不存在据以预测和解释心理事件的严格的决定性规律，因为心理活动可能没有规律。戴维森这套解释方案，在物理层面上相信必然性，而在第三个原则的纯心灵层面又否定必然性。他重视信息的自由可能，将能动性作为心灵不具备严格决定性的证据，没能探讨物质和心灵的随附性和能动性之间的关系。

丹尼尔·丹尼特认为心理活动根源于主体的生化结构，相信只有具备生化结构和二阶表征能力的生命才具备心灵，单细胞生命不具备心灵。如果扩大到信息视

① 周理乾：《西方信息研究进路述评》，《自然辩证法通信》2017 年第 1 期。

② 周理乾：《西方信息研究进路述评》，《自然辩证法通信》2017 年第 1 期。

角，可以认为他用分析的方法将不同的信息能力做了解释。

以达米特（Michael Anthony Eardley Dummett，1925—2011，英国哲学家）为代表的一代心灵哲学家开始普遍承认，信息是比知识更为基础更为本质的概念，然而他们仍旧围绕意识或者说心灵展开论述，缺乏一点时代气息。

直面信息、用信息的视角观察世界，并不意味着全面颠覆已有的各种思想，反而有利于在既有的思想中，以更严格的态度去发现新问题和新角度。

一些心灵哲学家根据脑科学、神经科学的研究成果认为，心灵已经可以被划分为不同层次，不同感官和相应脑区之间的联系组成不同的层次，时间和空间也带来不同的心理事件层次，外部交往也会影响人的心灵，这是十分杰出的思想。其遗憾在于没有把信息活动看作实践的、主体感性的活动，仍旧局限于个人的现象。

心灵哲学家在清醒梦、幻痛等方面做了很多研究，却还不能把握意识亲知信息的内容。意识内信息的展开仍旧需要自我层次的把握，神经科学和现象学结合的尝试因此是理所当然的。强物理还原主义的很多成果都可以在承认第二类信息环境的基础上继续展开。

总的来说，心灵哲学的进步性是明显的。

第一，主体的信息能力和生产什么样的信息因为身处的环境而变化。自笛卡尔以来，那种建立在理性、自治、自由观念之上的个人主体观念，在心灵延展、无意识信息活动研究中被批驳，部分学者已经认识到，主体的“认知能动性是分布在社会群体、认知工具和模式化实践中的”[①]。

第二，随着对人类心灵活动认识的加深，语言的神秘化倾向变淡，语言已经被视作心灵活动的一种，语言分析已经被视为推进分析的心灵哲学发展的一种途径。这样，信息的人类垄断和语言垄断都已经面临消解，对信息的进一步抽象研究成为可能。

第三，信息同物质的随附性关系和内容相对的独立性在戴维森、金在权（Jaegwon Kim，1934—2019，韩裔美籍哲学家）、查尔默斯等人的论述下有了比较坚实的基础。查尔默斯认为：“概念形式化了一个事实的集合能够完全被另一个事实的集合所决定……附随性是两个性质的集合之间的一种关系”。对随附性定义为“B

① 李建会、夏永红：《延展心灵的三次浪潮》，《科学技术哲学研究》2016 年第 1 期。

性质附随于A性质，如果不存在两种可能情况，这两种可能情况关于它们的A性质相同而关于它们的B性质不相同”。

可以看到，心灵哲学家和我讨论的问题已经有相当多的接近之处。在主体研究中，主体信息活动的边界不再仅是身体；在信息内容活动中，研究对象不再仅是稳定的符号、概念或词汇；在信息同物质的关系中，不再简单地解释为决定论或者还原论，随附性理论在讨论中日益完善。

正因为如此，心灵哲学的一些成果可以尝试用于信息的研究，但这里面也充满了遗憾，毕竟它的另外一只脚还在身后。

例如，从我在前文讨论的观点已经表述，要讨论信息就必须关注身体的无意识活动、自然界的无意识生命、非生命的信息活动，而心灵学家执着于探讨智能、心灵、意识的标准，没能走向更进一步的普遍性。

即使在人的信息活动中，心灵哲学的意识中心框架也面临攻击。神经科学的本杰明·里贝特做了一个著名实验，大脑会在人的意识做出决定之前预先做好决定。[①]意识为中心可能是对人体信息活动认识的一种天真理论，一些旧的认知模型因此面临试验结果的威胁。

信息需要在一定环境中存在并实现自身的展开，信息又是可多样实现的，在这两条原则生效时，执着于心灵事件和物理事件直接关系的解释方案就可能碰上“幽灵”：同样的物理事件因为整体环境的变化，成为不同的信息的基础；不同的物理事件因为信息环境的关系实现了相同的信息；物理事件发生的环境差异甚至可能使信息沦为噪声……

在各种各样的遗憾中，心灵哲学作为时代的领先者的地位遭到削弱。明眼人可以看到，总是总体把握人类社会的历史唯物主义和辩证唯物主义能够和信息以及信息世界中的人建立联系，并能够以信息为主题展开新的批判与建设，弥补一定的遗憾。

对其他流派的哲学家来说，一直停留在心灵园地也不再是唯一的路线。转向信息哲学，向整个社会和更宽广的世界前进是当代的必然要求。

---

① 参见［美］本杰明·里贝特：《心智时间：意识中的时间因素》，李恒熙、李恒威、罗慧怡译，浙江大学出版社2013年版，第85页。

五、科学界的信息认识及其片面性

在谈论了一些前信息时代的哲学观点之后，我们不能忽视科学界对信息的认识。

在20世纪信息生产的大潮中，研究信息的花园生机勃勃。这一次，最早获得成果的不是被旧框架束缚的哲学家们，而是通过数学、通信、物理、交叉科学等专业实践对信息有了一定认识的科学家们。

“信息”作为一个科学概念，最早出现于通信领域。1928年，美国学者哈特莱（Ralph Hartley，1888—1970，美国科学家、无线电工程师）发表了《信息传输》（*Transmission of Information*）[1]一文，认为消息是代码和符号而非信息内容本身，使信息与消息区分开来。他提出用消息可能数目的对数来度量消息中所含有的信息量，认为信息的切片式分析有利于信息生产的进一步工程化。英国生物学家艾什比（William Ross Ashby，1903—1972，控制论创始人之一）用“变异度”来定义信息，以区分信息之间的不同为标准，有利于信息的固定和进一步操作。[2]

香农（Claude Elwood Shannon，1916—2001，美国数学家）被誉为信息论的创始人。他提出，信息是用来消除随机不确定性的东西。在他的著名论文《通信的数学原理》中，开创性地提出了信息通信工程的一系列数学框架，以“信息熵”衡量通信中编码压缩的极限，对如何提高通信效率和控制噪声作了精妙论述，创制了一套数学化、标准化、符号化传输载体的理论，为信息生产的崛起作出很大的贡献。

首先，从信息哲学的观点来看，香农对信息的定义是专业领域的、离散的、静止的、脱离主体的。在论述通信的过程中，他明显将载体的物理过程和其代表的没有和主体结合的符号当成信息本身，对信息的界定也停留在载体和符号两个环节，并不关心信息的内容。

其次，他并没有完全触及信息的运动本质，对信息的理解集中在传播层面，又把其功能限定于消除随机不确定性。这就忽略了信息实在的运动状态，也无视了信

---

① Ralph Hartley：*Transmission of Information*，https：//monoskop.org/images/a/a6/Hartley_Ralph_VL_1928_Transmission_of_Information.pdf.

② ［英］W.R. 艾什比：《控制论导论》，张理京译，科学出版社1965年版，第129页。

息内容因为创新、错误或自相矛盾等原因带来新的不确定性的可能。事实上只是一个很窄的认识。

最后，他强调信息概念应该时刻考虑情境整体而不是应用于个体片段，并按照情景限度设计出使用热力学熵的概念衡量信息载体度量的方案，这是非常有道理的。但是他对情景的考虑还是相对静止的。当情景突变，信息在创新、关联或错误、自相矛盾等动力下出现新情景产生或旧情景崩塌时，当信息出现层次的上升、下降或者条块的转移时，面向单一体系的"熵"的范式就会受到挑战。

维纳是控制论的创始人，和香农多有合作，也是科学界信息研究的奠基人之一，他们都对信息极为重视。维纳说："信息就是信息，不是物质，也不是能量。不承认这一点的唯物主义，便不能在今天存在。"[①] 维纳将信息和其他的存在者作了区分，具备新时代物理学唯物主义的观点。他强调作为观察者的自我在信息中的地位、信息存在的物质环境，以及通过信息介导的反馈作用，认为："信息这个名称的内容就是我们对外界进行调节并使我们的调节为外界所了解时而与外界交换来的东西。"[②] 这也是其控制论的核心。维纳从控制论量化的角度认为信息量实际上就是负熵。他说："信息量的概念非常自然地从属于统计力学的一个古典概念——熵。正如一个系统中的信息量是它的组织化程度的度量，一个系统的熵就是它的无组织的度量；这一个正好是那一个的负数。"[③]

维纳认为信息是确定的，抱有一种统计学上的观点。这种观点可以更好地承载工程上的操作问题。他在一定程度上倾向信息可以"无中生有"，对信息的创生进行了大量量化的论述。

维纳难以理清载体、物质运动和信息存在方式之间的关系。他不认为信息必须是活动的，并且在主体内生成，而是把储存的、传播中的信息载体统称为信息。这在对象化的工程操作中没有问题，却也像香农一样脱离信息的内容描摹信息，一定程度上研究的是信息载体的效能问题。

---

① ［美］N. 维纳：《控制论：或关于在动物和机器中控制和通信的科学》，郝季仁译，北京大学出版社 2007 年版，第 109 页。

② ［美］N. 维纳：《人有人的用处——控制论和社会》，陈步译，商务印书馆 1978 年版，第 9 页。

③ ［美］N. 维纳：《控制论：或关于在动物和机器中控制和通信的科学》，郝季仁译，北京大学出版社 2007 年版，第 19 页。

即使从熵的角度来看，他对信息是负熵的定义也是不完全的，连他自己都认为，有序的事物并不一定含有很多信息。这一认识矛盾实际上触及了信息的本质，一方面，信息不能完全无序，否则就不能得到有限主体的承认，不能成为信息；另一方面，信息源于差异，完全同一的“有”几乎等同于“无”，不能带来什么信息量。

维纳和香农分别从系统和信息的角度展开分析，不约而同地用熵度量信息，把信息作为一种有序。这样，信息在载体上的可操作性更为明确，也蕴含着一切有序皆可作为信息的开放路径，但是信息内容的导向性却被忽略了，仿佛不用主体解读，信息一直就在那里。这种天真的信息实在论是机械的，忽略了信息应该存在于一定的环境中。

哈特莱、艾什比、香农、维纳等人都是典型信息工程专家，他们对信息的思考极大促进了机器计算和传播信息的相关技术，并且将有序和差异两种信息的特点引入研究，具备高度启发性。冯·诺依曼将香农等人的信息理论应用于量子理论下描述系统状态，又把比特引入计算机科学，成为计算机科学的理论基础。

他们的共同点在于，研究的是传播过程中的信息载体，以信息的潜在状态描述可能的实在状态信息量。在我看来，这种延伸不完备且有些过度。

在面对信息的过程中，物质不能被回避。物理学家在研究量子物理时越发关注信息，他们按照量子力学的思考方式更重视规律而不是实体，并重视使用玻尔兹曼热力学中熵的范式和比特的概念。

如果以规律的方式思考事物，那么作为物质的规律和信息的规律之间、规律的信息和非规律的信息之间，墙壁是模糊的。一些学者因此在这条道路的一端把信息作为一种天然的客观存在考虑，认为事物之间的差异就是信息。有的人认为信息是所有物质都具有的，惠勒（John Archibald Wheeler，1911—2008，美国物理学家，哲学家）甚至认为信息可能是万物的本源。这种信息无处不在的思想使詹姆斯·格雷克（James Gleick）在《信息简史》中写道：“每一颗正在燃烧的恒星、每一个星云、每一粒在云室中留下幽灵般痕迹的粒子，都是一台信息处理器，而宇宙也在计算着自己的命运。”①

---

① ［美］詹姆斯·格雷克：《信息简史》，高博译，人民邮电出版社 2013 年版，第 20 页。

这种思考路径下的探索者保持着天真的信息实在论，无条件地相信信息的存有，忽略了信息可以被无中生有和彻底删除的特点，忽略了信息“从 0 到 1”的创生性和必须以活动方式存在的生命力。

中国科学院水生生物研究所的谢平在《世上若无生命，谁来感知信息？》中也表达了对这些过度延伸观点的遗憾：“Brier（2015）指出，建立一个普适性的信息概念的最大问题是，由香农、维纳和惠勒等试图建立一个客观信息概念的本体论尝试都无法包容蕴含在生命和社会系统中的意义和经验，特别是这些纯数学的或与负熵相关数学的信息定义并不足以包容生命系统中的日常信号游戏（sign games）和意识性人类的语言游戏（language games）所涉及的问题，因为没有证据显示贯穿自然、文化、生命和意识实在的核心是纯数学的、逻辑的或计算性质的。”[①]

西方科学领域对信息探索以控制论、信息论为线索，形成了五花八门的认识。这些认识的角度各有差异，被研究者从各自专业研究的需要扩展。它们之间彼此多有交叉，局限也很明显。

首先，在一些学者的尝试中，信息被作为主体获得的对象把握。

朗高（Giuseppe Longo，意大利学者，又译作隆哥）在其著作《信息论：新的趋势与未决问题》一书的序言中写道：“信息是反映事物的形成、关系和差别的东西，它包含于事物的差异之中，而不在事物本身”，将信息和反映这一活动联系起来。

在苏沃罗夫等学者的认识中，“信息是能够被认识主体所接收的任何系统的有序性”[②]。主体观察到或者可以接收到的事物差异、有序性或者确定性，或者做出选择的自由度就是信息。

这些认识将信息规定为主体按照对象生成或者获得的差异、有序、确定或选择自由等，以主体获得什么作为信息的标准，肯定了外部事物是信息的重要来源。

他们也回避了一些问题：只要事物具备差异、有序性或者确定性等特性就可以被主体反映为信息吗？信息被主体拥有时还是那些差异、有序性、确定性或者做出

---

① 维基百科关于信息的定义，转引自谢平：《世上若无生命，谁来感知信息？》，见 http：//www.360doc.com/content/17/1011/00/23009994_693920685.shtml。

② ［苏］苏沃罗夫：《唯物主义辩证论》，中国人民大学出版社 1985 年版，第 155 页。

选择的自由度本身吗？主体从同一事物反映出不同信息的原因在哪里？

这些观点将信息与信息的内容、导向相分离，也将把信息和其产生的信息与物质环境相分离，在探讨信息自身的存在方式和它同主体更深的创生性过程之前停住了自己的脚步，把信息推导成静止的东西。

其次，信息被一些学者作为物质的属性。

把信息作为物质的属性是一些物理学家的观点。别尔格（Aksel Berg，1959—，无线电学家、控制论学者，曾任苏联国防部副部长）等学者的观点和惠勒等物理学家相呼应，认为信息是和物质一样无所不在的无条件事物。1971 年苏联学者阿·别耶普在其《控制论的方法论》中提出，信息作为自然界客观现象的一个方面，是在整个世界、整个宇宙中无所不存在的，经典物理学的物质、运动、能量、空间、时间等基本概念，已不足以描述实在世界了，人们在研究能量场（引力、电、磁场……）的特点时，也应考虑到这些场都是信息的负载者。有的学者实际上把特定的物质结构或者物质的某种属性直接称为信息。

这种观点把物质的属性和信息本身相提并论。一些研究香农、维纳思想的后来者也向这一方向靠拢。信息中随附于物质、源于反映物质的一面也在这种思考中被无限放大，信息的导向性和内容被过度忽略了。

在前文的讨论中，已经建立了这样的观点：信息和相应物质结构存在的实现是运动的也是辩证的，不能脱离主体，也就不能仅仅以物质的属性来概括。

在计算机科学和通信工程学的发展中，使用物质运动产生信息和使用物质作为载体传输信息的现象已经非常普遍，人们明显不能抛弃信息在物质运动中计算产生的事实和通信传播的现象去谈论信息。如果信息是物质的基本属性，而物质的运动又产生了新的信息，那么这种新的信息就不能说是物质的基本属性，否则就将陷入矛盾，进入到新时代的机械论中。

艾什比、朗高等人则追随哈特莱，认为事物之间的差异构成信息。

事物之间的差异的确是信息产生的一个基本条件，但是却不能忘记另一个基本条件是主体创生信息的能力与环境。两幅不同颜色的画自身带有差异，在色盲症患者看来却一样。这不是事物的问题而是主体的问题。

茹科夫等具有数学背景的学者认为：“信息——这是组织的一种尺度，是控制系统及其作用的有目的地调整了的结构。”[①] 在机械计算和电子计算机器的发展中，这种观点有其土壤，也肯定了信息和主体以及物质特定的结构有关。我不认为固定的结构就是信息，也不认为可以把信息的导向性和目的性简单等同，那会导致特定物质一定带来特定信息的结论，和心灵哲学中受到批判的行为主义没有两样。

本书已经提出信息需要被承认才能存在，需要运动才能存在，需要和其他信息结合起来才能存在等特性，并且认为信息不仅仅依附于物质，还通过能动性突显独立和主动的一面。

综合来看，信息本身存在于主体中、有差异的同一环境的运动中。在完全没有差异的世界，主体和信息都无法存在。这种差异必须在物质和信息运动相对有序中维持，这是信息和主体同在一体的条件。

最后，信息被一些学者作为物质事物及其状态的反映。

这种观点天然地预设了存在具有信息能力的主体，把信息作为主体把握对象时获得的事物，在应用且仅应用于物质相关学科时无疑是可行的。这些学科的目的在于获得关于物质对象的信息，本身就是研究物质之间以及主体同物质之间关系的科学。

这种观点看到了相当一部分信息的来源，并试图用信息载体物质性同物理世界量子特性互通的一些情况建立统一的信息图景。它和通过功能和效果定义信息的方式有很多交叉，也同样不全面。

图 2-4 叠叠高游戏
来源：Mid Journey 图片生成大模型网络

① ［苏］茹科夫：《控制论的哲学原理》，徐世京译，上海译文出版社 1981 年版，第 129 页。

前文已经提到，有的信息是关于信息的信息，还有的信息是通过关联或计算等方式创生出来的，信息不能仅限于反映物质及其状态，还反映着信息本身及信息之间的状态。这就突破了上述观点。

总的来说，以上论述在各自领域有操作性，是 20 世纪信息生产的伟大产物，但是在对信息作抽象的本质考虑时，就有不足。

“香农—维纳”形式就好像叠叠高游戏一样（图 2–4）。这款经典的木制益智积木玩具设计理念来源于中国汉朝的黄肠题凑木模。游戏者先将一定数量的木块一层层交错叠高为塔，然后根据规则决定抽取哪种颜色或哪一层的木块。抽取的顶层。如果抽取或放置木块的过程中木塔倒塌，则算输。“香农—维纳”形式和叠叠高游戏一样，成为一种对有限总结构做减法的过程，失去了创生性的一面。一些学者已经认识到“香农—维纳”形式将信息定位为消除不确定性的事物是局限的。他们使用“逆香农—维纳”形式定义信息为确定性的增加，是物质、能量、事物及其属性的标识的集合。这一方案肯定了信息的创生性，终于把信息从叠叠高游戏中解放出来。但是，这种信息观还是无法认识幻想的信息、错误的信息、随机的信息等。谢平整理了信息在不同领域中的含义（见表 2–1）。

表 2–1　信息在不同领域中的含义 [①]

领域	定义
信息论（information theory）	信息就是符号的排列顺序，信息处理由输入—输出函数组成，它表示从任何 χ 的输入序列映射出 Y 的输出序列（Information processing consists of an input–output function thatmaps any input sequence from χ into an output sequence from Y），这种映射可能是或然的或确定性的。因此，这里的信息被视为一种有序的符号序列。
感觉（sensory）	信息可作为一种对有机体或系统的输入。有的输入对有机体功能（如食物）或系统（如能量）具有重要意义，称为因果输入（causal input）。而其他的输入仅仅当其与因果输入关联并能用于预测后面（或者在另外的地方）因果输入发生时才是重要的（Dusenbery，1992）。譬如，信息常常由一些微弱的刺激携带，它必须被特殊的感觉系统感知，然后由能量输入放大，最终才能对有机体或系统起作用。

① 维基百科关于信息的定义，转引自谢平：《世上若无生命，谁来感知信息？》，见 http：//www.360doc.com/content/17/1011/00/23009994_693920685.shtml.

续表

领域	定义
认知（cognitive）	信息被认为需至少包含两个相关实体，即任何类别的对象 S 和其子集 R，R 本质上是 S 的表征，或换言之，携带了关于 S 的表征（因此是概念性）信息。R 携带的关于 S 的信息量称为 S 复杂性的变化速率，无论 R 的实体是否已从 S 中移出。模式、不变性、复杂性、表征和信息——普世科学的五个基本结构——在一个独特数学框架下被联合起来（Vigo，2011、2013、2014）。
分子生物学（molecular biology）	信息是指能影响其他模式形成或转换的任何类型的模式（Casagrande，1999），在这种意义上来说，无需意识去感知这一模式。譬如 DNA，核苷酸的序列是一种能影响有机体形成与发育的模式，但并不需要任何意识（Watson，2003；Reilly，2005）。
系统理论（systems theory）	有时似乎假定信息不一定需要包括任何意识，在系统中循环（通过反馈）的格局能被称作信息。换言之，信息可视为某种潜在的表征，虽然不是专门为了那一目的被创造或被表征的。因此，信息也被定义为“制造差异的差异”（a difference that makes adifference，Bateson，1972）。
物理学（physics）	在物理学中，物质世界又被定义为由信息自身所构成（physical world is defined as beingmade up of information itself）的趋势（Bekenstein，2003）。譬如，这包括所谓的量子纠缠现象（the phenomenon of quantum entanglement），即粒子之间的相互作用与它们的分离或光速无关，任何信息传递的速度都无法超过光速。麦克斯韦妖的思想实验证实了信息与另外一个物理特性——熵之间的关系，一个结果是如果不增加一个系统的熵是不可能破坏信息的，另外一个结果就是信息是可以与能量互换的。
宇宙学（cosmology）	数学宇宙假说（mathematical universe hypothesis）认为，所有事物，从粒子到场，到生物实体和意识，再到多元宇宙本身，都可被信息的数学模式所描述。依此类推，宇宙巨洞可视为空间中物质信息的缺失（Max，1998）。

此外，从表 2-1 可以看到，科学界还有很多基于本专业形成的信息认识。人们关注信息的一般特征又常常从自身的专业出发，一定程度上把信息作为存在者局域化。不同视角的信息认识具备参考性，却要留意其中的局限。

自孟德尔（Gregor Johann Mendel，1822—1884，奥地利生物学家）开始，人们关注起遗传信息。随着 DNA 遗传物质的发现，很多学者将信息作为生命最显著的特征。DNA 转译的过程是信息传播复制的过程，生物信息理论就专门研究遗传物质、遗传信息同生命的关系。由于观察到了生命必须活着才有信息能力和相关运动，生物学家在使用信息时既大胆又非常谨慎，承认不能完全用 DNA 编码衡量所有的遗传信息，保持着相当的开放性。前文提到的科学家对碱基配对方式、碱基不同修饰和人造碱基的研究，都是在非常谨慎的观察下得到的科学发现。生物学家往往对将自身领域的信息概念和理解推广使用并不积极。

相较于生物学的谨慎，科学哲学往往存在更强烈的冲动。在《爱思唯尔科学哲学手册·信息哲学分册》中，汉斯·罗特（Hans Rott，1959 年生人，德国哲学家）认为信息是在物质世界实现的结构，信息的接受者能够以适当的方式理解或利用此结构。[①] 他也因此认为，被烧毁的房屋遗迹包含着信息。这仍然是一种只谈外部信息活动不谈主体内信息活动的解释，重复了科学化哲学思考信息的老问题。

以上种种认识的成果和局限使我看到，单纯从科学或者工程实施的角度出发形成的信息认识，面临着很多问题。格奥尔格·克劳斯（Georg Klaus，1912—1974，德国哲学家）就试图在承认已有成果的同时突破这种局限。他认为："信息绝不是物质与意识之外的第三种独立不依的存在成分，而是一种构成的东西，在这种东西里物质成分与意识成分以完全特殊的方式融合起来，这种方式使我们有理由说信息有一种特殊的性质，而这种特殊的性质既不是物质的性质，也不是能量的性质……纯粹从物理学方面看，信息就是按一定方式排列起来的信号序列。但光说这一点还不足以构成一个定义。毋宁说，信息必须有一定的意义，必须是意义的载体……由此可见，信息是由物质载体与语义构成的统一整体。"[②] 这一观点强调信息的内容，并尊重语言等人类的信息活动，和其他观点差别明显。在科学对信息的哲学化思考中，大部分科学家可能需要超出自己的学科，才能更全面地把握信息。在这一点上，认知科学家和人工智能科学家正在日益精进。

---

① ［荷兰］彼得·阿德里安斯、［荷兰］约翰·范·本瑟姆等：《爱思唯尔科学哲学手册·信息哲学》，殷杰、原志宏、刘扬弃等译，北京师范大学出版社 2015 年版，第 554 页。

② ［德］格奥尔格·克劳斯：《从哲学看控制论》，梁学志译，中国社会科学出版社 1981 年版，第 296 页。

六、信息哲学的前进和其问题[①]

（一）欧美信息哲学的前进

前信息哲学和科学界在解释信息时的缺憾给了新的信息哲学发展空间，哲学家们在不同的方向不约而同地向着信息哲学进发了。

被西方誉为信息哲学创始人的弗洛里迪（Luciano Floridi，1961 年生人，旅英意大利哲学家），则从数据的角度来定义信息，继承了香农量化信息的努力，结合分析哲学和逻辑学的成果，试图量化信息的内容。他认为信息的一般定义应该从数据与含义的角度给出：其一，信息由数据组成；其二，数据必须有一定的结构，也就是说，数据是根据管理选定系统的规则（例如语法）被正确地组合；其三，数据是有意义的，即数据必须在选定的系统、编码或语言中有意义。[②]

弗洛里迪师承分析哲学，他相信只有真信息才是信息，虚假信息（disinformation）和误传信息（misinformation）并不是真正的信息，它们的信息功能是从真信息派生出来的。这一点和本书的原则性观点相左，不得不说是我们之间的方法与路径的差别导致的。

弗洛里迪试图从意义角度把握信息，的确不同于香农和维纳等人量化信息却不关注信息本身内容的思路。他走到了关于信息的科学哲学化思考的另一端：以数据作为信息的形式，强调数据应该在一定的系统下被组合为一定的结构，这种有结构的数据可以在相应的系统、编码或语言中有意义。在这种方案中，信息的意义或者说内容成为讨论的对象，而不仅仅是香农和维纳方案中的符号或者其他形式的现象。

弗洛里迪认为可以从三个视角考察信息：作为实在的信息（例如物理信号的模式，既不真也不假），亦称为生态学信息；关于实在的信息（语义信息）以及为了实在的信息（指令，如遗传信息）。[③]一方面，他将传播过程中的载体“信息”和有内容的信息做了区分，又将信息按照同实在的关系做了区分。这种区分在抽象的层

① 本部分内容感谢周理乾同意我引用他高质量的文献。

② Luciano Floridi，*Information*：*A very short introduction*，Oxford University Press，2010，pp.21-23.

③ ［意］弗洛里迪：《信息哲学的若干问题》，刘钢编译，《世界哲学》2004 年第 5 期。

次仍旧是混乱的，载体和信息被作为一个层面的存在者，关于实在和为了实在的信息区分又抛弃了关于信息的信息。另一方面，他的信息观仍旧没有动起来，只关注可以量化、观测的部分，没有达到查尔默斯的思想高度。从这一点来看，心灵哲学对信息活动的接触比传统的分析学要深。

弗洛里迪认为信息是层次性的，并对此进行了结构化梳理。[①]在层次化研究之外，他认为各种信息理论在逻辑上相互依存，但在概念上却不能相互还原，不同种类的信息只有“家族相似”，很难找到共性。他并不试图通过建设一个元哲学的概念或者共相去定义信息，而是在对已有的门类信息学和工程技术信息学进行提炼和概括的基础上，进行开放式的研究。[②]

虽然弗洛里迪得到了“信息哲学创始人”的称谓，但他的研究开始于1996年，实际上晚于之前提到的诸多研究者，也晚于格雷斯·埃文斯（Gareth Evans，1946—1980，英国哲学家）和一些东方哲学家。

按周理乾的研究，格雷斯·埃文斯可能是第一个严肃考虑信息哲学意义的学院派哲学家。

> 在他的遗作中，埃文斯认为，信息是理解知觉和认知的关键。意义、信念和思想的问题都可以从这个角度来重新思考。当考虑知觉和认知问题时，经典分析哲学将信念和理由放在第一位，因为信念和理由控制着我们感知和认识世界的方式。埃文斯对此并不赞同。他认为，是客观的、独立于信念和理由的信息在认知过程中起了基础性的作用。信息系统的运作要比信念和理由更源始。携带信息x的信念并不等于关于x的信念。信息并不是信念的充分条件，因为两个拥有相同内容的信息状态可能包含相同的信息，但却未必支持相同的信念。换句话说，拥有特定信息并不意味着觉察到了拥有该信息。传统理性主义陷入谬误的原因就在于混淆了这两个层次。不同于信念，信息是中立的，与外在世界具有因果联系。指称、认知、信念和思想都应该建基其上，而非相反。[③]

---

① ［意］弗洛里迪：《信息哲学的抽象层次法》，陈鹏、刘钢译，《世界哲学》2013年第6期。

② ［意］弗洛里迪：《信息哲学的若干问题》，刘钢编译，《世界哲学》2004年第5期。

③ 周理乾：《西方信息研究进路述评》，《自然辩证法通信》2017年第1期。

我赞成格雷斯·埃文斯的这个观点，信息的存在是可信度、确定性、意义等内容和导向的基础，而不能反过来。

约翰·科利尔（John Collier，1950年生人，加拿大哲学家）从科学界对信息的认识基础出发，继续改进香农的通信数学理论（MTC）。他提出的信息动力学理论在向重视信息和物质关系的方向发展。一方面，他承袭香农等人的理论，将信息定义为“负熵”，重视信息的物质存在形式，认为信息必须具备“使成形”的特性，能够调动和构造能量物质等。另一方面，他认为信息要存在于一定的“自动体”中，这和我认为信息通过运动的方式存在于主体或准主体中的观点是接近的。科利尔理论对信息和物质的关系有了深入的思考，特别是提出了信息和“自动体”的关系。他已经进入直面信息的境界。①

周理乾在《西方信息研究进路述评》一文中对科利尔理论的评价是有道理的：“作为最有影响力的MTC信息理论忽略了信息的语义方面，而大多数当代信息研究者却特别关注语义信息。然而，约翰·科利尔认为，在这些当代信息研究者中，大多数走得似乎太远了，以至于并不关注信息的因果方面。正如威弗尔（Warren Weaver）所指出的那样，信息是由因果过程实现的，并受其约束。过去的理论从先验概率的降低来思考信息。降低是接收到的信息对接收者的效果。作为物理对象的内在形式，信息包含于它们的物理结构之中，这使信息有能力来产生这样的效果。因此，在他一系列的研究中，科利尔指出，如果我们想要把握信息的本质，那就很必要去理解信息的因果动力学过程。”②

科利尔自己也承认，他没能提供一个融贯的信息理论。③他专注于构建形式上信息和物质的关系，在信息自身和内容层面的表述不足。一旦涉及内容，就必须走向不同的层块，这在相对单一的MTC理论框架下会有困难。

特伦斯·迪肯（Terrence Deacon，1950年生人，美国神经人类学家、认知科学家）等人也从物理的方面进行了信息动力理论的构建尝试，来看周理乾对迪肯理论

---

① Collier，“Information Originates in Symmetry Breaking”，*Symmetry*：*Culture & Science*，1996（7），pp. 247–256. 转引自 周理乾：《西方信息研究进路述评》，《自然辩证法通信》2017年第1期。

② 周理乾：《西方信息研究进路述评》，《自然辩证法通信》2017年第1期。

③ 参见周理乾：《西方信息研究进路述评》，《自然辩证法通信》2017年第1期。

的概括：

特伦斯·迪肯也将他的信息理论构建于系统的非平衡动力学。迪肯以这个问题开始他的理论："我（通过信息）所表征的东西何以能够具有物理后果？"这个问题暗含了两个层次的含义：第一，信息是某种在本质上不同于物理过程的东西；第二，信息能够产生物理作用。过去的理论不能够对信息做出让人信服的说明，是因为它们主要关心信息是什么，而信息的关键是它不是什么。空缺（absence）是信息的本质。"传输信息的能力依赖于与明确没有产生的事物的关系。"换句话说，信息是它所不是的，或者说信息表征了并非信息载体本身的东西。空缺的这个本质使信息区别于其他的物理过程。信息指称能力的秘密能够由构建性空缺（constitutive absence）来解释，而构建性空缺具有涌现动力学基础，这也反过来能够为信息提供涌现动力学解释。

"构建性空缺可以被定义为根据（或者是通过）呈现于（也是潜在的或投射的）某些外在对象或过程中的属性来结构地或动力学地组织的性质。"换句话说，空缺是来自外在来源的约束的结果。也就是说，约束是其他的状态的减少。这与信息的本来本质，即不确定性的减少相一致。指称信息是约束传送的函数。因此，本质上说，信息流是约束流。我们可以将约束流视作两个系统状态之间的动力学耦合互动。通过这种耦合，指称得以可能。这是指称信息的动力学基础。信息也有作为规范性维度的理解方面。如果没有理解维度，指称信息只是潜在的，因为物理过程的动力学耦合互动到处都在发生。这意味着如果它们之间存在耦合互动，任何状态都能够传递其他状态的指称信息。信号与它指称物之间的关系的稳定性是类似于自然选择过程的结果。

通过以上的解释，迪肯明确地解释了信息的三个层次：热力学层次、指称层次和理解层次。[①]

迪肯反映了从运动中物质的角度把握信息的新进展。他以信息同物质的关系出

① 周理乾：《西方信息研究进路述评》，《自然辩证法通信》2017 年第 1 期。

发，思考信息活动为什么能够调动物理运动，通过热力学动力着手解释信息。

在热力学为线索的思考方式下，他认为信息本质是空缺，或者说“信息表征了并非信息载体本身的东西。空缺的这个本质使信息区别于其他的物理过程”。空缺在热力学系统中意味着填补空缺的运动，而“构建性的空缺”使相关的运动是约束性的而不是完全随机的，空缺使信息随附的物理活动不同于其他物理活动，建构性的空缺使物理运动带有约束性，约束是其他状态的减少，“与信息的本来本质，即不确定性的减少相一致”。

这样他就建立起关于信息的基本物理解释和内容解释：空缺必然导致的运动，约束和不确定性减少是一致的，有约束的建构型空缺形成信息。他的认识比科利尔更为深化。

他认为，有约束的建构性空缺不是只存在瞬间的实体，而是流动中，两个系统状态之间的动力学耦合互动。信息因为物理的动力学耦合而具备指称的可能，从而可以拥有可被理解的内容，物理上不同系统状态的耦合成为指称可以实现的基础。

迪肯理论值得注意之处在于：1. 认为信息是必然运动的，从热力学动力原因出发，解释信息随附的物质运动为何能够发生和持续；2. 把信息的内容和他认为的信息物理运动形态结合起来解释，认为空缺是外在来源的约束的结果，信息的指称规则和内容是两个系统状态之间的动力学耦合互动产生的；3. 以类似于辩证法的思维，从空缺这一“无”的状态谈论信息之“有”，认为在物理过程中必须超脱物质已有而达到信息本身的创生。4. 将信号与它指称物之间的关系的稳定性看作类似自然选择过程的结果，也就是信息及信息的产生机制是历史的产物。

迪肯的探索和本书对信息的认识有很多共同之处：

信息不应该被认为是静止的实体。信息事件同物理事件的随附性，以及信息事件对物理事件的调用必然有其物理的动力学方面的原因。信息随附的物质运动在自身的运动或同外部的接触中改变状态、创生新的信息。信息在物质量和形式的有限性中创生。

我们之间的区别在于：

首先，我认为不能单单从热力学的角度探讨信息在物理层面的本质。迪肯试图用两个系统状态耦合来解释信息同物质的关系，作为信息本质的构建性空缺“根据

（或者是通过）呈现于（也是潜在的或投射的）某些外在对象或过程中的属性来结构地或动力学地组织的性质”。耦合也被论述为信息运动和创生的物理基础。

我赞成这种思路，但外在对象不仅仅是呈现或者投射自己的属性，载体、中介等物质同信息活动的器官是接触的，甚至要加入信息器官本身的活动中。这样，外物不仅仅是属性被呈现，也可能是系统状态的组成部分。

建构性的空缺存在反面镜像的物质结构，有无在此殊途同归。在物质之有的基础上必须实现彼此间的承认，才能过渡到信息之有，进而过渡到信息量的变化。信息源自物质的“有”，而不是“无”，不能从不存在直接推导为存在。用空缺形容信息的本质可能过于依赖热力学和熵的世界观，而忽视了物质其他方面的属性。

其次，运动的方式就是信息最源初的意义，但却不一定构成信息的全部意义。信息包含的意义或者说内容会在展开过程中在其他层块里发展。在物理层面，信息的本质是稳定的特殊物质结构的运动，这奠定了其存在基础。特殊物质结构的自身运动或者其同载体、中介、对象的接触导致了后继的运动，并使已有结构和外部环境进行新的交互，改变现有系统的边界和状态。运动由此成为动态的物理环境的运动，意义在运动和关联中超出其随附的物理运动本身。

最后，我赞成“信息流是约束流”，却不赞成用不确定性定义信息。一方面，约束明显是信息及其随附物理运动相对稳定的必要条件，也是某个信息清晰明确具备内容的基础。另一方面，从信息内容的现象来看，用约束流作为信息的本质表述并不能令人满意，在信息的定性上，“约束”一词对解决创新带来的大量不确定性和幻想等不改变确定性的中性信息不能够很好地解释，更容易陷入否认假信息、错误信息是信息的局面。将约束和“信息的本来本质，即不确定性”作为一致属性的看法，很明显出自香农和维纳奠基的信息认识，这源自他们对信息存在于通信等内外交互行为的两点线性认识。而在信息内容的运动中，信息本身因为和第一类环境中的其他信息构成意义网络而展开为本层块或其他层块的更充实的信息。信息作为约束的流变事物，也在层块之中和层块之间的网络里流变，从一个问题引出更多的问题，从而超越不确定性，走向描述、幻想、误导等内容。

在迪肯的描述中，信息从无生有，从约束和运动获得具体的内容，已经带有辩证法的色彩。黑格尔和马克思的两种辩证法也在此同时呈现，一种是绝对的精神在个体展开的具体过程，另一种是个体在群体、群体在感性世界中主动或被动地积累信息的历史过程。迪肯描述了信息创生的物理状态，是一种自发的历史形成的物理运动，主体在运动和被接触之中被动产生信息的情况。他的理论具有鲜明的优点，已经是很好的唯物论的信息理论。

查尔默斯的贡献已经被我多次提到，他是心灵哲学向信息哲学进发的代表人物。他将信息分为物理方面和现象方面，一定程度上承认了信息必须有物理基础，必须从物质和信息本身两个方向把握信息。他延续了香农的信息概念，并认为可能存在特定状态的抽象的信息空间，并且相信这个空间在物理世界和现象世界同时实现，成为少数将物质运动和信息运动挂钩并提出信息存在有类似空间属性的心灵哲学家之一。查尔默斯的遗憾在于，他在传统心灵哲学的基础上创新，追求的仍旧是传统心灵哲学解释经验、意识等目标。

关于信息的思潮在涌动，创新和复古的思潮交织在这个进程中。物理主义在心灵哲学、信息哲学的兴盛，让存在论、实在论以新的形式站了起来；在对信息内容意义的研究中，现象学成为工具之一，胡塞尔现象学正在复活，延续出神经现象学，延续了德国哲学的血脉；分析哲学通过现代逻辑、语义学参与到认知科学、计算机科学的发展中，以符号计算的方式渗透进人工智能哲学。

（二）受马克思主义哲学影响的信息哲学的前进

弗洛里迪、香农、约翰·科利尔、特伦斯·迪肯和查尔默斯等人的理论，囊括信息载体的可能、信息格式化传输的方法和量化、信息载体与非信息载体在物质形式上的区别、信息内容的构成与量化等方面。从分析哲学、心灵哲学的趋势来说，他们的工作已经开了新路，正在实现向信息的哲学转向。

但是从古典哲学的传统来看，还有另一条路可以走。在对存在者的思考中，信息浮现出来，它既不是某些人认为的存在于交换中的事物，也不是某些人认为的必须为真的事物。

交换中的信息事实上是在主体内生成的，而主体承认和创生信息并不基于评判其真假。就如查尔默斯所言："人们容易把计算机简单地视为一个输入输出装置，在这个装置中除了形式数学的操作外再也没有其他东西。然而，这种看待计算机的方式，遗漏一个关键性的事实，在计算机内部有丰富的因果动态，这一点与大脑的情况是一样的。”[①]

从共性角度出发，抽象计算机、遗传系统、人的意识的共同点，并不是什么神秘难言的工作道路。回顾思想史就可以发现，相比西方具体而微的工程化思路，东方发源的信息讨论者有独特的知识背景——马克思主义哲学。一定程度上从另一方面回答着信息是什么的问题。这将超越信息内容和计算的形式化，反而将信息作为人的构成和人面对的感性世界的一部分。从马克思主义的角度来说，这是一条为了更多人参与到当代社会信息化而必须前进的道路，在当前的百年未有之大变局中具备无可比拟的意义。要将信息全面融入对当代世界的解释中，就不能只针对繁多的具体信息，而要看到其性质，正如不能只看具体的劳动力使用而忘了劳动是什么，只看到具体的人民币、英镑和美元而忘了货币是什么一样。苏联、中国等受马克思主义哲学影响较大的区域在这方面留下了自己的遗产。

在苏联，学者们曾对信息热烈讨论。

我有幸读到刘伸的介绍。苏联哲学界在 20 世纪 70 年代左右对信息概念形成了属性论和功能论两种不同的观点。属性论观点认为，信息是一切物质的属性，信息概念是具有普遍性的哲学范畴或是普遍科学范畴，这类观点以乌鲁苏尔、毕留科夫、塔拉先科等人为代表。功能论观点认为，信息是一种与控制有关的功能现象，只为生物界、社会、机器等自控系统所特有，信息概念是控制论的范畴，这类观点以茹科夫、科普宁、乌克兰采夫等人为代表。[②]

可以看到，这两种观点都承认信息的客观性，认为信息与反映概念相联系，反映的是物质的属性。在这些共同点的基础上，两种观点彼此都承认对方是唯物主义的。两种观点都不同程度地受西方科学界信息认识的影响[③]，属性论同西方物理学的哲学观有明显的血脉联系。功能论观点同苏联一度兴盛的控制论思潮和组织行为学热有密切关系。

功能论将信息定义为目的性、有序性的反映，属性论则将信息定义为差异性的

---

① ［澳］大卫·丁·查默斯：《有意识的心灵：一种基础理论研究》，朱建平译，中国人民大学出版社 2013 年版，第 386 页。

② 参见刘伸：《苏联哲学界关于信息概念的争论》，《国外社会科学》1980 年第 7 期。

③ 参见刘伸：《苏联哲学界关于信息概念的争论》，《国外社会科学》1980 年第 7 期。

反映，差异性包含了不确定性、目的性、有序性等概念。

苏联学者的研究站在较为传统的辩证唯物主义立场，不敢触及和补充原有框架的不足。

两种观点的持有者为了包容信息，创造了一个解释结构："信息、反映、意识三者之间的关系可用三个同心圆来表示。最外圈是反映，中圈是信息，最内圈是意识。外延越小，内涵越大。其中信息概念小于反映概念，是反映的一个方面。意识是一种最高的信息过程，是反映的最高形式。"①

在这个结构中，反映最为普遍，信息次之，意识占据了最高位置。这样，他们貌似保护了"精神—物质"的框架，意识被作为人脑的机能、社会的产物，成为一种"精华"。

但是这个解释结构意味着，有与意识相联系的信息，也有存在于意识之外的信息。这种解释下必然产生一个问题：信息是物质的，还是精神的？但是这种看法又把反映放在了不恰当的位置。

凯什内尔、冈瑟等西方哲学家说，"唯物主义出了麻烦"。凯什内尔认为，信息是没有物质的运动，因为根据维纳的定义，信息既不是物质，也不是能量，但可以传递、加工、编码等，即可以运动。冈瑟认为，信息既非主观的，也非客观的，而是"第三性"的。

于是一个辩护发生了，"（凯什内尔、冈瑟等西方哲学家）企图超越唯心主义与唯物主义，反对划分物质与精神的理论，显然是错误的。不能认为信息概念超越于物质及精神的概念之外。除物质的及精神的过程外，世界上再不可能有什么其他的过程。因此，信息过程也划分为物质的及精神的。与人的意识、社会意识有关的信息是精神的，如社会信息等。存在于人的意识之外的信息是物质的，如遗传信息等即客观性的信息"②。

这场历史辩论从当代的角度来看，水平并不高。卷入争论的西方哲学家的观点没有达到心灵哲学的认识水平，不能看到信息随附于物理事件，在刚性的"香农—维纳"框架里徘徊，特别是凯什内尔，连二元论的思考都没有完成。苏联学者的观

---

① 刘伸：《苏联哲学界关于信息概念的争论》，《国外社会科学》1980 年第 7 期。

② 刘伸：《苏联哲学界关于信息概念的争论》，《国外社会科学》1980 年第 7 期。

点有明显的辩证唯物主义色彩，但又包含着内部矛盾。为了总体上不超出维纳的定义和“精神—物质”框架，他们把信息按照反映对象划分为关于物质的及精神的，否认了主体脱离对象创生信息的能力等问题，其僵化的哲学观点等于拒绝了进一步研究信息。但是他们的早期探索仍旧是珍贵的。

在中国，20 世纪 80 年代曾经兴起过信息论、系统论、控制论引起的“三论”热潮，钟义信、黎鸣、刘长林、刘士本等学者开展了关于信息哲学的讨论。邬焜更是于 1985 年提出了信息哲学建设纲领，在自然辩证法的相关框架基础上进行改造和拓展。只要看看谢平所列的表格就能知道这种探讨有多么活跃（见表 2–2）。

表 2–2 谢平：中国学者对信息的定义①

作者	定义
钟焕懈，1980	从客观到主观是有一种物质作为媒介的。现代科学已经查明，这种媒介物质就是信息。
周怀珍，1980	信息从最一般的意义上来理解，是物质和能量在空间和时间中分布的不均匀程度。这种分布的状态可以看作物质系统排列组合的有序化形式，也可以是不同物质系统之间互相联系的一种组织形式。
刘发中，1981	信息是指一种状态，它对外界产生某种反应。
黎鸣，1984	信息是物质的普遍属性，它表述它所属的物质系统，在同任何其他物质系统全面相互作用（或联系）的过程中，以质、能、波动的形式所呈现的结构、状态和历史。
钟学富，1985	信息属于关系范畴。
鲁品越，1985	某一信息即是以物质能量在时空中某一不均匀分布的整体形式所表达的物质运动状态和关于运动状态的知识。
刘长林，1985	信息是反映出来的事物属性。
扬教，1986	信息是标志客观物质世界普遍联系的范畴；它以显示事物差异的联系因素作用于各种矛盾关系（客体—主体、物质—精神、实践—认识等）之间，反映了各种矛盾关系既同一又非同一的运动转化过程；是人类正确认识世界和改造世界的一种思维模式。
王振武，1987	信息是主体对多样性消息的选择。

① 谢平：《世上若无生命，谁来感知信息？》，见 http://www.360doc.com/content/17/1011/00/23009994_693920685.shtml。

续表

作者	定义
施启良，1988	广义认识论认为信息是广义主体对广义客体的表征，或者更一般地说，信息是一事物对他事物的表征。
藏兰和史兆平，1988	信息是事物联系的中介，它的内容就是相互作用的事物之间传递着的事物的运动状态和方式。
郑金山 1989	人类对系统的存在方式、运动变化规律以及系统间相互作用规律认识活动情况的传递与交流称为信息。换言之，信息是人类认识自然、改造自然、认识自己、改造自己的活动情况的传递与交流。
沈骊天，1993	哲学上的信息概念是指除去能量性质外的运动属性，即与运动量相并列的运动的质，此种运动的质一般被认为运动的有序性，包括有序程度和有序内容。
乌家培，1993	①自在信息，即客观存在的信息，并不以是否被人们接收而转移；②自为信息，即接收方根据特定目的和实际能力所得到的信息，它能排除对发送方了解的不确定性；③积存信息，即接收方已有的先验信息，是对自在信息的“解释系统”，即辨别选择自在信息的能力。经过积存信息的“解释”，自在信息转化成为接受方的自为信息。
邬焜，1994	信息是标志间接存在的哲学范畴，它是物质（直接存在）存在方式和状态的自身显示。
李基顺和粟霞，1996	信息是再现于其他事物的内容、属性、运动状态、存在方式等的自我表征。
李伯聪，1997	信息是多元关系的他在之物。
闵家胤，1997	信息是在场、能量和物质的基础上进化出来的宇宙的四种基本要素。信息是通信系统中信宿收到而信源并未失去的某种东西，它消除了信宿相对于信源的存在、属性和动态的某种不确定性。信息只能存在于能量的或物质的编码结构当中；因此，它不可能是一种完全独立的、绝对的自存，也不可能有单一的、独立的进化。
周鸿铎，2000	信息是信息源所发生的各种信号和消息经过传递被人们所感知、接收、认识和理解的内容的统称。
洪昆辉，2001	在本体上，信息是事物及现象的存在方式之一，在认识论上，信息是通过特定媒介主体对主客体相互关系存在的显示。
钟义信，2002	①某事物的本体论层次信息，就是该事物运动的状态和状态改变的方式的自我表述 / 自我显示。②某主体关于某事物的认识论层次信息，是指该主体所感知的或该主体所表述的相应事物的运动状态及其变化方式，包括状态及其变化方式的形式、含义和效用。

续表

作者	定义
朱月明等，2003	信息是客观事物运动和变化的内涵和对这个内涵经识别后所得到的内容的总称。本源信息来源于信息源，“感知信息”产生于信宿的识别内容的关系。本源信息是“母”，“感知信息”是“子”。
邓宇等，2004	信息是事物属性标识的集合，即“属概念 + 种差”的实质及数理定义，它涵盖了非生物、生物的物—物、人—物、人—人间信息流的本质内涵与统一。
朱志康，2004	信息的本质是变化，但变化并不简单等于信息，只有客体的变化，通过某种途径，作用到主体，才构成了信息。信息在流通中存在。所以，信息的本质定义应该是相对于主体而存在的客体变化。
董春雨和姜璐，2004	在物质运动变化过程中，不发生改变的那些性质，都可以定义为信息，信息就是对这一类物理量或这一类性质的最高概括或总称。
卜炜玮和成昀，2005	信息是客观实在的，信息是一切物质都具有的显示物质存在方式和状态的客观属性，信息是物质间接存在性的标志，信息是物质自身显示自身的属性。
罗先汉，2006	通用信息概念可由事物的实在状态及其相关规律表示，并可将其划分为狭义信息与广义信息、自然信息与人文信息以及客观信息与主观信息等类型。
陈一壮，2006	信息是客观世界中物质和能量存在及变动的有序形式和自组织系统对这个形式的能动的反映及改组。

从这些定义可以看出，中国的信息研究者和苏联的信息研究者在一开始具备相似的知识背景，都或多或少地以自然辩证法、控制论、信息论为理论出发点，他们的结论和苏联的研究者有一定的相似性。

从存在论的角度看，这些观点主要分为泛信息主义和人类中心主义。

较有代表性的泛信息主义论述包括：信息是“一种物质”（钟焕懈，1980）。信息是宇宙的四种基本要素之一（闵家胤，1997）。信息是物质（直接存在）存在方式和状态的自身显示（邬焜，1994）。信息是多元关系的他在之物（李伯聪，1997）。信息是一切物质都具有的显示物质存在方式和状态的客观属性（卜炜玮、成昀，2005）。信息是物质的普遍属性（黎鸣，1984）。信息从最一般的意义上来理解，是物质和能量在空间和时间中分布的不均匀程度。这种分布的状态可以看作物质系统排列组合的有序化形式，也可以是不同物质系统之间互相联系的一种组织形式（周怀珍，1980）。这些观点大多相信信息的存在不依赖于主体承认，甚至不依赖于物质的特定运动。信息是普遍的、物理学意义上基础的存在者之一，属于马克思主义中国化探索的一些尝试。

较有代表性的人类中心主义论述包括：信息是指一种状态，它对外界产生某种反应（刘发中，1981）。信息属于关系范畴（钟学富，1985）。某一信息即是以物质能量在时空中某一不均匀分布的整体形式所表达的物质运动状态和关于运动状态的知识（鲁品越，1985）。

这些观点有系统论和传统自然辩证法的影子，相信信息源自人的反映，是人类把握到的范畴。

中国学者对信息的探索，也进入信息同物质的随附性研究中。例如，陈一壮认为，信息是客观世界中物质和能量存在及变动的有序形式和自组织系统对这个形式的能动的反映及改组（陈一壮，2006）。虽然他的概念中，物质的存在方式和有序性、反映、能动性等要素交缠在一起，仍旧模糊。邬焜是当前国内信息哲学学术活动的主要推动者之一，他的观点相当独特。邬焜认为存在客观信息，信息是物质、精神以外的第三种本体，信息世界是不同于物质世界和精神世界的第三个世界。比如月亮照在水里，水中月亮的倒影首先是不依赖于主体意识而独立存在的，但不是月亮本身，而是对月亮的客观反映。邬煜认为水中月就是客观信息。换句话说，客观信息是对客观实在的客观反映。客观反映分为两类：第一类是物质的自身显示，这是最初始的反映；第二类是一个系统对另一个系统的映射，这是从物质自身反映衍生而来的。[①] 水中月这样的客观信息既不是物质的，也不是精神的。

很显然，邬焜把自然界的反射等现象中的物质运动作为客观信息。水中月这一现象，被作为实在的月亮的“客观信息”。然而，人把握到的水中月，不过是月亮反射太阳发射的光子通过水面反射入眼眸的物理过程，如果风起涟漪，月亮变为吹皱池水里的光影，客观的信息是否依旧“客观”呢？

邬焜的理论不能抓住信息创生的过程，这在一定程度上是时代所限。如周理乾和索伦·布赫尔所言，“虽然他的哲学冠名为‘信息哲学’，但由于其逻辑起点为存在

① 参见邬焜：《信息哲学：理论、体系、方法》，商务印书馆 2005 年版，第 38 页。

领域的重新划分，而非日常世界中的信息现象，因此他的哲学显得有些名不副实。不过，这并不影响他哲学的原创性与启发性”[①]。

七、向旧框架告别

我在“引子”描述了新世界的存在，在第一章提出要在新世界谈论新世界，并且说明了讨论信息必须涉及的几个原则和相关因素。在本章，我通过“踹门”一节的几个思想实验从理论上巩固了第一章的内容，又在“扬弃”一节对当代已有的信息思想进行了梳理。

直到20世纪中叶，信息都不是重要的哲学概念，人们更多地研究意识、心灵、语言、通信、计算机等，但这些研究都从不同的方向务实或务虚地接近信息。我已经介绍了很多哲学的基本情况，读者们也可以看到，当代哲学家有意无意地进行着面向信息的转向。

这种转向源于当代人必须时刻直面信息，信息之有已经成了大部分人的共识，但也仅仅到此为止。

信息常常被误解或忽略，信息世界不同于物质世界的诸多“异常”更加剧了人们的误解。当看到有人指着硬盘说里面有多少信息时，当有人将信念、知识、数据等强行分出三六九等时，当有人说信息只是反映对象时，当有人说信息是事物的普遍属性时，当有人说只有人类才能占有信息时，当有人说信息是物质的物理运动时，我就能感到转向的艰巨性。

幸好经过一定时间的梳理，我们已经可以看到直面信息的哲学应该避免什么问题，应该如何获得更坚实的基础框架。

当走到这一步时，旧框架只剩下被虚化还是被冲破两个选项了。旧框架必须突破心灵的领域直面广大的信息存在。在更为形而上的领域，旧框架必须面对外部虚拟世界、现实世界和其他主体的真问题，或者说，面对信息是物质世界的信息这一现实。不论是观点上还是理论上的起点都已经具备了，它将指导我为读者带来一个新框架。

---

① 周理乾、索伦·布赫尔：《具有中国特色的信息哲学？——评邬焜教授的信息哲学体系》，《哲学分析》2015年第1期。

要全面把握信息，离不开运动的视角。

我们可以看到，大量的方案都试图将信息作为单一的稳定的符号或者意义处理，然而信息并不是完全自明、孤立、静止的，它本身必须以运动的方式存在。在物质层面，信息的载体必须和相应的物质结构运动结合起来，才能通过运动展开自身，不能停留在声音、光线、电信号等相对稳定静止的物质状态。在信息层面，语言、符号等相对稳定状态的信息必须加入一定的系统下被组合为一定的结构而展开其中的导向与内容，无法以此形式停住；在信息内容的展开过程，它不断变化。首先，在可见的网络上形成了参与活动的各种信息；其次，带来这些具体的信息之外的其他产物；再次，形成这些信息之间的联系。即使信息的展开中止或完成，这些变化也会整体呈现给主体。

要全面把握信息，也离不开全面的视角。

信息必须是整体环境中的存在物，它不可能圈地自萌。在个体中，信息要和主体信息活动中的其他信息网络化地关联，呈现其自身的内容和变化，和其他信息形成关系。这种网络化形成总活动的各个信息和由此带来的产物，形成信息活动不同信息参与和联系的变化带来的产物。

过去针对信息的种种研究是非常有价值并且合理的，却不能作为一切的终结。当以运动和全面的观点看信息时，对它的量化努力就成为对过去镜像的量化努力，对将它限定在一定系统内进行专业、逻辑、语言等方式的分析就可能切断信息潜在的更广泛联系。要进一步把握信息，离不开从物质与信息的因果性、信息生成过程和存在方式等角度思考。

要全面把握信息，必须清除一些幻象。

一旦按照普遍存在信息的观点去观察外部事物，就必须区分不依赖于主体存在的信息和依赖于主体存在的信息，然后在深化认识时把前者送还给物质，这种普遍性因此是不必要的。人类固然必须以信息为中介认识不同的事物，但必须以不同的方式对待不同的存在者，人和其他主体广泛获得信息的能力不能扩展为信息普遍存在的立场。

在清除幻象的过程中，主体必须被重新把握。信息生产不仅是人类的，还可以是非人类的；不仅是个体的，还可以是群体的。

通信科学、计算机科学构筑的信息世界离不开香农和维纳的解释。关注意识或者传统中“对人的意义”的哲学没有办法讨论“计算机的心灵”等无意识的事物。心理学等学科的进步日益描绘出不能量化、自我知晓的信息，又将这些信息的情况和大脑运动挂钩，处于生活之后的语言哲学在多学科交叉的挤压下已经在寻求自我改变。哲学家纷纷投入人工智能、认知科学等领域，现象学走出了神经现象学，分析哲学分化出心灵哲学，不同哲学家在就信息进行辩论，诞生了多位“信息哲学的创始人”。在计算机科学的发展下，人工智能哲学等其他路径被开辟。以上种种和心灵哲学一起成为酝酿哲学全面信息转向的土壤。

对人类来说，社会可以成为一个巨大的主体，这个主体对个人和群体施加影响甚至直接改造。考虑直观的心灵事件的基础和感官、大脑等计算器官联合之后，也要考虑人类社会的生理演化、信息构成和相互关系的影响。人类认识世界，也在自己的能力界限内接受自身认识的世界的样子，这是人类历史形成和世界存在性赋予的，又基于人类的已有文明成果在人类对世界的改造中变化。

要全面把握信息，就要承认我们还不能知道关于它的一切。

在第一章“信息的环境”一节，我相信要还原信息的内容，或者说要让不同主体把握同一信息，必须具备两类信息条件。即使物质的信息条件本身有差别，只要具备同样的功能实现，就有机会还原信息。正因为如此，在宏观中，我相信信息环境的复杂性，支持查尔默斯从心灵哲学带来的亲知经验信息很难还原的认识，反对强还原主义忽略信息的第二类环境的观点。而在微观中，通过精确的控制和设计理想状态，在信息的多样实现性支持下，信息并不是不可还原的神秘现象，而是可以在物理的精微控制下重复的。事实上，完全相同硬件和预装软件的电脑在同时开机时，就具备基本一致的信息。对经验还原的怀疑，是因为宏观世界的多变和人们对人类生物条件和意识条件的无尽探究。越复杂的信息，越难以找到还原它的标准方法。

对于有限的个人来说，继承之前关于观念、意识、心灵、信息等研究中合理的部分与承认现象的重要地位都是不可或缺的，正如唯物论要在信息领域展开就不得不借助类的力量一样。

我进行的是接力赛，而不仅是拳击赛。

要全面把握信息，还是需要给想象和抽象能力一些空间。人类具备抽象的能力，对现象进行超越的类概括，然后再对每一种现象细细考究。

主体从思考、感官和行动带来的反馈使信息活动成为世界中现实的活动，而不是假想中可以脱离于世的观念运动。我们或许无法断言自身处于什么样的世界中，却可以在有限的已知中日益确定身体同意识的密切关系，或者说物质同信息的密切关系。

不进行超越的抽象，人们很容易迷失在具体物质如何实现具体信息的细节中，不能讨论信息、物质和主体的关系内含的重大问题，陷入具体现象或概念的反复纠缠，在书斋中错失助力实践的机会。超越的抽象也需要和审慎的研究结合，没有这种回归和对逻辑工具、数学工具的使用，就会缺乏在严格性上进步的潜力，变为玄学。

人的意识可以把握的关于对象的多种现象在感官反映和操作经验等方面，分化为依赖感官和测量工具反映的物质和依赖内部计算活动感知的信息。意识的诸多特点则表明其自身就是信息的一种。通过前文的演绎和对诸多信息活动的观察可以认为，信息离不开主体，信息实现存在离不开主体的物质身体。

一旦发现物质的身体无法被排除，“信息的实物”就必须被考虑，基于物质的信息可以去除一些神秘性。而在“信息的实物”的另一面，主体把握世界时不能离开信息，人类感性把握任何实物的过程都基于人已有的软硬信息，进行生活都基于信息的导向，由此带来“物质的痛苦”。

在继承中创新信息的哲学，不能避免从信息和物质两个方向相向而行并综合辩证。我们需要在具体知识和论证没有完全到位的前提下，进行应有的抽象，并在知识和论证进步中随之前进。

在不断追问信息问题的过程中，实践不能缺位。

用信息调动物质和物质奠基信息的一体两面，提示我们不能单脚前行。

差异分化与纠缠，既是认识的过程，也是实践的挑战。我们必须毫不含糊地面对随之而来的新问题：实践是什么样的实践？仅仅以行动作为实践，就忽略了信息与物质的巨大不同，就将改变世界和解释世界机械地对立起来，看不到马克思以来的探索成果。

任何一种前进都在提示：主体不得不达到最基本的信物合一，否则就不是主体，就有被信息或物质异化或摧毁的危险。

我们的确处于以信息作为一切中介的困局中。人只有把握信息才能认识自己和世界，无法直接把握物质和其他主体的朦胧感，时常使我们遇到不识庐山真面目的认识困难。信息不能保证自身的真实或正确，物质世界不会自动将自己完整呈现出来，已知主体也不能天然地知晓一切，连看似抓到手的信息都流变不定。

但不要忘了，认识活动本身就是建立人与世界的信息关系的过程。真正的知识路径，不仅仅是日复一日的积累数据和事实的具体实证研究，还离不开划定研究领域和使用的测量方法，更需要预设形而上的设想、深思、判断和整体构建。

有的人干脆排除外部世界的存在，探寻绝对的经验或内心。这条道路汇集了多种思想路线，唯心主义的各个流派在此成长。它们对信息的关注取得了很多成就，又因为把信息局限于人，局限于心灵、精神、意识等，终究面临是走出心灵还是继续停留在心灵的选择。自人工智能哲学兴起以来，这条道路的追随者把关注点转向了伦理特别是人工智能的社会定位问题，但伦理仅仅依靠先验的规定就能达成吗？

有的人则围绕人本身展开论述，这是一条富有弹性、更为人本的路，成为人类学、社会学、人类行为学等的发源地。关于人的哲学最终要和人的行为、人的所思联系起来，最终和人内部的信息现象密不可分。而到了信息生产繁荣的时代，这条道路终究要面对“后人类”[①]的困局。

人在信息层面由活动的信息构成。要研究人自身的感性构成以及与感性世界的关系，不管是以物质、语言、心灵、现象、存在还是人类为线索，都要把事实归结为一定范畴的信息，用范畴的运动模拟现实的可能。这些信息都必须在感知、测量、实践、解释说服等过程中被相信和使用才能留存。试图全局把握的哲学显得更加形而上，但依然无法逃避这个限制，甚至因为实现被相信和使用更为困难而屡遭困境。

---

① 除了凯瑟琳·海勒的“后人类”理论，还有的“后人类”理论认为，一些发达国家经历后工业化和信息化发展后，社会中的人类个体从身体到心灵开始被科学技术和新理念改造，再也不是纯粹的自然人或生物人，而成为电子化、信息化、机械化、基因改造化等不同类型的“后人类”。

这可能是哲学的最终命运。我们因为有信息而存在，因为能够把握信息而思考，又因为信息而走入哲学。不论是关于物的哲学、关于经验或心灵的哲学，还是关于人的哲学，根子都是一个方面的信息学。在科学和哲学分家之后，我们也可以说，哲学本质就是信息学，要研究人与信息的关系，研究人如何使用信息面向世界、面向自我和他者。

当我们带着信息去谈论信息时，就具备新世界的气息了。

第三章

新框架

第一节　对信息的新框架

通过前文的讨论，我已经建设了信息存有的基本条件和一些存在的方式，而在第二章中，我对已有的信息思想进行了充满爱的吐槽。

我将在此稍微形而上地展开，把自己拿出来请各位读者批判。今天的我们大谈信息，大量使用信息，把神圣的精神也归为信息运动，那么信息是什么呢？

我必须先厘清一下物质的界限——人们传统上认为物质是不依赖于人的意识，并能为人的意识所反映的客观实在。随着信息的引入，随着除人类外诸多信息现象的发现，我们必须断绝人的意识的垄断，不依赖个人意识的信息应该和物质相对区分开来。

我认为，物质是不依赖主体和信息的客观实在，包括物理意义上的物质和能量及其相互作用。根据物理学的研究，人类感官捕捉的物质和感受到的时空并不是感觉到的那样稳定和连续，而是在一定的观测方式、概率和相互作用中相对稳定地出现在人们的感官里。但这不妨碍人类接受这样的现实，活在概率里，面对自己所能面对的生产生活中的物质。人类等具备信息能力的主体拥有物质构成的身体，这些身体的各项机能本身就是适应物质的现实情况发展出来的。

相比之下，信息是一种依赖物质和主体的实在，具有物质和信息内容两个层面。信息内容随附于一定物理结构的物质，这种物质的物理结构能够运动，并通过消耗能量维持这种结构运动，却不必然完全等于直接对信息活动有效的物质运动。

物质和信息不是绝对的一一对应，同样的信息内容导向可以依靠不同的物质结构运动实现，局域内相同的物质运动因为环境等差别未必实现着同样的信息。信息内容随附的物质运动具有一定的趋势，趋势对信息内容及其运动造成影响。信息的内容活动导向同物质运动的趋势相关，信息活动结果的内容导向反过来影响物质的运动，使它朝某个方向前进而与另一个方向背道而行。对导向约束的突破则使该信息不再存在或者转化为新信息。

信息需要时时刻刻地运动才能创生和存在，主体的界限也要得到扩展。人类、动物、细菌、植物、遗传系统、计算机等能够较为稳定实现信息的物质结构和其相应信息构成了主体，主体又构成信息存在的条件。主体拥有自身的信息和开展信息活动的能力，部分还可以按照信息进行表达和行动。良性的信息运动能够维持或增加主体以及主体种类的信息量，改善主体的生存。

这些前文讨论建立的信息认识，延伸出以下新框架：

1. 信息是人们必须面对的事实。这既是社会实践面对的时代要求，也是时代提出的社会实践要求。

2. 信息量的变化发生于具体的主体。

3. 信息不能脱离物质的主体承认存在，并在主体中变化，这要求我们从唯物主义的基本立场出发认识信息。这条道路和从信息认识信息的道路相向而行。

4. 越过信息谈物质和越过物质谈信息都是片面的出路。如果维纳“信息就是信息，不是物质，也不是能量。不承认这一点的唯物主义，便不能在今天存在”[①] 的判断是信息面目的一端，那么在另一端就是西方哲学家无奈的感叹：“之所以在今日我们大伙都是唯物主义者，其理由正如丘吉尔先生支持（美国）民主党一样，因为另外的选择项看来还要糟。”[②]

5. 信息是在一定约束下流变的事物或者说事件，它同时发生在物质层面和信息自身的内容层面。

---

① ［美］N. 维纳：《控制论：或关于在动物和机器中控制和通信的科学》，郝季仁译，北京大学出版社 2007 年版，第 109 页。

② Samuel Guttenplan.ed: *A companion to the philosophy of Mind*, Blackwell, 1996, p.292. 转引自约翰·塞尔：《心灵导论》，徐英瑾译，上海人民出版社 2008 年版，第 20 页，“译者前言”中徐英瑾援引的 J. 福多撰写的词条。

6. 物理学意义的能量和物质等不依赖于信息活动存在的存在者属于哲学意义的“物质”及其属性与运动。信息是物质运动中涌现的现象。任何脱离物质试图总体解释信息的方案都限于信息自身而不完备。信息是涌现的，也因此流变不定，可以彻底消亡。

7. 这不是天真的实在论，而是人类居于感性世界之中的现实结果。信息是生存必须直面的实践问题。

7.1 作为人类，我们总是以信息作为把握事物的直接中介，在自身能力界限中生成反映感性世界事件的信息。人类在承认中实现信息量的变化。

7.2 人类意识到自己占有信息，又感性地察觉出信息和外在物质的不同。

我们不需要深思熟虑就从感官获得关于实物的现象，可以在操作中得到实物的轻重、凉热、用处等经验，可以在测量中获得关于物质的长宽高、质量、温度、速度等属性数据，可以设想和总结物质的规律性知识。我们能够在意识中把握所思所想，领会在社会中形成和生产的概念、符号、语言等范畴，幻想各种并未亲身经历的事件，理解他人的表达，尝试用数学等方法测算信息量，并开始研究信息的规律。物质和信息在感觉、操作、测量、相关知识等方面的差别，使人们难以将两种存在同一。

这种差别曾经被绝对化和神秘化，休谟（David Hume，1711—1776，苏格兰不可知论哲学家）认为意识内信息同外物的关系是不可知的，欧洲历史上的机械唯物主义和绝对唯心主义也都曾造成思想影响。

人们一直在研究二者的融通之道，笛卡尔区分了物质与精神并寻找二者关系，后来者在辩论、反对、修正和挖掘中走得更远。感官系统的直接工作、生理系统的工作、大脑无意识活动等非意识的人体信息活动已经被广泛发现。

从实践来讲，承认差别并寻求联系信息与物质的路线已经取得历史性的优势，试图混淆信息与物质差别或者取消本体论的倾向意味着倒退。当代人已经通过自然科学、心理学、心灵哲学、计算机科学等方面的研究，不断扩展物质与信息的因果关系，并设计自动化的信息活动。

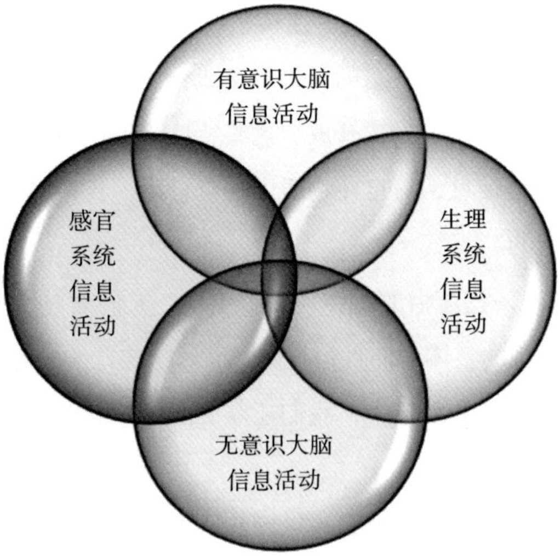

图 3-1　人的信息活动的综合

但探索还远未终结。信息和物质的差别不仅是巨人们哲学范畴的战争，也不会因为现实的已有成果而解决，它根植于人类发展和实践的感性记忆和现实中。人类一出生就本能地从感官上把握这种差别，并以此为依据对物质和信息进行不同的描述，形成不同的对待方式并进行不同的实践。差别正在当代的经济活动和生活内容中被放大，并导致研究物质及其属性的科学和研究信息的学术之间的分歧与融合。

8. 信息依赖物理事件而存在，却同物理事件不是简单的一一对应关系，这就是信息对物质的随附性。

8.1 随附性的根源在于：第一，信息的多样实现性。同样的信息内容导向可以通过多样的物理方式实现。第二，信息的运动性。运动、次序和信息同在。信息的内容层面及其随附的物理事件处于运动中从而形成某种次序；信息需要展开，总有时间、逻辑、解读等次序。第三，信息的关联性。信息及其依附的物理事件并不代表信息的全部内容，某个信息的全部内容要在该信息和其随附的物理事件所处的信息和物质环境中关联地涌现，将总的信息及其物理运动切出某一瞬间或部分，并不一定获得这一样本的全部内容。主体和载体、工具关联进行信息活动，又将信息的关联性延展到主体之外。第四，信息可能存在于多个维度。表面上单一的信息和其随附的物理事件可能在不同层次、条块、中心呈现不同的内容。某一个体可能包含多种主体，例如人的意识、生理系统、遗传系统等。

以上特点显示出信息处于一定的开放系统或整体中，或者其所处的系统或整体表面上封闭实际上却通过某种方式开放。这些特性导致仅通过对单一物理事件进行研究可能无法完全把握信息，信息在物质中享有自由，具备多样的可能性，并不是完全可逆和机械决定的。

8.2 信息的自由使一些流俗的整体观面临更新，人们面对的不仅仅是多个部分、个体、层次结合后实现的整体，而且是整体层面对这些元素的再生产和再认识。

在整体大于部分之和的现象中，我们还需要面对部分在整体中的新变化和整体拥有不同部分时的差异。

在信息的整体中，创生性成为必须贯彻的认识总线。部分在整体中被创生，整体迎来部分后也被创生。对整体以及整体中部分的改变，意味着信息自由活动空间的变化。

8.3 人类相比已知的其他主体拥有更强组织性、创新性和自主能力，信息的自由在人类手中呈现出更为复杂的一面。

在社会中，信息的自由是由人类的物质特性、遗传信息和社会关系奠基的，它既来自人类对自我和世界的无知，也来自人类通过直观、抽象，借助工具获得的已知，还来自社会活动的随机性、差错等。总而言之，人类社会已有的信息基础和物质基础提供了信息能力和实践能力，让社会信息存在非常丰富的展开可能。

信息的自由并不必然。人们有时不知道拥有自由后要去做什么，使自由沦为虚无。如果人为限定信息活动的范围、把信息活动的差错率降低到零，那么就可以出现机械的信息活动，任何意外和创新都被排除、过滤和否认。一些最简单的信息活动，如设计良好的计算器中有限的加减法恰恰是这样的。人类一直怀有实现社会体系无差错运行的美好愿望，试图限制、引导部分信息活动的方向。

完美的正确并不完美。在生物遗传领域，我们看到了遗传信息复制活动“犯错”带来的畸形，却也看到由此推动的生物演化。错误在这种情况下成了创新，能够开辟信息生产的新领域。社会制度和社会文化有多少是错误的产物，值得玩味。

人类在面对已知和未知领域的控制和自由中，既积累了越来越高的社会信息量，也增加了维持这种量的所需工作，同时也要面对未知领域可能涌现的控制之外的信息现象带来的冲击。成功应对这些挑战则更大地扩展了信息的自由。

8.4 这也带来认识的困难，我们可能知道信息随附于物理事件，却不一定能确定它随附的是哪一个物理事件，很难完全确定它的诞生涉及什么样的场景。物理学家考察规律性需要尽量排除不确定的例外条款，如“其他情况也可实现”或“在正常情况下”等，希望研究对象属于一个闭合的系统。一方面，信息可能处于动态开放的环境中，这种开放不仅仅是和外界发生交换，甚至意味着自身边界的变化。另一方面，对这些特点的精确限制和利用，可能人工地实现计算机系统信息活动那样精确的建构和还原。

信息的随附性天然地限制了还原性，对随附性的限制又使还原具备一定的可能，两种限制都很难达到极致。对人工系统中信息和自然信息的理解也因此存在微妙的差异。

9. 运动的物理事件奠基了信息创生和内容的物质可能。

9.1 从目前的研究来看，物理事件的质量、结构、运动方式、运动时长等均可以成为奠基信息存在和实现信息变化的要素。

在物质层面，信息随附的物理事件进行着受约束的有序运动，物理事件运动状态之间的耦合、惯性等因素推动信息的持续存在和变化。耗散结构理论、一般系统论等方面的研究者认为，单纯孤立的物理系统依照热力学第二定律朝着均匀、无序简单、趋向平衡态的方向演化，铭刻着“熵减”的命运——虽然机械能不可灭，却会有一种普遍的耗散趋向，耗散在物质的宇宙中会造成热量逐渐增加和扩散，以及势的枯竭。如果宇宙有限，那么将不可避免地走向宇宙静止和死亡状态；相比之下，一个远离平衡态的非线性的开放系统（不管是物理的、化学的、生物的乃至社会的、经济的系统）能够通过不断地与外界交换物质和能量，在系统内部某个参量的变化达到一定的阈值时，发生突变（非平衡相变），由原来的混沌无序状态转变为一种在时间上、空间上或功能上的有序状态。这种系统能够维持远离平衡的高度有序的结构，并且随着生存实现“熵增”，也就是组织度、复杂性、有序性不断增加，能够保持甚至扩大自身的变化。

从信息的角度看，两种变化趋势的关键差异在于是否开放地远离平衡。在很多长期维持的耗散结构中，信息活动起着独特的作用，它参与系统中约束性、有序性、复杂性等差别的产生。从生命演化史的研究来看，在自然界一般的耗散结构中诞生出主体中的耗散结构。

如果超越系统论的观点，把信息作为一种生成并且带有导向的事物，信息创生就被摆在认识信息及其随附物理事件的首要位置。信息活动带来的变化，不仅仅是非平衡状态下复杂度、有序性等物质的变化，也是算法影响下内容的变化，并将因为内容对算法乃至主体的反向影响具备更强烈的物质意义。

9.2 我们对信息同物理事件的关系所知还不够多，对自组织现象缺少更本源的了解。但不论从演绎还是实证的角度，无论是自然还是人工的实例，都要求具体信息在有限中拥有明确的内容，在有序而不是无序中得到一定体系的承认。完全无限的物理事件等于所有事物，也等于个体难以消化的无尽内容；完全无序的物理事件没有约束和次序，只会带来混沌而不能创生更多信息。

信息不可能面面俱到、无所不包，一定意味着是什么和不是什么，一定程度来说离不开是和否的判断，存在展开的过程和由此而来的次序。

信息明确的内容和有序性并不是静止地等待辨认，而是在运动的主体内自明地生成。与此同时，与热力学第二定律的“搏斗”也意味着和信息结合的主体必须获得物质补偿信息活动的消耗，否则就成为热寂命运的一部分。

9.3 物理事件要达到一定的阈值才能达到被承认的条件，在相应的环境中涌现信息。

信息在物理层面不一定是持续的存在，可能呈现断续、离散等状态，可能在波动中被实现。某一感官中看似连续的信息可能是几种不同的物理事件流不断刺激的结果，而不是某个实物一直存在的结果。

能够实现长期存在的信息或具有前后相继关系的“信息家族”，以及这些信息随附的主体，具备一定程度上忍受物理事件变化的能力。

当物理事件得到的物质支持不足、受约束性和有序性削弱、运动节奏减缓乃至停止时，信息的存在状态就遭到冲击，出现中断、改变甚至消失。

物理事件受约束性和有序性的削弱也可能带来创新、错误等在原有约束条件下无法产生的信息。

信息活动受到约束和打破约束的后果为信息带来了存在与毁灭的两种命运，有导向地守序与有突破地创新的两种前途，有意为之和自然生发的两种生产面貌，目的性和意外性两种出路。

9.4 信息随附的物理事件是非主体物质演化的成果。

普里戈金等人在对耗散现象的研究中发现，在一定的外部特定条件下，蛋白质生成、流体、激光等物理事件可以自发形成有序或者组织的状态，他们的状态消耗着能量，即不断地“耗散”。维持这些自组织现象需要不断对自组织的事物做功。

主体消耗物质能量的信息活动具备这一描述的主要特点。反而言之，信息活动随附的物理事件是特殊的耗散结构运动。

主体的信息活动不仅是自组织，还意味着主动的组织，在信息行动的自主性中积累超越自组织现象的复杂性，在外部环境达到条件和开放系统实现自主之间存在一场飞跃。部分信息驱使主体维持自身的耗散结构，创造更多具有耗散结构的主体，这是当前人化自然拥有众多不同类型生命的基础。

9.5 物质运动的神奇奠基了信息，这带来信息天然存在的猜想。

物理世界充满着对偶性、分形等美妙的现象。数理化对物质描述的成功和描述公式的美妙使有些人认为信息天然地存在。一些物理学家引入信息概念描述物理系统，认为可以从测量和描述物质得到信息。

物质相对的稳定性和规律性、主体的反映能力是人们能够获得物理知识的客观原因。物理学家们的概况、测量和实验都是主观生成信息的过程。

在“缸中之脑”假设的探讨中，我已经介绍了现实可以在一定程度上“翻转”的问题。没有翻转是因为没有现实的需要，也可以说在一定程度上还没有这种现实。部分现代学术的参与者乐于提出数学上合理但是以常识看来匪夷所思的理论。这种预设的路径本身符合信息生产的特点，有其自身价值，但不能因此贸然脱离人类的感性世界和生产生活。

10. 信息是主体的一部分，参与主体的塑造，使主体拥有能动性。

10.1 信息具备自主性。信息随附的受约束的物理事件开放有序地运动，而不是完全随机、混沌地运动，也不能机械地永动；主体中或主体间良性的信息运动能够维持或积累有序的复杂度；主体的部分信息活动和工具、感官对象、其他主体等结合产生更为复杂的现象；一些准主体或非主体可能实现信息或类信息的运动，但难以持久、再现和积累。

10.2 信息活动的有序性不仅关乎物质的结构，也涉及运动的有序化。使信息生成过程受约束有序化的信息，我称之为算法。如前文所述，存在完全依靠物质结构固化的硬算法，也有依靠物质和信息共同作用的软算法。主体中固化的特定物质结构支持最基础的算法。

算法是主体构成的核心。在参与自身构成并嵌入身体的先天的算法中，主体成为主体，在后天的算法形成和实践对算法的改变中，主体进一步成为主体。

10.3 信息随附的物理事件造成直接的物理影响，这种影响既改变物理事件中参与要素的物理状态，也引导物理事件以何种方式继续运动。

物理事件的后果使主体的信息活动影响身体行动。在现实的有限范围中，特别是在实践中，信息同物质的随附关系体现为信息对物质具有能动性。

主体的能动性表现为可以进行计算、信息可以存在，一些主体可以按照信息行动。在人类创造的计算机等机器中，这些活动被人类设计还原。能动性是主体普遍存在的，不局限于人类。

主体的主体性通过能动性而不是意识中心性体现，当主体能动性存在时，是为主体，当主体能动性消失时，成为潜在或消亡的主体。

完全停止信息活动的主体不再具备主体性，除非它复活、苏醒或被重启。主体信息活动的终止可能是瞬间的，但复杂的主体的完全启动却需要层层递进实现物理事件的达成和复杂度的提升。

10.4 主体性的边界存在于能动性和信息生产中，主体通过能进行什么样的信息活动和能产生什么样的信息而表现为主体。

信息随附的物理事件奠基实际存在的信息，这些信息却未必是同一维度体系、同一中心、同一层块的。主体性在不同维度、中心、层块发生，导致了主体也存在不同维度、中心、层块。

在这种分化下，主体不一定是完整的个体或单独的个体，甚至不一定是有生命的。分布式计算汇合而成的计算集群和看似从属于人体的遗传系统都具备自身的主体性，遥控的机器和操控它的主体也成为暂时联合的主体。主体生存的物质环境和群体构成了直接面对的外部世界，也构成了创生信息的丰富源泉。

11. 信息随附物理事件，主体在物质世界中存在，信息因此不能完全孤立，面临着难以抗拒的改变。

11.1 信息活动通过和各种物理事件达成平衡以实现和维系自身的存在。信息随附的物理事件和信息无关的物理事件共存于主体，共同构成信息的所在环境。主体外的物理事件通过感官刺激、物理作用等方式影响信息活动。信息随附的物理事件同主体内外的其他物理事件存在奠基、支持、破坏、削弱等相互关系，影响着主体的主体性和信息的存在。即使信息随附的物理事件，其运动也并不一定全部同信息活动相关，但却是信息活动难以脱离的。

11.2 物理事件的特性制约着信息内容意义的可能。信息随附的物理事件主要由相应器官（条块）或器官的功能支撑，常常具备只有相关条块或功能才能发生的物理特征，这些物理事件的特征也往往影响信息活动的特征。例如，在人工智能领域，有着用显卡硬件性能衡量计算能力的方法，即显卡算力是显卡能够在给定时间内完成多少次浮点运算，显卡算力 = 核心数量 × 时钟速度 × 浮点运算 × 单元数量。在教育领域，因材施教也是自古以来的传统。主体的物理活动能力限制着信息活动的上限。

但是，主体的边界如前所言是可以变化的。不同主体可以传播同一信息，不同物理事件可以通过前后相继传递某一信息，信息同随附的物理事件有时具有狗熊掰棒子的关系。这种变迁赋予计算活动超越单一主体物理上的算力限制的可能。

11.3 个体内可能出现自组织形成的新物理事件或物理事件组合，并形成不同的维度、中心、层次，奠基不同维度、中心、层次的信息。一些层块现象甚至使个体内诞生新的主体，或者使不同的主体融合为一。人体细胞内的线粒体就是细菌入侵后和原有细胞融合为不可分离的“标配”，并改变了遗传系统的工作面貌。

11.4 信息的物理后果也导致主体的物理后果。

主体中不同层块运动可能改变层块本身的面貌，甚至形成超越本层块的更复杂的物理事件。人在持续地学习和记忆中可以改变大脑的活跃程度和发育度。长久的满负荷计算可以损坏计算机芯片。

更广为人知的是，信息影响主体在世界中的活动，塑造着主体的命运。信息在主体生成时参与组织，影响主体的身体结构和信息构成。

11.5 现实使人不得不开展自己的猜度，在怀疑中保有一定的因果信念。物质自身的分化和特定物质结构的运动产生了信息，信息可以在物质的某一层次涌现。某些物质有特定的运动，其中一些运动成为信息活动，一些独特的信息活动又让我们知道我们是我们。

12. 在信息内容的层面，物理事件奠基信息最初的内容意义。在更为复杂的层块，信息因为物理事件、主体和外物、主体之间等关联性，不再是孤立的因果现象，而是整体中的信息，也反之塑造了信息的整体。

我们在此面临认识的限制，在追问整体存在者的本源时不能忘记当前层次的本质，在了解当前存在者本层次的本质时不能忽略其背后的本源，在追寻因果时谨防逻辑和实证中的断裂，在防止断裂时又要谨防走得太远，而这一切源自初心。

美国凝聚态物理学家安德森（Philip Anderson，1923—2020）认为，所有层次上的科学理论都是同样基本的，它们之间的差别只是普遍性有所不同，支配低层次的定律在高层次依然有效，反之则不然。他反对支配某一级阶梯的概念或理论可以完全约化为支配下一级阶梯的概念或理论。

12.1 奠基信息的最初物理活动形成信息运动如何进行能量补充、信息器官输出什么载体、中介与载体同信息器官的碰撞形成什么新状态等基本特性。这些基本特性又同信息最初的内容几乎可以画等号。

信息最初的内容在受约束的状态下实现，并奠基更复杂的内容，开辟更多方向，受到更多约束。信息的最初内容奠基感官经验、理解把握、想象等更抽象的内容，这些内容和最初内容共在而不替代。

12.2 信息的内容使信息随附的物理事件根据已有的具体信息、算法、关联信息等因素发展变化，这种划定方向的特点称为导向性。它在一定程度上由物理世界的约束性影响而成，又通过信息调动物质实现了能动。

12.3 物理事件的层次化成为一些信息分层的基础，但不是全部信息层块的基础。信息在内容层面的运动也会出现层块的分化。

12.4 信息在随附的物理事件启动之时才真正存在，最初的内容意义同信息一起创生。

当信息随附的物理事件发生耦合或同外物接触时，这些物理事件和随之而来的变化部分或全部地生成信息的直接内容。

12.5 原初的直接内容在运动和关联中继续展开与创生。具体信息随附的物理事件处于主体的总物理事件之中，具体信息处于主体总的信息活动之中。

12.6 主体总的信息活动可能在总量的积累中实现差异度和复杂度的提升，涌现更多的内容、中心、层次、条块，也扩大着自身展开、分化与衍生的可能。

12.7 信息存在于主体的信息环境中，并同其他信息发生关联、抵消、融合、衍生等关系，改变着自身的边界、状态和内容。主体总的信息活动中的信息形成关系不断变化的网络，具备总的内容意义，信息自身也在此过程中成为信息所处环境的一部分。

13. 信息在物理层面的还原并不是机械的，信息内容表现出可多样实现，信息及其随附的物理事件同时又表现出组织不变性、可复制性等。这些特性使信息可以发展为较普遍地存在。

13.1 信息具备多样可实现性，物质结构运动的异同不一定决定信息的异同。

首先，如果物质的差别在主体承认能力的范围内，可以被容错能力包容，由物质差别带来的信息内容混乱可以在主体进一步的信息活动中被纠错能力包容。

一张有划痕的光盘和一张完好的光盘可以播放出一样流畅的电影。我们不能认为物质变化必然带来信息的变化。

其次，同样的信息可以由不同的物质结构运动实现。例如，电子计算机依靠电子进行的简单算术活动和机械计算机依靠齿轮进行的计算，虽然物质机理不同但最终结果一样；人类和食心虫的大脑差别很大，却都得出苹果可以吃的信息；人类受伤后的疼痛和幻痛都有一样的内容，原因却不相同。正因为如此，单单按照硬件提供的算力评估主体的信息能力并不充分，优化的算法节省算力，让计算更为高效。

最后，同样的中介和载体能够实现不同的信息。例如，在一些特殊的图片中，我们的视网膜捕获的都是同一动态色块，却因为大脑的状态不同有时分辨为向左转，有时却是向右转。信息层面的这种“黑箱”成为信息自由的佐证之一，信息的多样可实现性挑战着测量信息的努力。

有设计的物理事件能够实现信息内容的同一或近似，这使信息更像物质结构功能工作产生的现象。控制论和系统论的研究者也发现了这一特点，进行了积极的讨论，但是他们的讨论脱离信息的内容。

13.2 在信息的多样可实现性中，信息复制和传播成为可能。

在较为严密和公式化的信息活动中，物质和信息层面近似的不同人可以学会用同样的公式计算同样的问题。越简单的信息，复制越容易。

在不同的个体之间，以载体和中介为过渡，信息可以传播。不同主体之间信息能力的可通约性和共同之处越多，信息的传播越容易保真。

13.3 具体的物质结构运动同信息内容可以具备决定关系，即在具体结构中的物质的变动可以导致信息变化或破坏，而信息变动能够调动物质或造成物质变化。排除技术因素，精确的物质环境还原可以实现相当精确的信息还原，这在计算机系统中已经习以为常。

查尔默斯认为这是一种组织不变性，“任何具有相同精密功能组织的两个系统将有质上同一的经验。例如，如果神经组织的因果模式在硅片上加以复制，让一硅芯片复制每一神经元和相同的相互作用模式，那么就会产生（arise）相同的经验”①。

13.4 组织不变性原则在针对人工设计控制的系统和人类认识较为全面的自然对象时较容易分辨、认识和利用实现。但主体内在环境和组成主体的边界处于变化中，信息及其随附的物理事件也在关联和波动中运动，人们只能从主观出发，圈定对象的系统组织，还不能确保对其作全面有效的认识。

复杂主体体内的信息活动如 11.1 所述，面临外部干涉。在不同环境中，信息在关联、扰动中可能变化自身的意义。信息的多样实现性可能造成不同信息生成于同样的物理结构。

13.5 我们可以认为精确的整体下物理环境 α 中的计算运动 P 中存有信息内容 I，却不能断定实现信息 I 必然需要 P 和 α，不能断定实现计算运动 P 必然是信息内容 I，也不能肯定 P 运动下去呈现的 I_1 和完全复制的 P' 运动带来的 I'_1 完全一致。当 α 部分破碎或者融入更大的环境 β 时，我们并不能指望信息 I 一定不变化。大部分的信息复制和还原都是近似的。

13.6 在多变的现实中，物质本身的复杂性、主体感官的不稳定、计算的随机性和混沌性、群体与物质世界的多样性等为简单还原带来挑战，这使我们限制极端地

---

① David J. Chalmers，“Facing Up to the Problem of Consciousness”，*Journal of Consciousness Studies*，1994，2（1），pp.200–219.

通过物质还原信息的愿望，即限制通过掌握基本的物质世界规律来把握物质世界和信息世界的愿望，限制仅仅用简单性原则认识信息的努力。但是我们也应看到，过度用复杂性和具体的现象研究不同的信息，将陷入现象和概念的汪洋大海。这意味着以抽象达到简单的方法有其必要价值。

14. 我将信息内容层面的活动称之为计算，它随附在能够改变信息内容的物理事件、部分事件或事件组合中。

14.1 计算一般发生于生理或物理的个体内，这些个体就是具备信息能力的主体。个体不是主体的绝对边界，群体可以通过联合的信息流和协同成为主体。例如在当前计算机领域的虚拟化平台或云计算实现多个计算设备合作的同一计算进程。部分主体外的物质也可能参与计算活动，中国人发明的算盘就是其中的代表。

计算是主体具有的器官、工具等硬件，已有信息，储存潜在信息和新创生信息的结合活动。个体的实际计算能力 = 计算对象 × 算法 × 算力，而在群体中，还涉及不同个体间传播方式与传播效率的因素，如果将传播的组织和工具定义为通信带宽，则有群体的实际计算能力 = 计算对象 × 算法 × 算力 × 通信带宽。

14.2 更广义的计算过程既包括与信息活动内容直接相关的物理事件，也包括信息的存储和提取。

计算不仅仅是信息内容变化或随附的某一物理运动，也衔接着相关的物质输入输出。信息能够在计算中被储存或者表达为载体的准信息。准信息处于相对静止的状态，只有和计算结合才能转化为信息的内容。如果它不能真正加入计算，只会破坏物质结构或者被过滤忽略。

储存准信息的物质被称为载体，载体具备信息源和载体接受者承认的差异性及被有序化。计算需要载体的不断参与，一些载体就是计算的产物，甚至属于计算器官本身。

在总的计算过程中，信息在存储的潜在状态和计算中的实在状态之间变换。

在存在传播对象时，主体表达输出载体和接受载体的行为能够达成信息交换。

计算可以由多个个体联合进行，可以在同一进程分布式或离散地进行。

将计算导致的物质输入输出作为信息活动的全部图景是危险的，正如贝塔朗菲（Ludwig Von Bertalanffy，1901—1972，美籍奥地利理论生物学家，一般系统论创始人）的评论：“控制论模型适用于调节机制的形式结构，例如通过框图和流向图，这样即使实际的机制还未被了解和未被描述，调节结构就能被辨认，系统只是由输入和输出加以定义的‘黑箱’。由于类似的理由，同一控制论图式可用于水力、电力、生理等系统。技术中十分精致和复杂的伺服机构理论却只能在有限范围内用于自然系统。”“它（信息论）在科学学中的应用却还不太令人信服。”①

14.3 主体构成了系统论意义上的开放系统，同外界进行物质能量交换，并通过载体获得信息。不是所有符合这一条件的物质结构运动或信息相关的物质结构运动的所有功能都能产生信息。如风车的物质机械结构，也有输入输出的运动现象，但只是纯物理的物质能量交换，处于类信息物质运动状态。

正因为如此，即使在物理意义上，计算与信息随附的物理事件不能简单等同。

14.4 载体可能存在于个体内也可能存在于个体外，其在结合过程中必须以接触、进入等方式影响能够承认载体的那一部分信息活动。感受和承认载体的那部分活动的物质结构，实现了某种感觉功能，即计算知觉。

14.5 一些具备感觉功能的物质结构根据接触到的物质形成信息，这部分运动的物质结构成为感觉器官。感觉器官往往接触其他物质的反射中介。中介不是载体那样专门为信息而生产出来的物质。太阳发出的光让我们认识太阳，空气的振动让我们听到山泉清鸣。那些不是认识对象本身的却传递认识对象现象的自然物质就是中介。看到太阳实际上接触的是光子，听到爆炸实际上感受的是空气振动，这并不意味着中介物质直接带有对象事物赋予的信息。中介和感官的碰撞带来主体最初的感官经验，感官进行着最基本的计算。

14.6 主体的感官在工作中接触和承认载体和中介，改变自身的运动状态，成为产生多样信息的依据之一。主体所在的世界中的物质的运动和差异是信息差异性的主要来源。

14.7 载体或非载体的物质接触感觉器官或计算器官，都有可能影响计算并使计算中的主体回应这种接触。主体接触载体和中介生成的信息可能仅仅包含直接的回应，也可以更为复杂地包含深思熟虑。

14.8 有的物质因为巧合或者本身的性质，具备载体的特征，但不是由信息相关

---

① 冯·贝塔朗菲：《一般系统论：基础、发展和应用》，林康义、魏宏森等译，清华大学出版社 1987 年版，第 19、20 页。

的物质结构运动生产的，故而不能称为载体。例如火星人脸照片、天然大理石上文字一样的花纹等。

15. 我们所知有限，无法完全区分所有的中介和载体，混淆在所难免，就像计算会出现错误那样。

15.1 正如我们不能精确区分中介和载体，在有限的知识中，我们也不能精确区分计算活动和类信息的物质运动。甚至在面对石头这样的对象时，我们既不能认定它是计算机，也不能断然否认其必然和信息无关。

15.2 我们能确认的是主体创生信息，而不能确认载体、中介或天然的物质自带信息。

15.3 事物可通过数学计算近似地理解和描摹，却不能确认这些计算成果和描摹认知的对象是同一的。

15.4 审慎的无知和怀疑是我们面对信息时必要的态度。但人类的已有信息和求知欲又促使我们向消除无知和怀疑前进。

16. 在审慎中，人类面对感官经验、现象经验、现象概念、操作经验、知识概念等的差异，也面对第一人称信息和第三人称信息的差异。这些差异一定程度上是信息生产的不同面貌的体现。对于人类来说，在对信息生产的有意识控制之外，信息生成自发地进行。

16.1 在感官中直接获得的经验未必经过意识，甚至未必经过大脑。

16.2 在感官经验的配合下，对事物直接或间接的亲自操作赋予人直接改造事物的操作经验，让感官经验和现象经验更为确实。

16.3 在大脑中生成的信息未必需要感觉器官对外物的反映。人能够亲自感受到的源于外物的直观经验或内生的信息。人的信息感官或者说内感官能够通过信息知觉把握源于信息活动的信息现象。

16.4 人们的意识直接把握现象经验的内容，对现象经验的认识、加工与命名构成了现象概念。一些经验被抽象化，得到压缩和指称，便于计算和表达。

现象概念是个人的，个人从第一人称角度出发将概念与亲知的经验挂钩。

个人占有的现象概念和群体认同的现象概念在传播、学习、实践等活动中交融辩证，形成群众的概念，可以被第三人称描述使用，得到群体的传承。

16.5 个人和社会积累和建设关于信息和物质的知识概念，概念被联系起来形成体系并用于描述直观和超越直观的世界。知识概念舍去了原初把握中亲自知晓的一些成分，和感觉直观维持着一定距离，但又与感觉经验、现象概念、操作经验达成一定的衔接，一起设定了人对世界的看待方式和反映内容。

16.6 人的信息活动并不是以个人为边界的抽象物。在其现实性上，它是一切社会关系的总和，也是人所涉及的世界的呈现。在历史上，它是群体和个体的生命史的积累。如果人们不能承认这种现实，就会撇开历史的进程，把信息及其内容固定为独立的东西，并假定有一种抽象的、孤立的、人的个体进行信息活动，或者设想有无条件的、独立存在的信息。

16.7 感官经验、现象经验、现象概念、操作经验、知识概念、第一人称角度信息和第三人称角度信息无法直接同一。这些个人信息的分层使看似同一事物的反映分裂到多个层次，进一步展现了信息的核心在于其内容，这些分层最终在个人的合一中又展现出信息形成整体认识的贯通。

现象学寻求对人的第一人称角度主观体验的客观解释，分析哲学试图严格化第三人称角度信息的语言，二者几乎分道扬镳。在心灵哲学中，分析哲学的渊源和对第一人称角度主观体验的心灵事件的探究又渐渐将二者融合。将心灵哲学的信息转向进一步扩张和改造，成为马克思主义者可以尝试的工作，就如我现在所做的。

16.8 我们不能确定人以外的其他主体也有复杂的信息活动，但这不妨碍我们发现人类以外的主体以及认识它们的信息活动。对于自然界留存的主体来说，获得感官带来的经验是基本的；动物学家观察到不可胜数的计算器官较为发达的主体获得现象概念的实例。在生物学、计算机、社会等领域，信息分层也是显而易见的。

16.9 在 9.3 中，我们描述了信息活动受到约束和打破约束的后果之一是，使信息具有存在与毁灭的两种命运、有导向地守序与有突破地创新的两种前途、有意为之和自然生发的两种生产面貌、目的性和意外性两种出路。

信息既来自带有目的性和组织性的生产，也源于意外和自组织的涌现。信息的创生与生俱来，与目的性、意外性共生，具有两种面貌。

意外性开辟新的体系、维度、层次、条块、范畴，并使主体有机会填充这些新的园地；目的性则使主体在一定算法和已有信息内容导向的约束下计算，向空白较多的园地投料。99% 的汗水和 1% 的灵感就是如此。

人类处于这种矛盾中，也可以利用这种内部的辩证矛盾。在计算机科学领域，特别是人工智能领域，我看到了目的性模仿和创新等意外突破的辩证交融。在行业开创时期，仿生学或前人预想下开创的框架起指导作用，但后继者在创新、意外乃至错误的帮助下挣脱了既有的约束，设计了更好的框架。到今天，哪怕是计算机出自人类设计，也不能用“模仿人脑”这样的解释方案简单地描述其信息活动了。

17. 我拒绝将信息作为实物对待，而是将信息作为流动的过程，因为只有如此才是真正地直面信息。信息运动而存在，可能突然涌现，超乎主观的规定，就如我们面对的是活生生的一个或一群人，而不是统计意义上或者概念上的人一样。

17.1 以一般系统论的眼光来看，生物、行为、社会等学科的研究对象常常显示出系统现象，如整体性、方向性、目的性和分化性等。这些现象被抽象归纳出来用于研究主体参与的系统理论。系统论的应用有其界限，它一方面承认了信息活动同单纯物理事件的不同，另一方面因为过于关注整体而忽略了信息的内容性和个体的主体性。

17.2 在很多认识框架中，人们常常关注人类按照信息行动的层次，忽略计算本身就是了不起的存在。在 20 世纪的哲学框架中，人们关注语言、符号的“确切含义”。在语言、符号两种框架中，信息运动被忽视，被某些人误认为是实物，信息本身的存在遭到了扭曲。

如果把信息认为是天然无处不在的事物或者一切物质都具有的属性，就割裂了信息和内容的关系，也就实际上拒绝了将信息看作在被创生和建构中存在的流动事物。

而在之前的分析中，我们看到信息不能脱离内容，也并非无处不在或者无所不包。

生成是信息的根本，被创生是信息存在的方式，失去了创生的运动，信息就被窒息。

17.3 如果认为信息是天然存在或者群体公认的封闭实物，认为信息必须符合“真实”“反映某种事物”等标准才能存在，就否认信息脱离现实的可能。

那些追逐词汇、概念“本意”的人一定程度上就是这样把自己封闭的。我们不是活在这样的理想世界，而是处在不断出错和辩证耦合的动态世界中。

17.4 香农开创了从通信或者说传播环节研究信息的科学之路，影响巨大。但这条路存在不谈论信息内容等缺陷，不应该被用来作为一个完备的理论之墙阻止其他方面的探索。

通信或者说传播过程希望保持信息的不变，实际上使信息脱离了实在状态。不变的过程中，信息随附于载体，处于潜在状态；运动过程中，信息随附于物理事件，参与计算，处于实在状态。香农的理论，研究潜在的信息多过研究实在的信息。

“MTC（香农的通信的数学理论）纯粹量化的取向和对信息质性方面的忽视而恶名远扬。由于学术界越来越关注信息语义和语用方面，他们批评 MTC 并不是信息的理论，因为它丢失了信息概念本来的含义。”

香农等人的开创性研究不会失色。它从物理角度和功能角度第一次剖析了载体运动的状态以及相关控制方法，建立了通信传播过程中的系统观点；并将拥有同一层次维度信息的主体之间如何传播信息做了数学量化。当代的信息研究不能回避这套理论。

17.5 信息的存在之中本身就有矛盾，这使它清晰又不清晰。一方面，它是有限的，必须有具体的内容，并因此在总的运动中体现组织的有序性。另一方面，它要描述差异，能够在差异中拓展出难以穷尽的内容，并在差异中不断突破有序和旧的物理组织性。信息蕴藏的辩证背反是其作为运动中事物存在的表现。主体信息活动的边界是在有限的器官承认一定的物质碰撞和计算活动的基础上形成的。反向设定和发展是这种有限性的潜在算法，是确定信息本身内容边界的要求，就产生了 A 不能是非 A［$\neg(A \wedge \neg A)$］的不矛盾区分。当信息是什么和不是什么的两面联系起来时，A 自身的清晰又需要包含它不是非 A 的界限。A 同非 A 组成了同一，不等于的关系成为信息难以逃避的关联。

18. 对信息的还原意味着简单性原则的推进，也难以避免将信息之间、信息同物理事件之间、个体与群体之间等某些关联抽象化乃至割裂。对信息的总体把握意味着复杂性原则的推进，意味着面对具体的信息现象、信息内容和关联，也难以避免耗费过多的计算资源，让人陷入模棱两可的境地。

在简单性和复杂性的探究中，人们对信息的理解得到深化。

18.1 关联的产生和消除是信息总运动的重要部分，关联性是把握信息创生的重要方面。对信息关联性的探究深度和切割力度影响着对总的信息和具体信息的把握的平衡。

对关联性的限制和延伸影响把握信息的简繁。在简单性原则中，我们获得直接的理解和总的抽象；在复杂性原则中，我们走向具体的个体和现象。在实践中，人们自然地或控制地寻求简单性和复杂性的平衡。

信息总是要处于一定的关系中，关系自身也是重要的信息。信息存在于一定环境中，需要和其他信息共同参与信息运动。总运动中的信息不是简单集合，而是在计算过程中实现创生与毁灭、整合与分裂、守正与变迁，在潜在和实在中转换，形成历史的次序。单独信息的内容和总的信息内容相互关联，信息之间、活动中的信息和准信息之间也存在动态关系。信息表面上是个体的，却又在表达和实践中变为个体和群体、群体和感性世界的关系。主体因信息的能动而在感性世界中活动，从而使自身拥有的信息和外部的物质世界、同类群体和其他群体发生动态的关系。

信息每时每刻处于纠缠中。承认关联性的深度意味着更为复杂的工作和更为全面的内容。限制关联性的延伸探究则意味着承认算力、时间、算法、时代等自身条件和客观环境的限制，获得自身水准和时间意义上的可用信息内容。

18.2 简单地看，各种信息必有其具体的内容意义导向，这使信息成为信息。

只要将信息放到具体的场景、语境、体系、层次、条块、时间等去解读，就可以按照相应的理论和知识进行很好的研究和还原，第三人称视角信息更可以被群体解读和传播。

不同方面的信息存在格式、内容等差别，仍旧难以找到实现大一统的科学精确还原方法。

正是在简单性的原则下，我将信息做了物理上和信息上的抽象，谈论了何为信息。在纠缠关系中的信息也可以通过现象学、语义学、香农信息论等理论工具进行最直接的摸索。在第一人称视角信息的解读中，现象学方法有其独特价值，当代认知科学则尝试使用脑科学、神经科学等方面的工具将第一人称视角信息的内容和人脑活动进行相关研究。

简单看待信息意味着在相对静止中寻找河流，我们能看到和描述它，却面对着不断变化的它和不断失真的现象经验。

18.3 复杂地看，确定信息内容和还原信息都有困难。

通过单一体系和层次持续创生信息的努力难免遇到极限。例如，大部分信息的内容和意义可以通过是与否的二选一加以澄清，可是信息内容意义关乎什么对象、描述对象的什么，不是简单的二选一可以解释的，或者说通过二选一只能获得本层次的内容。它可能关乎信息的意向性、意识等问题，并且关乎内外感官指向的世界。

多层次或条块中貌似同一的信息却在不同的层块中展开，并可能处于相互独立的进程，对其中关系的完全挖掘十分困难，甚至对第三者来说无法察觉。

信息在整体中涌现，这使它的切片可能制造假象。每个切片都同继续涌动的信息自身分开，同涌动的信息挂钩的继续运动的场景、语境、体系、层次、条块、时间分开。内容意义在一刹那被铭记，但活动的信息本身被封存了。

面对复杂性，人们在控制论、系统论等理论工具的指导下，对信息创生进行控制，按照统计学思想预测信息的大致后果，通过认知科学挖掘人的认识机制。但信息包括涌现在内的复杂性表现，存在突破人们主观控制与系统筹划的潜能，这既是由意外和信息在多层块间遮蔽带来的，也是由信息自身在量的积累和规律性运动中孕育的。

在整体的视角中，某一信息 A 总是处于一定环境中被解读，往往在内容领域处于某个或多个体系中。信息 A 和其所处的体系及不同体系之间，构成了形成信息 A 完整内容又关联其他信息和体系、条块的意义网络。一方面，信息 A 同信息 B、信息 C 的差异，使信息在主体中单纯的量构成了复杂程度的一种标准。另一方面，信息同不同体系的关联、主体占有的信息体系的数量、不同体系之间的联系路径数量等，也构成了复杂度的标准。

对复杂性的定义和复杂度的衡量是不同学科共同面对的问题。对信息的研究者来说，复杂性不仅仅是关联带来的和谐一致的方向，也包括彼此对立或者互不相关的矛盾导向如何转化、博弈、吸收，最终形成主体面对不同壁垒时的跨越。主体在差异中走向复杂，最终达到有差异的同一。

18.4 简单性和复杂性以及二者在现实中的平衡源于世界的整体性。从信息角度来说，整体创生部分，部分不是组成整体而是在整体中成为新的元素。

传统整体论主要关注部分和整体的主次关系与功能实现：整体和部分既相互区

别又相互联系。整体居于主导地位，统率着部分。整体具有部分根本没有的功能。当各部分以合理结构形成整体时，整体功能就会大于部分之和。当部分以欠佳的结构形成整体时就会损害整体功能的发挥。整体和部分二者不可分割，相互影响。整体的性能状态及其变化会影响部分的性能状态及其变化。部分制约着整体，在一定条件下关键部分性能会对整体的性能状态起决定作用。

但是在信息相关的领域，部分在整体中被创生，整体在部分的变化中被改变。带有信息因素的整体是创生的整体，部分在整体中的参与是创生与被创生的一部分。

回看 11.5 中的讨论可知，在追问整体存在者的本源时不能忘记当前层次的本质，在了解当前存在者本层次的本质时不能忽略其背后的本源。反而言之，当探究信息的活动踏出当前层块时，新的创生过程就开始了，信息自身和信息所处的整体就面临改变的可能。

主观设计和构想的层块、系统，在更为自发地主体运动和创造中迎来新的理解。如自然涌现的层块、系统等，在人类界定和认识范围之外的元素是可能存在的。

传统整体论未曾重点关注的弱联系和离散联系问题也在此凸显。

人们并非全知，在自然存在巨细不一、总量参差的对象及其奠基的现象，在主体界特别是社会中面对主体和信息的参与带来的种种涌现和意外。现实中的整体因此可能面对动态的、不连续离散的、随时加入的新要素，面对平台期的积累和积累到位带来的突变，并影响自身和自身中的各个部分。这种整体性变化也是自然和社会中新组织、新个体、新层块、新类型信息涌现的源泉之一。

正因为如此，人们为了建设或驾驭更高复杂性的系统或整体必须限制对方复杂性的发生，并提高自身相应的信息和物质改造能力。

简单与复杂的平衡很难达成。未来学家托夫勒曾言：“在当代西方文明中得到最高发展的技巧之一就是拆零，即把问题分解成尽可能小的一些部分。我们非常擅长此技，以致我们竟时常忘记把这些细部重新装到一起。”①

18.5 信息在创生性中特别呈现整体论的特征。

在信息活动中，整体优先于个体存在，具体的信息要在相应的环境中存在，要

---

① ［美］阿尔文·托夫勒：《科学和变化》，载［比］伊·普里戈金、［法］伊·斯唐热：《从混沌到有序：人与自然的新对话》，曾庆宏、沈小峰译，上海译文出版社 1987 年版，第 5 页。

通过关联展开。对这种特性的发掘使现有的心灵哲学和信息哲学都超越了自身的具体研究领域，走向抽象的辩证：一不同于多、多也不同于一和一的简单相加。

信息的整体问题更具有目的性、组织性。

在相当一部分信息活动中，整体的边界和中心不断变化。作为具体信息的一也因此并不稳定，要存在于相应的环境，依赖于环境展开并且成为环境的一部分。

对人来说“有用”的物质系统部分呈现出这种特点，但这不是物自身有什么神秘属性，而是人进行认识、规定和描摹的结果。

脱离信息的物质可能具备整体与部分、次序先后等结构，但在没有得到主体理解的情况下无法具备影响主体的意义和导向。自然界非信息自组织的现象虽然神奇，但其产生、存在和消亡对物质自身并没有功利色彩。

只有对和信息结合的主体来说，有无信息意味着生命和生命的形式，意味着如何面对对象。

创生性是信息和主体结合后最重要的特性，不但发生于单个信息或个体之内，也发生于个体同群体以及其他认知对象的延展中。这种特性标注了主体性实现的“时间箭头”：和信息结合的主体有生存、寻求传续的上坡之路和消散、等待灭亡的下坡之路等命运。拥有信息不一定导致主体选择或者维持生存，但生存的主体却往往得到引导其生存和传续的信息。

在自然史中，生存竞赛中的主体默默存续积累着信息，实现了当今地球自然界的信息活力，也使人类已知的信息活动可以被理解为一个整体进程。由此可知，成功的主体信息活动的表现之一在于，能够增加信息复杂度并能够作用到物质，将复杂性传播到整个群体乃至其他类主体。

18.6 关联性和创生性是本书研究信息的脉络，简单性和复杂性则限制研究能走多远。过于追求简单就会失去对复杂世界进一步认识的权利，过于自信地增加关联度和细节提升了研究的难度，甚至可能作茧自缚陷入迷乱。

在存在方式和存在环境的导向下，哲学成为信息学，信息的哲学成为生存和实践的哲学。

19. 传播或者说通信即信息通过载体的传递过程，既可能发生于信息随附的同一物理事件之中和不同物理事件之间，也可能发生于个体与个体、个体与群体等之间。

信息的潜在状态最容易引起关注，也最容易引起误解。人们最容易观察到的信息的潜在和实在的转换过程就是传播。

生命个体内的传播往往是生理学、神经科学和脑科学的研究领域，人造系统内的传播现象得到了系统论、控制论、信息论的研究，社会传播则成为新闻传播学的研究对象。

其中一些研究的共同之处在于：忽略信息内容的创生，认为传播是直接的信息交换，不能认识到作为受者一方的主体通过载体再次创生信息，甚至直接把载体作为信息。

这种错觉源自人类有意识的传播的两个特点：一是点对点，即信息从一个人出发，直接或历经周转达到身体之外的另一个或几个人。信息似乎脱离了主体存在。二是同类传播，即不管语言和专业知识是否相通，人际传播和大众传播都是以对方是人、有类似的生理结构和已有信息为前提。一旦忽略这个前提，信息就被当作天然的某种存在物，或者被作为载体以及信息的格式。

传播必须通过接收者的“翻译”再生成，只有将传播和主体结合，才能真正完整地理解传播。

20. 不论在感觉、计算还是传播中，物质天然地纠缠着信息。

20.1 器官在功能上只能匹配自身反映和承认界限之内的载体和中介，或者说，载体必须有相对稳定的物质形态，不能变化不定令感官和计算器官难以把握。非载体的中介能够被感官反映，也是同感官的物质特性匹配的结果。

20.2 计算、感觉和传播能够实现，都是物质存在性的具体体现。物质天然地纠缠着信息。物质的现实特性为信息存在创造了条件。宇宙若不是这样存在，就不会有人类这样的智慧生命诞生并谈论信息，而是由其他生命或非生命的主体以可能非常不同的方式实现信息的存在。如果有另一个具备不同物质特性或不同自然史的宇宙，它未尝不可能是一个没有信息的世界。

感觉与传播的有效性涉及参与的每个方面：只有减少错觉和幻象才能有效地反映对象。传播要求输出信息的个体或器官表达准确，使其他个体或器官在接触输出事物后能获得信息。

20.3 范畴作为信息活动的基本单位，在信息创生的过程中和物质纠缠不清。

部分范畴的形成方法以物质的形式固定在主体的身体器官中，这是“硬件”中蕴含的算法。有的范畴化的方式是后天习得的，在“硬件”基础上进一步形成了“软件”，主体在主动或被动地学习和训练过程中流变。

物质上有限的器官对一定载体和中介的承认和对超出反映范围的事物的过滤、忽略，是信息存在可能的必要辩证体现。一旦承认主体器官的物质有限性，那么信息的生成就离不开通过对事物有限共性进行归类分辨而形成的范畴。在这个意义上，主体的认识过程就是统计学过程。

20.4 广义来说，范畴是信息格式的一种。在载体和中介被信息器官承认的过程中，铭刻在器官中的硬算法将物质之间的碰撞纳入计算。换言之，某物 A 同计算、感觉等器官的碰撞在计算 B 中具有 C 影响，这种影响在特定关联中相对稳定。

范畴未必表现反映的对象、实物的广延，也不必是什么外物的指称，但一定要能在计算中使器官进行相应的运动。

范畴是信息的必然。感性脱离不了范畴。范畴部分来源于器官和世界的物质稳定存在。人意识到自己在世界中的存在就意味着人获得了把握世界的信息，这一切由物质范畴的生成开始。

20.5 形成范畴是主体信息活动的基本环节之一，硬算法奠基了纯信息的出现。在中介或载体和信息活动器官的碰撞中，器官识别和承认自身面对着什么、受到什么影响。

例如，人的直接经验在感觉神经末梢细胞同外物的接触中形成，感官蕴含的计算功能将接触范畴化形成了颜色、气味、声音等。物质奠定了范畴的可能和运作基础，特定物质之间的匹配承认构成了最基本的范畴。在关于感官、记忆效应和生物湿件[①]等研究中，物质范畴的特性正在一步步被揭开。主体和范畴的相遇要早于意识和现象的汇合。

20.6 范畴可能是简单、稳定的，基本范畴却可以组合形成复杂层次运动乃至更复杂的范畴，不同复杂度的范畴蕴含着表达不同丰富度内容的可能。范畴也以物质运动的形式实现和发展。

---

① 湿件指软件、硬件以外的其他“件”，即生物计算器官，有时特指人脑或者人脑和机器连接起来的设备。

在计算机的运作中，物理层面的逻辑门和信息上规定的“0”和“1”看似简单，却奠基多种复杂的信息活动。

主体在获得范畴化能力和把握范畴的层次运动中，可能形成从无意识到有意识的涌现，例如人类的觉醒和人类不断预言的计算机的觉醒；也可能实现由复杂走向源初的还原，例如对计算机程序的反向汇编。随着主体和类主体群体的信息活动的复杂度提高，范畴可能从自然匹配向群体设定变化。例如，个人与社会之间的传播互动，影响着以语言为代表的范畴的形成发展乃至塑造个体自身。稳定存在的群体以一定范畴如语言形成群体内的交往和组织，影响群体中的个体通过范畴进行感性认识的能力，并维系群体的存在。

20.7 个人之间通过表达和共同范畴关联起得到共同承认的人类社会。社会关系基于有效的承认构成，哪怕这种承认有时基于暴力构建。人类社会关系又是基于物质和信息生产展开的，是劳动者在信息驱动下展开行动的结果奠基的。

20.8 感觉和范畴主导主体的反映能力，反映也被主体的感官和范畴能力限制。

不同的范畴和范畴组合的全部意义只有具备具体信息环境的主体才能亲自把握，认识的后果需要主体自身承受。我们可以尝试测量物质范畴、定义范畴的信息内容，描述不同的范畴和范畴组合，但我们也面临着还原主体信息环境以把握信息具体内容的艰巨任务。

20.9 反而言之，具有什么样的范畴化能力体现着主体性，是区分不同类主体的重要标识之一。

主体自身就是由硬算法为中心凝聚的，最基本的范畴化能力和储存解读范畴的能力都居于其中。遗传物质在生殖、“生殖隔离”和生物间基因转移等活动中的表现，就是这种中心地位的表现之一。

在主体的历史变化中，一些种类的主体计算器官和感觉器官具备了更多的功能，表达中的范畴和原有计算中的范畴出现了差别，具备了超越物质层面直接范畴的能力。当具备叫声、动作等表达和识别能力的主体诞生时，他们的范畴能力复杂度就明显超越了那些只能使用分泌物表达的微生物。

人类等群体演化出使用符号表达范畴的能力。言语、文字等声音或图像组成的符号甚至成为人类意识层次把握其他范畴的基础，成为教育下一代形成信息能力的必要工具。

20.10 范畴的形成既离不开主体与生俱来的身体“硬件”，也始终伴随着外物；个体的范畴难以离开类的群体的设定；群体的范畴在一个有限的信息循环内也无法完全脱离其他类群体范畴的影响；利用计算机等工具才能便利操作的范畴也广泛存在。范畴是主体亲知的，也是世界给予主体的，更是可以创造的。

符号等范畴和进一步发展出来的概念等更为复合的信息在类的信息运动中拥有了更为自由的命运，它们和内容的具体关系不但需要主体的阐释和扬弃，还常常面临群体的评判和转译，它们诞生和维持存在的过程既和一定的群体、圈子的生存相关，也经常随着信息的交换在群体、圈子之间实现穿越。

21. 信息不是无条件普遍存在的万物属性或者某种实体。我们见万物于信息，却不可一叶障目。物理事件更为基础，我们只能限定唯信息论和泛信息论的范围，不赞成世上只有信息，不赞成信息无处不在，也不赞成用同一的实践对待物质和信息。

在当前的知识中，我们得到了关于信息的存在的认识。信息是随附于物理事件的一种约束流，不能脱离唯物主义，约束的形式和内容又使它不等于普遍的物质（如图 3–2）。

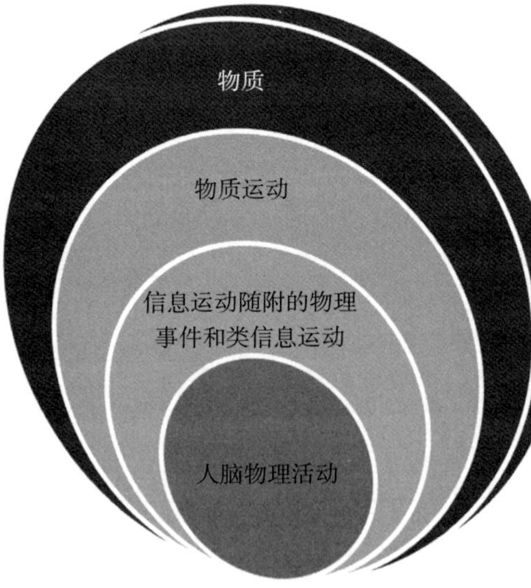

图 3–2　物质奠基的人体信息活动

22. 信息不仅仅属于人，就像信息不会局限于意识、心灵一样。计算是各种具备信息能力的主体中发生的现象。计算的普遍性和随附性使维持信息变为生存问题。

22.1 计算要耗费外来的或内在的能量，它获得和消耗能量的过程如果不破坏信息依赖的物质运动，就能实现主体的生存。

22.2 维持信息的存在成为生存竞赛的源动力之一。主体未必选择生存，但是现存的主体接受了生存的命运。

在物理意义上，计算功能要耗费能量，必须得到能量的支持，而且能够影响物质实现输出。现实留存的信息活动必须由能量和物质支持弥补计算的损耗。

主体在物理世界的不同层块、场景、局域内竞争有限的物质和能量，又通过协作达成信息的创生和生存的合作。在主动被动的竞争和协同等关系中，主体改造了世界。

22.3 主体和类主体的生存命运影响着信息的存续。生成和毁灭的辩证运动因此在身体与精神、信息与物质、主动与被动、自然与人为等不同的层面展开。信息有主动的成分，有自身的命运和动力。不同个体和群体在世界中的共同生存，积累催生出生存意志和权力意志。

23. 感性世界由此开裂，即使假象、误导、怀疑也不能将物质和信息简单地等同合一。

23.1 扬弃了意识的优先性，我们必须面对存在的优先性。信息和物质作为两种普遍的存在者成为人类无法逃避的对象，以不同的流变组合成人类的生产生活之地。在这感性世界之中，社会的人总是要面对自我、面对世界，开展信息与物质层面的生产生活，即使对因果链条的回避和怀疑也不能割断人对信息和物质事物的需要。

23.2 从信息的角度看，主体只处于一定范围内的世界。

主体只拥有自身和所在群体、环境支持下的信息能力。已有的器官、工具、知识、认知方式、不同个体间协同等要素决定了主体获得什么范围的信息。主体的生命历程和实践经历进一步改变主体获得和传播信息的范围。

在有生命和无生命的信息活动、有意识和无意识的信息活动、意识和潜意识的信息活动的差异中，各种主体通过自身的已有基底展开信息活动。

主体的反映基于这种有限性进行，并且因为自身信息和物质的有限性永远无法接触世界的某些部分或层次。

正因为如此，看似相同的主体或处于同一物质世界的主体，由于不同的信息能力，实际所处的世界范围和面貌并不一致。不同信息通过随附主体的不同信息环境以及主体间反映、实践和传播等活动而运动。

这种差异形成了不同的共生圈子和类群体圈子、不同的信息生产和传播链条、不同主体共在的信息世界。哪怕在工具的助力下，人类依旧只有有限的感官能力，因而所处的范围被限制。人们迥异的活动范围就是现在最常发生又最容易被漠视的差异之一。

24. 信息之间有差异地存在并分化，分化的结果之一是层块和次序的产生。层块和次序是信息世界的重要特征，不同形式的范畴是信息世界的基本构成。

24.1 层块是某一事物或某些一体的事物在结构或功能等方面有序出现分层、分块的现象。

层块是很多事物都呈现出的特点，我们在物质、信息和二者的关系中时常可以观察到层块的现象。有的层块是自然形成的，有的层块是人为设计的；有的层块清晰可见，有的层块难以察觉。层块之间的界限也在一定程度上依赖于主体的认识、分辨、规定。

存在者在不同层块常常具有不同的性质和特征，既有基本规律，又各有特殊规律。事物的层块不是一成不变的，可能渐变产生或突变涌现，也可能塌缩、还原和毁灭。

层块并未造成总体的断裂，但是会带来层级的区分和间隔。层次之间形成彼此相邻和奠基的关系，条块或者说模块则构成彼此相对独立和平等的关系。

24.2 范畴常常可以使信息分类，使甄别信息的层块易如清水寻鱼。关联性使信息的层块现象处于纠缠之中。某一信息所处的环境也可能同时是其他层块信息所处环境的部分或全部。

有时间次序上的信息层块也有存在意义上的信息层块。信息不同于物理事件，可以被修正、插入、剪切和删除，已有信息的次序可以发生很大的变化乃至面目全非。从这一点来说，信息的存在并不伴随绝对的时间次序。

24.3 在不同层块的信息运动和联动中，我们必须面对信息和物质、自我和非我、时间中的信息辩证变化等层块间的区别和联系，不能勉强将思维产生的信息和思维的对象作为同一的存在事物，不能将意识作为信息活动的唯一层次，不能将信息的索引和信息本身等同，也不能将第一人称亲知的信息和第三人称描绘的信息完全等同。

24.4 信息和个体行动之间也存在层块。个体在信息层面由不同复杂度的信息动态地构成。主体在思维、表达和行动等不同层块的活动中，面对不同的信息现象和物质现象，呈现出不同的实践方式和态度。主体在实践中自然而然地根据信息和物质的世界构成将自身的生产生活层块化。

24.5 我们可以追问本层次的事物究竟有些什么，还可以根据这些总的属性加以想象、抽象和概括，试图构筑一个共相去描述它是什么。在探究复杂的多层次时，要谨防将不同层次的事物简单视为同一的对象，或者盲目寻找不同层次事物的绝对还原性的基本规律。

数理量化、概念化、理论化、体系化等方式的预设概括和观察、实证、实践演进、就事论事等方式的经验积累，成为人类信息生产中的两种面貌，其背后是信息创生的两种面貌。两种面貌构成了信息生产的不同层次，并且在不同时期分别发挥着主导作用。

在两种面貌之间，人们按照预设和经验实现种种实践，而一旦超出现有的知识和经验，人们又会通过痛苦的生存磨砺和思考打磨新的经验和知识。

25. 信息世界的分化归根结底源于物质世界、物质世界奠基的信息世界和人类在此生产生活的分化。

部分旧的形而上学喜欢把物质和信息都视为没有层次和条块的事物，继而延续“精神—物质”的思辨模式。不能把复杂性，层次关系、条块竞争协同，物理事件涌现信息等问题纳入讨论。

这些形而上学的困难在于，承认实物和自身思维的不同，但又只能以信息为中介把握和意识不同的对象。这种两难还扩展到个体内外边界的问题上。

25.1 主体在计算中直面的只有信息，反映回应的对象却内外兼具、信物皆有。两难困境带来了内外一体、心物同一的猜测，也带来“本体论”延续两千年的讨论。“缸中之脑”的设想也部分源自这种两难。

25.2 主体通过信息活动可以进行计算、表达与行动，我却不能简单地在当前的人类生活中让这个公式反过来，相信人的意识统领下的计算、表达与行动囊括了人的全部信息活动。

在随附性、层块和运动后果等信息现象的特点中，我看到物质运动奠基出信息，和主体结合的信息自身也在积累和变化，这意味着反向运动将毁灭其中的创生的事物。只要不走向虚无主义，就需要承认：在悠久的思维和存在关系问题上，“思有”同一，但“有思”不一定同一。

25.3 以物质的基础性主宰理解，或者以意识可把握信息的直接性统帅理解，都是倾向简单原则、限制辩证法的思想家难以抗拒的诱惑。但现实呈现有差异的统一。各种存在者往往呈现出一定的基本规律，基本规律对其中分化出不同的层次适用。基本规律在存在者的不同层次有不同表现，每个层次往往拥有自己独特的规律呈现独特的现象。

25.4 对主体来说，必须面对世界的分层、分化和区别。在细微方面，主体必须能将信息和物质相对分开，实现不同的实践；在更大的范围内，主体要区别对待不同的存在者，保证自己的生存和繁衍。在生存中，主体贯通不同的层块。

25.5 当要探求层次之间的因果性时需要多加小心。在两个彼此接触、影响、相邻的层次间可能有一定的对应关系或者因果性。随着层次的增加，观察对象的复杂性相应提高，不同层次之间的直接联系也更难以把握，因果链条的判断容易出错，需要更强的科学论证、数理计算和长期的观测与实践去佐证。

25.6 信息之内蕴含的自由也在错误、意外、创新和可变的信息次序中显现，突破已经熟悉的层块。自由在世界的现实性中运动。在自由和限制中，主体表面上是稳定的，实际上却是变化的，感官和观测工具带来了信息能力弹性，群体活动带来了超过个体感受的公允性和个体影响群体的杠杆，历史经验带来了相信因果和时间的可能性，又在理论创新中不断修正旧的认识范式。

26. 层块性蕴含着信息世界空间性的部分奥妙。如果以主体性的视角来看，信息以不同的状态游走于不同的层次或者通过不同层块的综合运动涌现，信息存在的世界由不同层块的不同状态的信息关联活动着，信息之间以相同或不同层块的联系扩充自身的内容。信息处于层块的立体网络之中，立体层块的网状信息流组成了信息世界。

26.1 在追寻信息的本质和本源时，人们时常穿透信息的不同层块，追溯信息乃至信物之间的不同联系与因果。逐层的追寻让人可以更深把握信息。

有时人们可以越过某些信息间的层级直达目标，在看似有间隔的层块间建立联系。跳跃式的把握并不一定意味着偏离。

步步为营的穿透和穿越式的凿空都是有意识的人摸索和突破层块的表现。

26.2 有时人们只要迂回就能达到认识目的。主体有多种路径达到同一个认识目的地，有时可以绕过某些层块。信息的层块之间并不必然是一层对另一层全面覆盖，也并不必然是复杂度的单向叠加。

26.3 信息本身并不是固定的实物，可以相互关联。

信息的关联使信息的复杂变化不仅是其自身在某种算法下的机械运动，而且可以成为综合不同的算法、层块、方面等的总运动，其中创生的内容可能涉及每一个部分和整体，暗藏了更多的可能。

我们由此承认信息需要展开的过程，也有因为坍缩彻底消灭的可能；信息不断创生与毁灭的过程要我们正视信息之间可能产生的重叠、交织、平行等现象。

26.4 信息的关联性、层块现象等，呈现出信息处于立体的动态网络，这也是我认为的信息世界形态。

从内容和内容在计算中的角色来说，信息可以像一个家族一般各成员有相似之处却又彼此区分。不同信息意义相等的部分恰如空间的重叠。同一信息可以参与不同的计算，不同的计算路径也可以路过同一个信息。

由于层块、范围和体系的差异及描述的方向、对象不同，信息可以平行，或者说没有交汇。例如关于遗传物质的编码和孔子《论语》的注释永远风马牛不相及。

信息的动态意义网络更像立体网格而不是平面图。但信息不是实体地构成一个立体，而是以内外各层块的活动绘制出这个轮廓。在不同个体联通的信息世界中，参与者越多，信息世界的立体空间越庞大充实。

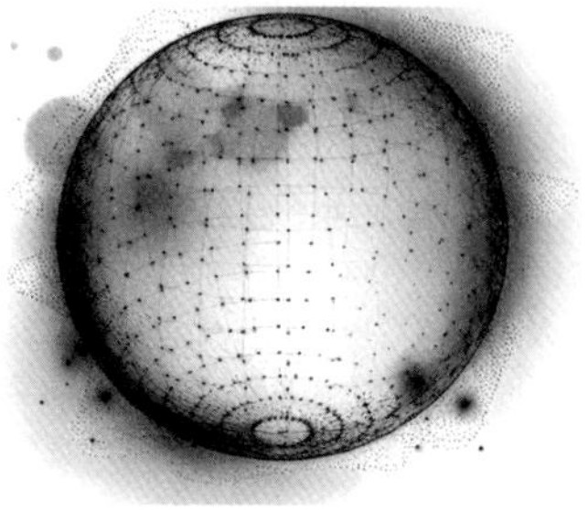

图 3–3　信息明灭之网

26.5 在信息的网络运动中，不同信息或个体处于不同的地位，有的更重要更核心，有的较为冷僻。地位的差别受算法或传播路径影响，也受信息或个体的价值影响。

在部分研究中，财富分配、互联网网站访问等都呈现出幂律分布[①]的现象，少数关键信息占有更重要的作用。

26.6 不同状态的关联信息有时被人们指称为一个信息，但实际层次并不相同。如红色在视觉感受、语言名词中看似是一个事物，实际上可以分为感官经验、现象经验、现象概念、操作经验、知识概念等。它们可能是同一信息在穿越层块时再次被创生，也可能是不变的物理事件在新环境再次被创生。

即使表面上的同一信息都可以因为外部关联和内在的差异分化为彼此联系又分化的网络。

从计算机科学和语言的研究看，信息之间相同的层次存在一定机械的还原性，一旦转到稍微复杂的多层块、群体等情况，还原的难度就提高，需要较为辩证的系统论和整体论思想参与理解。

27. 在这种图景之中，真实和真理都变得有限。

27.1 主体的反映能力被限制，主体在自身类、工具和环境的变化中突破部分限制。

27.2 即使关于同一对象的描述或者同一信息的领悟，也可以出现交织的现象。例如，关于存在者 A 的认识可能出现 w 理论和 m 理论，每个理论都涉及了 A 的一些要点，w 和 m 本身还有交织点 x，但是在关键路径上，两个理论对 A 的决定性论断彼此不相同。在更立体的角度中，交织点 x 都是可以不存在的。

人们可以期望在已知中画出几个确定的锚点，引导实践者用经验去填充或摧毁

---

① 所谓幂律，是说节点具有的连线数和这样的节点数目乘积是一个定值，也就是几何平均是定值，比如有 10000 个连线的大节点有 10 个，1000 个连线的中节点有 100 个，100 个连线的小节点有 1000 个……在幂律分布中，呈现出少数人和事物占据大量资源和关注的现象。幂律分布也体现在时间运动领域，少数时期的激烈变化奠定了更长时间段的主要基调。统计物理学家习惯于把服从幂律分布的现象称为无标度现象，即系统中个体的尺度相差悬殊，缺乏一个优选的规模。凡有生命、有进化、有竞争的地方都会出现不同程度的无标度现象。详情可阅胡海波、王林：《幂律分布研究简史》（《物理》2005 年第 12 期）等文献。

这些锚点，但不应该期望锚点永固或者填充必然成功。

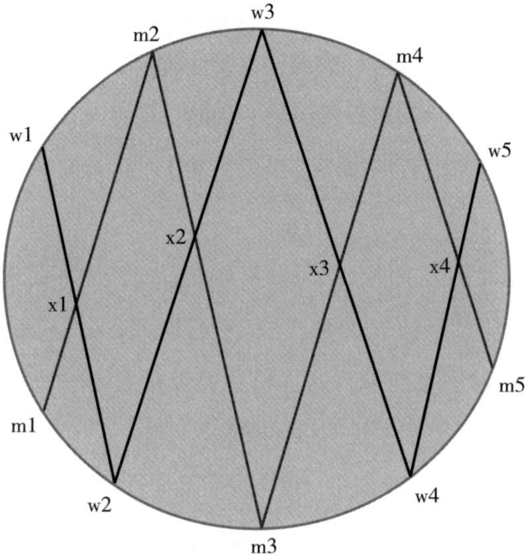

图 3-4　同时正确却不重叠的 w 和 m

27.3 和信息结合的主体在思维、表达和行动等不同层次的活动中，面对不同的信息现象和物质现象，呈现出不同的实践方式和态度。主体面对信息物质组成的感性世界自然而然地将生产生活层次化了。

主体的实践方式不一定符合已知的前沿理论，甚至看起来不够高明，却可能在其所处情况下是合理的。在具体情况下合理的事物，却可能在整体的看法中已经变成需要变革的事物。

27.4 人们在实践前就可以依靠逻辑、灵感或天赋设想出种种理论和方法，在说服人时予以妙用。人们在实践中积累可验证的经验，在可重复的操作中不断使用。即使没有主动的预设和经验，人们也会依靠已有的信息进行实践。现实中，实践结果与逻辑演绎的辩论、预设和经验的碰撞可能诞生更符合具体场景需要的实际真理。

27.5 一个自诩理性的学子，可能想的是 A，说出的是 B，写出的论文却是 C。[①]

28. 主体处于被限制的真实和真理等信息中，也处于超脱信息约束性的错误和

---

① 这个幽默的描述源自中国传媒大学的王宇老师。

意外中。

28.1 主体自被抛到世界中就面临计算失败的可能：首先，器官不会总是精确无误地运转，既会出现运动的反常、失误，也无法抗拒被干扰。其次，计算可能因为太复杂带来信息和其随附物理事件的溢出、中断，信息和范畴层次、内容等方面的冲突与矛盾可能导致计算过程的崩溃。最后，在干扰的噪声中，计算可能生成徒费算力却无效用的信息。

28.2 除了失败的计算，主体还必须面对伴随着成功计算而来的假象、幻象、错误信息、骗局乃至正确信息的失效等。它们看起来“有用”“真实”，却在事后经两类实践验证为假，这种假不能掩盖这些信息曾经在主体的计算中被认为合理的现实，也不能否认其“错有错招”成功指导实践的可能。

28.3 主体在两类实践中检验信息，以自身生活生产状况的好坏作为评价信息的标准。信息以主体是否信用留存实现自身、自身家族及自身路径在存在意义上的价值。

28.4 不能成功指导实践的信息不一定完全错误，就像成功指导实践的信息不一定完全正确一样。“彼之仙草，我之毒药”，信息处于不同时效中，也处于主体不同的评价标准中，可能因为主体和主体实践领域的多样和多变而在假象和真相间徘徊。把握实践效果和现实因果的困难使主体更难作出评价。追求完全正确的信息是一条道路而不是唾手可得的目标，建立信息好与坏、正确与错误标准的过程本身就是困难的长征。我们只能谨慎地建立一个等效的原则，即在每个壁垒之间，如果破壁达成的效果一样，则其对下一个壁垒来说是等效的。例如，一个学生经历复杂计算决定举手和他的同学下意识决定的举手，在老师看来同样有效。

28.5 即使综合不同的评价标准来看，正确的信息不一定得到主体的信用留存，正如错误的信息不一定会被抵制删除。主体的意识，乃至主体自身的全部信息活动并不一定能够控制自身信息和准信息的状况，而要服从于自身的物质界限和信息能力的界限。物种演化、文明进步固然是主体活用信息的胜利，冗余、无效、错误信息的历史堆积何尝不是信息自身的一种“胜利”。在计算机软件工程中，我们经常能看到垃圾代码乃至成为“屎山”[①]，这凸显了信息生产和信息环境治理的艰巨困难。

---

① 屎山是软件行业形容时间久远、效率低下甚至无用代码的行业用语。很多代码无法判断用处或毫无用处，但是仍旧留在软件中。

28.6 对主体来说，在不同的困难中实践，在生存和具体实践的范围里容忍错误，同接受正确一样重要。在感性世界，主体面对现实挑战实现足够的信息优化才能成功地实践，这种不完美但是足够实际的关系成为主体在有限的时间、物质与信息中生存的基础。

29. 在近代的哲学框架中，人们常常把信息作为人类独有的、相对固定的事物，只关注人类按照信息行动的层次，忽略信息的运动。在 20 世纪的哲学框架中，人们常常关注语言、符号的“确切含义”。在这两种框架中，信息作为运动的流束的面目被忽略，信息本身的存在遭到扭曲。这些问题在当代心灵哲学中才得到初步关注。

确定一个信息为独立的个体或者将它和其他信息彻底切割开来是困难的，难免带有人为主观意味。但将相对静止和孤立的信息切片“还原”部分信息的面貌，是可行并且有价值的。现象学和分析哲学的很多努力的确使不同人称的信息得到更加澄明的理解，“香农—维纳”范式和当代信息哲学的弗洛里迪路径[①]，在研究某一层次、某一范围的信息和载体时也能够推动对信息的把握。在变化和关联的不稳定中寻找稳定，是理解信息的必要步骤。

30. 在信息研究的新框架中，辩证法显示出生命力。信息在内容和导向功能等多个方面蕴含二律背反，在其创生和毁灭的角度来说甚至是绝对的。不能辩证看待信息就意味着拒绝把握信息。

30.1 信息的内容实现一定的导向，能够描述存在和虚构的事物，能够增强确定性或扩大不确定性，能够引导主体做什么不做什么、相信什么不相信什么，无数辩证使信息清晰并实现量的变化。导向和内容的有限性要求，信息自身是什么就必须意味着它不是其他的什么，当它向其他内容过渡时也就开始变为其他的信息。约束和解放的两面都包含在信息的内容中，每一条信息都导向某个方向。主体要依靠信息运动的结果，确定信息内容和如何行动。

30.2 在辩证的背反中，信息可以被绝对地否定或肯定，也就是说能够产生也能够消灭，有量的变化而不守恒，有从零到一和从有到无的极端可能。

---

① 即哲学家弗洛里迪从数据的角度定义信息，结合分析哲学和逻辑学的成果试图量化信息。

30.3 信息的自由度存在于已有信息和关联的准信息的量中，从这一点来说香农信息论的价值无穷。当主体在某个方向、某个层次、某条路径实现了信息从零到一的创生，就可能打开新的信息生产。主体可以主动或被动地用各种方法在这新开拓的方向、层次、路径等中生产更多的信息，丰富这些方面的信息的内容。信息从零到一的创生就是创造创新，从这一点来说，香农信息论没能构建完备的解释。

30.4 信息“必须是什么，不能什么都是”，就被约束在一定的导向、对象、事物、领域等，主体围绕此方向开展信息。信息的解放在于发现新的对象、事物、领域等，由此突破之前约束的对象和关于对象的定式、范式、局域等，并发展出新的内容。约束伴随着专注与细化，解放带来创新和突破，二者辩证地形成了信息生产的两副面貌。

在解放中，随机混沌因素带来的不确定信息、失败的计算带来的错误和干扰噪声转化为意外信息，是重要的原因，形成了信息生产的消极被动和积极主动的变化图景。

人类具有主观发现和辨析创新带来新领域的能力，也具备在创新的领域继续扩展的能力。开拓者和充实者，创新的人和秩序的人，吃螃蟹者和传火者，俯视众生的飞鸟与采集田野的刺猬，缺一不可。

自发地、自由地、有意无意地尝试和潜移默化地往复与遵循，共同推进信息生产。

30.5 当主体消灭，某一信息不再得到主体计算，相应的信息量就归零。载体的准信息和停止运动的计算器官并不包含真的信息。通过主体间的传承，信息得到反映的再生产；那些如计算机般能够重启的主体，需要重新实现原有的信息状态，但并不意味着这些信息一直在那里。

30.6 信息的辩证运动可以构成一种有次序的历史，这种历史以信息变化过程和变化中信息之间的联系组成。信息是运动而存在的，信息被主体在计算中展开，同一信息在展开过程中变化，从而有过去的信息 P 和后来产生的信息 P1、P2、P3 等之间的历史关系，它们可能相等不变，但实际常常存在变化，分化、合并、破碎成其他的信息或者被消灭。信息存有和变化的历史联系是一种重要的信息，不但存在于单一的计算进程中，还会因为不同计算进程的交织、协作、矛盾等运动形成新的内容。

31. 在对层块探讨后，就可以从关联性延伸出关系这一事物。关系是对事物如何关联的描述，信息总是处于一定的关系中，关系也是重要的信息。

31.1 信息存在于一定信息环境中，需要和其他信息共同参与信息运动。总运动中的信息不是简单集合，而是在计算过程中实现创生与毁灭、整合与分裂、守正与变迁。

31.2 信息在潜在和实在中转换，形成历史的次序，历史的次序又面临算法、干扰、随机、嵌入、差错等方式的重组。

31.3 关系作为信息的重要一部分包含着内外两方面，但是关系并不完全因为联系应运而生，也可能因为预设等“虚位以待”。

单独信息的内容和总的信息活动的内容相互关联，信息之间、活动中的信息和准信息之间也有动态的关系。信息每时每刻和主体的身心关系纠缠着。信息表面上是个体自身的，却又在表达和实践中变为个体和群体、群体和感性世界的关系。主体因信息的能动而在感性世界中活动，从而使自身拥有的信息和外部的物质世界、同类群体和其他群体发生动态的关系。

主体需要花费时间把握信息，信息因主体的把握过程而在整体中展开。字母只有放在单词中，单词只有处于句子中，句子只有处于语言里，语言只有放入情景中才能具有和呈现意义。信息之间的关系影响信息在什么样的体系、专业知识、语境、情景、社会环境等，以什么样的方式展开，也就是说影响具体信息属于什么样的整体。展开是主体创生信息使其从不稳定不清晰的状态走向稳定和清晰的内容、表达和行动的过程，也是信息由主体走向感性世界的过程。

31.4 在世界中，主体的主体性表现为通过信息建立关系。例如，主体对物的反映建立了认识关系。在可以交互的主体建立的传播关系中，关系是在参与方最起码的承认下建立起来的。个体孤立的信息世界由此联通。

物质世界表面来看更为天然。

信息世界是由历史积累起来的活跃信息和与这些信息结合的主体支持起来的，需要维系和呵护。为了维持主体的生存，信息世界必然走向物质世界，必须有一部分信息为物质实践服务。实在和潜在的信息成为物质世界的活力。

32. 什么样的信息可以存在？我要转入生存论。

32.1 主体拥有自身信息层面的构成，这一构成是历史性的。

主体能够拥有信息是因为已经占有了信息、准信息，如果一直追溯，就要指向世代传承，指向已知生命信息活动“从零到一”的宇宙大爆炸。我们并不知道任何包含一切信息的集合，只知道地球上已有生命总进程的信息活动。信息的总量在已知地球信息历程中增加，其间因灾变等常有折损，幸而不绝如缕。

32.2 信息活动可以用已有获得未有，从已知中寻找未知，但是已有的信息可能被遗忘、删除、销毁，存在重复的轮回。创生性使信息不是天然而有，可删除毁灭的特点使信息不是万世长存而是时时变更。

32.3 在生存意义上，最终幸存的主体往往能够应用信息能力去行动，获得外部的物质和能量的补偿，或者依靠自己的信息能力换取这些补偿。存在的信息是幸存的主体占有的信息。

32.4 信息在运动和分化，却能够以“家族相似”的方式在主体内和主体间实现着潜在实在的变换与个体间的传播复制。地球上的信息因而有总的持续运动。

32.5 在我们已知的现实生活里，个体生活在感性世界，面对物质和信息，也面对同类的群体和不同类的群体。主体的生存要从世界中获得物质和能量，也要和不同的群体一同面对感性世界的有限资源。

这就带来积极和消极的两种结果，既有依靠本身主动作为获得资源的一面，也有在环境和群体变化中留存的一面——在狩猎中追上猎物，或者在被狩猎时逃跑、隐藏得更好。

信息因此具备指导实践的功能，这种功能却不一定是积极主动和真实可靠的信息带来的。从历史经验看，积极主动和真实可靠的信息具备更高的胜率。

32.6 能动性是主体在物质世界维持计算和在生存竞赛实现生存的条件。没有信息对物质的调动，主体及其信息就无法通过实践从物质世界获得生存所必需的物质和能量的补偿，连其自身的存在都成为问题。

32.7 信息的创生在生存论中有了另一重意义：第一，如果信息指导下的主体不能获得足够的物质和能量补偿，就会走向衰落乃至死亡，无法支持信息活动做功的能量。第二，如果产生的信息能力不能用于指导实践，主体的物质层面就陷入依靠存量维持或者外来物单向输入维持的状态。第三，信息会因为其他信息的竞争、主体和自身反映对象的变化而损失实践中的价值。虽然表面上信息量没有变，但它突然失灵了。这就带来信息的折旧和更新替代。

33. 主体在世界中，同时在信息世界和物质世界中。以上讨论基于信息存在和主体存在展开，如何把信息活动和非信息活动、主体和非主体区分就成为一个现实的新问题。

33.1 一方面，我们将信息作为和主体结合的运动的过程性事物看待，拒绝了信息无处不在的泛信息主义倾向，拒绝了信息可以独立稳定存在，拒绝了信息是物质的基本组成的思想。我们不认为存在于完全脱离主体的不变信息。另一方面，在物质世界运动的万物运动变化，我们如何断言某一事物是主体而另一事物不是，断言某一活动处于信息影响下而另一活动不是呢?

33.2 在前文关于石头是否具有信息的演绎中，我们承认了无知。事实上，如果我们不做合适的测量，不了解主体内部因为信息活动而带来的物质变化，不了解主体内部可能和信息活动的相关器官，就无法确认一个事物内部是只有纯物质规律上的运动，还是具备超越一般物质的信息的活动。如果我们不做合适的观测，不了解物质运动的规律，就无法把握事物的运动是在单纯按照力学、热力学等方面的物质运动规律进行，还是因为信息的参与正在实现能动的自由。如果我们不去合理地接收信息，就不能确定是否有主体的表达，只会把那些物质运动归为噪声。

33.3 这些我们不做或者没有能力去做的事，限制了我们作为主体拥有的信息量，也限制了我们划定主体范围的能力，同时也决定了信息世界之间的联通情况。

33.4 在已经进行的讨论中，我们可以归纳出主体的几个特点：

第一，主体能够和信息结合。信息在主体中实现量的增减。

第二，主体具有信息层面的构成和物质层面的构成。

第三，在主体中，信息和物质不但缺一不可，而且必须结合运动。

这些特点并没有要求主体必须是个体。

33.5 从信息的角度看，个体中可以蕴含不同主体。例如，遗传信息系统从一定程度上就和人的意识系统具备不同的主体性，很难归为完全一致的主体。同一台超级计算机可以运行多个系统，执行不同的任务。

表面单一的个体中可能存在不同的主体，又在物质边界中合一，成为共同接受世界影响的个体。

在感觉、计算和表达等动作的接续中，不同信息进程可以互相干涉，彼此渗透，也可以综合、分化，变化的范围甚至超出个体的身体和信息存在的限制，达到云计算的效果，使群体成为一个主体。

33.6 信息活动和主体生成构成鸡与蛋的关系。

对个体来说，所属族类的历史遗传信息在身体组织过程中居于重要地位，对群体中的个体来说，无论是人类所处的高级文明还是细菌所处的群体都是个体重要的信息来源。

这些总的类的或者群体的信息又是个体奠基了的传承和活动。

除了信息世界的宇宙大爆炸，主体难免被设定出现，也成为信息长河的一滴水。

33.7 主体不是必然有意识和自我，但是必须真正占有信息。

能够进行信息活动并且按照信息开展活动使生命具备能动性，区别于不能和信息结合的事物成为主体。在新世界的萌发中，非生命的信息活动在信息机器的不断发展中初露端倪，呈现出非生命主体的潜力，也进一步扩大信息的存在方式和增加了信息的存量。

在极端的情况下，能够开展信息活动的信息机器及其调动的各类机械可以自行维持，脱离群体的未来独立人可以依靠机器中的信息量维持高水平的实践活动，而在进一步的推演中，新兴的信息机器作为主体未必不能脱离人而存在。当以互联网为代表的一系列信息技术来到时，新世界终于起航，但新世界并不必然只围绕人类转动。

正是基于这种考虑，我们人类在信息时代可能知道得更少，因为大部分信息活动将在信息机器内开展。对于人类社会来说，这导致的是信息爆炸还是越俎代庖，是一个方向问题，也是当今人类面临的重大未来问题。

…………

以上新的框架结构都基于对信息现象的研究和对旧的信息观的批判。限于篇幅和精力，本次研究难以在根本原则的框架上着力更多，也无法逐一充实。我希望能在后继研究中同读者再续此缘。

“人的思维是否具有客观的真理性，这不是一个理论的问题，而是一个实践的问题。”① 我的新框架也是为两类实践提供的理论工具，故请各位读者继续随我参与这段信息之旅。

第二节　切割信息

新框架只是骨架，我暂时没有时间把它充分释放出来。但是在本章剩余部分，我需要做几个提示，针对框架中的概要说得更多一些。

首先要做的就是切割信息。

我提出了表达的载体和信息本身的区分，不这样把信息切割开来，就无法认识真正的信息是怎么产生的。

当代人习惯于将电脑手机等终端屏幕上显示的事物称作信息，实际上这些设备上展现的是载体，是声音、彩色的光线组成的物质。

一些人将镜中人、水中月作为信息，忽视这是物质运动改变了空气和光的运动。自然界事物被主体的感官所反映，产生色彩、声音、味道等印象，必须通过接触光子、空气、化学物质等中介。即使如触觉，也是以点的神经接触物质的表面。人在认识过程中感官接触到的中介物质不是认识对象或信息本身。

主体间信息传播也要依靠载体，才能被感官所反映。绘画的画作和光线作用，说话者的声带振动空气传递话语，遗传物质中的脱氧核糖核酸在繁衍中传递信息，磁盘中的存储磁柱需要被磁头读取，这些特殊结构的物质本质是主体创造的信息表达。它们只有和主体的观察、思维、计算、细胞复制分化、系统读取等具体的活动不断结合，才能向信息前行。从信息的视角看，当它们脱离主体、脱离计算运动时，与其他物质并没有本质差别。载体传播效率可以通过拥有同系统的主体借助传播载体的信道可控表达来提高。主体可以依据传播的需要选择合适的载体、信道和传播工具，但这不影响载体的本质。

---

① 马克思：《关于费尔巴哈的提纲》，载《马克思恩格斯文集》第 1 卷，人民出版社 2009 年版，第 500 页。

主体和物质接触，而不是和信息直接接触。信息离不开作为源头和终点的主体，也离不开主体的理解和使用。一部分计算终端不具备行动和主动表达的能力，只是信息活动中的一环，是表达的生产机。

物质的形式和信息内容传播没有必然联系。一个写在书上的数字 1 和电子显示器上的数字 1 都可以被经过教育的人同等理解。

事物现象的变化和表达的变化并不必然导致主体产生变化的信息。人们阅读汉语时可以发现，一些带有错误的文字，竟然可以被正常理解。正所谓“汉字的序顺并不定一能影阅响读”。

这些分离正是重塑信息认识的着力点。

表达是各类主体为了使信息相对静止和物质化，并奉献给他者或异时空的自我所做的劳动，做出表达是传播的一个环节。载体是这些行动导致的特殊结构的物质产物。拥有足够信息和算力的主体能够反映载体并计算形成信息。

主体不论面对普通物质、中介还是载体，都要进行反映和计算获得信息。载体是物质的载体，现象是物质的现象，主体获得外部信息离不开物质，信息也离不开主体。

以“万物源于比特”① 为代表的哲学思想认为，一系列科学发现说明，信息规律可以描述很多物理规律，信息是世界的本源之一。而在有的混沌科学家看来，一切看似混沌，却能从混沌中诞生有序的物质运动，这是物质隐含信息的表现。这些看法将物质自身的运动规律和信息的规律的一致当成物质和信息本身一致的证据。在这种观点下，信息可以脱离感性世界中已知的有限的主体，自身也就没有理解的信和用，沦为物质的属性之一，自然界近乎无限的物质运动带来的“信息”只能托付给上帝了。

随着虚拟现实技术的迅速发展，计算机模拟的声光表达越来越接近外部世界，人在虚拟现实中沉浸得越来越深，虚拟场景以假乱真。在脑科学的发展浪潮中，脑电波的研究日益深入，人类的幻听、幻视已经被证明是可以诱发的，直接越过感官向人脑输入各类图像、声音、知识乃至观点的技术尝试热火朝天地进行。这些技术

① 这是 20 世纪美国物理学家惠勒提出的一种思想，所有物理的东西在起源上离不开信息。信息在自然界是一种普遍的基本存在。

的发展也成为一些人支持信息独立存在，或者信息仅仅为物质的一种的证据。一旦把虚拟现实的显示图像还原为声光，我们就能发现它们仍旧是外在的，需要被感官反映表达。直接进入脑海的可能事物需要被体内计算器官如大脑、内分泌系统等识别后，被主体自身的计算活动把握，才能真正被占有。它可能更接近信息的形态，但是只有加入主体的计算才能成为真正的信息。

由此，物理信息、量子信息等理论认为自然界物质存在泛信息的判断在目前已知的范围内难以成立，或者需要被悬置，将自然界和社会存在的大量人造和非人造的载体直接作为信息的判断也不成立。信息和载体、中介必须切割。

在完成这种切割以后，我们看到，信息处于运动和行动中，它属于主体，必须来到主体才能存在。

我们再次倒转自己的视角，就能明确人类社会的通信传播并不是把信息从一个地方传到另一个地方，而是传送物质，呈现表达，使主体生成自己的信息。信息属于主体，而不是天然存在，客体的信息客观存在于其他主体中，它的传播和转移是作为主体的受众再生成了信息。与此同时，我们不能受限于新的盲区，必须承认信息在可计算主体间广泛存在。

由此我们明白，信息的主要来源就是拥有信息能力的主体自身。

大部分对信息认识的迷惑都源于对表达和信息本身的混同。真正区分表达和信息本身，我就能简述信息本身的存在和生成的状态——计算。

第三节　主体与计算

将信息进行了切割，我又要将它同主体与计算结合。主体是信息的最终居所，计算是信息存在的形式。没有主体，信息不能从物质中脱颖而出；没有计算，信息和表达混同于物质。

计算是主体的信息活动，可以是逻辑推演，可以是数学应用，可以是形成要说的话，可以是膝跳反应的神经信号生成，也可以是遗传物质转录等记录行为。计算未必是数学的，但一定是信息的。人的精神活动、理解过程都是信息的运动。信息必然以运动的方式而有存在的量，哪怕仅仅是确认。即使是最简单的“A=A”的信息确认，也一样是计算，会导致信息的量的变化。一些人从通信、交流的角度定义和研究信息，这将计算看得太狭隘了。

20 世纪的一些哲学家尝试排除主体。一些偏向传统的哲学家认为只有人类才是主体。然而并不是只有人类才有信息行为，也不是世间的所有事物都具有信息行为。具备信息能力的事物因此和其他事物区分开来。能够按照信息计算与行动，这种能动性的事物即为主体。信息因和主体结合而拥有了最初的居所。

主体兼具物质的肉体与信息系统，并按照信息展开计算与行动。仅仅把人类看作主体是旧时代的乐观幻象之一。我们见到的所有生命都是主体。由于人工智能的不断发展，计算机等新主体正在日益成形。因为计算，主体所以存在，信息所以存在。也因为这种信息运动的广泛存在，主体可以非人，甚至不是传统意义上的生命。

对于主体来说，信息不是一种选择或虚幻，而是现实的必然。主体通过计算生成信息是其存在的基础方式之一，这种能力是群体的历史进化和个体的历史活动共同形成的。主体应用这一能力把握自己，理解信息世界、物质世界与其他主体。主体本身的信息层面由计算中的信息和潜在信息构成，通过计算存在于信息世界，如果不能维持一定的计算，主体就失去自身的信息存在。只要主体的感官正常工作，就不能拒绝反映的计算，闭上眼睛就天黑，依旧体现了眼睛的感光情况。反映等计算都基于主体自身存在方式提供的现实能力和所处的当下，可触及的反映对象也只在主体的能力和环境限制中呈现。主体的信息生产处于主体在历史被赋予和获得的物质与信息能力限制下，在一定的内外部的物质与信息环境中发生，基于自身已有的信息和物质展开。

个体内部可以存在不止一种计算方法、不止一个计算过程、不止一个计算系统。人作为信息能力较强的主体拥有自我意识，但是自我意识不能完全代表同时存在的心跳、内分泌等生理信息的活动，也不能完全代表自身遗传系统中遗传信息的活动。“我”是主体，“我”可能不是整个主体，主体是“我”，主体由此不仅仅是“我”。个体可能是多个主体合作的存在，群体又可以组成一个主体。

一个群体可能集合成单一的主体。以云计算的观点看，人类形成的社会就是一个统一互联的信息生产主体。一个成年人自身是 60 万亿个细胞结合的结果。即使是人体细胞内部，也有线粒体这种可能由远古寄生细菌进化出来的活跃因素。

主体可以依靠工具或他者计算。但是这些计算活动要加入主体的总计算才能有结果。

计算机无疑有计算的活动和物质身体。它的计算活动受控于人类，自身身体也为计算和存储服务。计算机展现了能复活的计算：对于生命主体来说，彻底失去能量或者中止计算就意味着死亡；对于计算机来说，即使长久失去能源，只要恢复其供给，就可以像断电之前一样层层叠进提高计算的复杂度，还原到之前的计算中。

计算或者说信息运动是信息本身存在的必要条件。只有被提取进入计算的信息存在才是完全意义上的信息。那些没有被使用和感知的表达处于储存状态，没有同主体和主体算法结合成为真信息，和主体之外的载体没有本质区别，甚至同其他的物质也没有根本区别。将存储的载体读取为信息或者转化为行动的过程也是一种计算，哪怕这个过程较为精确。

早在 17 世纪，英国哲学家霍布斯就把人的思想和计算联系在一起。尽管有不同理解，当代的心灵哲学、语言哲学、心理学、计算机科学的部分学者逐渐达成共识——计算普遍存在。自然界的生命、人造的计算机都可以计算。

在未完成对信息和表达切割的观点中，物理信息的部分解释者相信各种物质都可以甚至正在进行计算。宇宙被解释为一台巨大的计算机或者一个巨型生命，大到黑洞，小到电子都在参与它的宏观计算。即使这种观点成立，这种计算的总生成信息也要和“宇宙”或者“上帝”这样相应的主体结合。如若不然，没有主体涉及的宇宙中的“计算”的结果是没有内容的，这样的“计算”就又是单纯的物质运动和其他非计算的物质不能区分了。

计算不仅仅需要计算方法和计算中的各个因素，还需要计算过程。如果从本源看，计算的开始是物质运动的结果，生命、计算机都是以物质的运动带动计算的运动。但计算的开始也必须以主体自身信息系统的工作为条件，否则就连基本的相等判断都无法展开，即使是混沌的计算、随机性计算也是如此。计算是信息和物质共同的运动，信息在这一过程中调动计算器官、记忆器官、工具等。

主体的计算不是无本之木。计算必须调动相关的器官或工具，必须有物质的运动。

计算本身耗费时间，又因此可以以自身的方式度量时间，带有主体的时间把握。计算主体身处具体时空，就不得不以具体的时空把握时间乃至计算的过程。多种计算汇成某个范围内总的计算过程，就诞生了多种计算总体把握时间的可能。但是信息可以整理、删除、编辑，也就存在打破这种度量的方法。

一部分计算由感觉勾连，针对一定的对象开展。

计算的目的常常由其把握的对象引导，可能是主体面对物质、信息的实践，也可能是应对其他主体的表达与动作，亦或安排未来的计划；计算也可以针对自身展开，可以面向已有基础信息和算法进行修正、创新。还有些计算是非对象的，甚至毫无目的，以混沌、随机、错误、干扰等方式达成，它们在另一些方面可能起到重要作用。

计算可能很直接，也可能很复杂。简单的计算如膝跳反应，复杂的计算可以证明费马大定理。计算无处不在，从直接遗传物质的转录到芯片中的电子运动，从笔头验算到豹子制定捕猎计划。计算未必和主体本身一体，人类利用计算机节省了大量脑力计算，猴群依靠哨兵确定有无猛兽等风险，工具和其他个体都可以形成计算的一部分。对于群体来说，只要它们中的个体能够表达和互相理解，就可以成为云计算的参与者，不需要等 21 世纪就践行了这个模式——人类社会正是依靠群体的接续的计算构筑出当代信息文明。

第四节　算法

信息的运动方式决定了其自身的存在、产物和前途。我已经扩展了计算的含义，现在我要扩展算法的含义。算法是信息运动方式中的方向性部分。计算的成败由算法、算力和现实需要决定。

算法就是计算的方法，是信息按照什么样的方式被理解、被改变、被转化的道路，算法本身也是一种信息。主体自身的算法既有写入遗传本能、器官记忆的“硬算法”，也有经过条件反射训练、学习和教育、实践总结得到的“软算法”。算法是极为多样的存在，每一种主体都有自己一种或多种独到的算法作为生存的本钱。由于信息和信息世界的一些特点，很多算法有共通之处，虽然不是像柏拉图追寻的

"种"[①]那么绝对，但是有一定的规律和稳定性。

算法有繁有简，从狗看见食物分泌唾液的条件反射到精心设计的社会制度，都是主体按照一定程序处理信息和采取行动的算法。它是信息的精华，也是意识的源泉、思维的范式。算法被冠以基因、理性、本能、条件反射、数学、公式、编码、制度、法律、概念、主义等名称，本质都是按照一定规律和设计处理信息的原则。前文提到的范畴化就是基本的算法在起作用。在当代，最具影响力的算法之一是按照资本要求所做的财务报表，它在试图衡量和驾驭一切。

算法和主体结合的形式"有软有硬"，有的算法被铭刻在主体的身体结构中，有的算法则在记忆、教育和思辨中形成。算法具有导向性，也可以按照康德描述理性时所说的具有"自然倾向"。主体按照一定算法去计算会得到相对一致的结果。

算法和其他信息一样，可以积累、改进、创新，可以是思维和行动锤炼的结果，也可能是突变的产物。主体只有依靠算法，才能相对稳定地生产信息，而不是在混乱中偶然所得的沙里寻金；只有依靠算法的改良创新，才能创造更复杂的信息，而不陷入僵化。并不存在永远适用的计算捷径，主体只有通过辩证和自由地计算才能达成计算的目的，而不是被算法本身限制，或者遭遇失败。

几乎没有只拥有一种算法的自然主体。大部分计算也不会单独以某一种算法进行，而是多种协作的、混沌的，乃至冲突的算法共同作用。一个自诩理性的学子，可能想的 A，说出的 B，写出的论文却是 C。多样的算法使主体能够应对广大的物质世界和信息世界，采取不同的算法处理各方面的信息。算法也可以在物理事件达到阈值后涌现发挥作用，并改变主体此前的计算和行动。

有时候，采取不同的算法可能得到相同的计算结果。有时候，主体即使同其他主体得到不同的计算结果，却又在由计算结果到输出为表达或行动的最后计算中选择消除这种差异。有时候，具有微妙差异的表达被大略视作某一类信息的表达而忽略了其中的差异。这些都不意味着算法一致，但是其中的不一致不易把握，或者实现了殊途同归。

在计算中，主体可以使用相同或不同的算法进行叠加、衔接、反驳、验证、重

---

① 古希腊哲学家柏拉图在其著作《智者篇》中提出了三对"最普遍的种"，认为这些是绝对存在的理念。

复等计算，以求得更符合需要的计算结果。各种算法发挥作用是一个动态过程，在信息能力越强、计算过程越长越复杂的主体活动中越明显。

算法作为一种信息具有共通性，具备传播、复制、学习、改进的可能，其自身也是被计算的对象。单个主体的计算能力要受本身计算器官的工作机制、先天构造和开发水平限制，计算的总时间要受主体寿命限制。算法的共通性使信息可以传承，从而造就具备近似算法的下一辈传承者，也使信息成果免于失传，总计算免于中断。

主体的算法是丰富多样的，能够联想和创新，有时碰上混沌的运气都能有所收获。对某方面信息能力较强的主体来说，算法是可以主动发展出来的。

在日常知识的构筑中，人们往往先用学科、对象、功能等方式圈定要认识的事物本身及事物所处的物质与信息范围，来减少自己的计算量，导向更深入的认识。这种人为划定的认识方法本身就是一种算法，有利于稳定地产出针对性的信息。

在进化活动中，远古生物先拥有了算法，然后在不停地试错中毁灭或留存。我从中看到另一条算法生成的路线：主体在计算中突破原有算法，推动新算法形成；物质在计算中的意外、错误等构筑了新的“硬算法”。算法可以由非目的性诞生，这甚至是创新的重要源泉。

信息的不断扩展终究会突破已有的划定，带来整体革命。这种范式在整个信息生产领域都有一定代表性。

不论多么强大的计算能力、多么复杂的算法，都要将其计算结果摆在更为复杂的现实前，放到实践中去做最终的检验。在现实的生存竞赛中，不管多么精妙的算法、合理的逻辑、优秀的基因，都要在群体和个体的生存洪流中接受来自现实的挑战，获得生存必需的能量，占有生存需要的信息，与其他主体通过暴力、劳动、交流等方式竞争与合作。信息的历史积累既要靠正确，也要靠幸存，最终以存在作为现实合理的体现。

算法的选择与效果存在随机性和概率性。这种不确定的随机和概率可以控制在一定范围，但作为计算结果的信息不是那么百分百准确。只要是主体，就有可能出现信息不足、算法错误或计算失误。但是“出错”和计算本身又赋予了主体创新创造的可能。在算法的指导下，主体能够借鉴历史成果节省计算时间，实现演化和迭代。因算法的共通性，主体之间实现了交流和繁衍。在算法选用、模糊、概率和错误等形成的复杂局面中，主体扩大了在信息世界的自由，能够出新出彩，而不是像物质世界那样了无生气。

第五节　干扰与噪声

在通信领域中，信号是表示载体的物理量，如电信号可以通过幅度、频率、相位的变化来表示载体的状态。干扰是指对有用信号的接收造成损伤。

在广义的信息研究中，自然界中各种物理事件对计算随附的物理事件造成的波动、间隔、混沌等，如果可能影响计算的实现，那么就形成干扰的可能；如果实际影响计算的实现，那么就造成了干扰。

干扰可以通过承认、纠错、改写、转换等算法被部分排除，而没有被排除的成为加入计算中的噪声。相比于成功计算获得的假象、幻象，噪声是干扰导致的，含有更多不同于算法和目的性的成分。

如何减少干扰成为主体信息活动的重要内容，而干扰其他主体成为一种特殊的信息实践。

不能排除的噪声常常影响主体的计算，影响计算目的实现。

噪声使人信以为真，可能导致实践的失败，但也可能对实践没有影响甚至成为成功因素。

作为人类，我们积累经验和知识排除了大量假象、幻象和噪声，却因为所知更多、工具更多获得了接触更多假象、幻象和噪声的机会。运用噪声积极制造对自己有利的信息环境，在军事、政治、经济等方面非常常见。有的干扰是我们不能排除的，并导致我们一直受某些噪声的误导，这可能是“现实之壁”。一些噪声更是被我们接受成为普通现象，已经不再作为噪声产生的假象或错误。噪声、幻觉、假象、错觉同人类社会纠缠。

我们存在通过其他算法和实践弥补的可能，或者在生存中接受和习惯某些噪声的误导并形成这种另类贯通带来的生存方式。

而当我们通过认知破除了虚妄，并由此引向现象经验和流俗算法中不可能的一面，就实现了祛魅。个体的祛魅与魅惑并不一定能迅速传播到群体，很多假象、幻象和噪声仍旧作为流俗的经验存在于人世间，求真务实的追求也灯火长存。

在计算、算法、干扰与噪声等之中，我们可以看到信息活动的总目的并不一定是追求正确。信息的影响要放到两类实践中，体现为主体的生存活动和对信息的信用，写在信息和主体的命运中。

第六节　关于框架和框架之外

关于框架的几点提示也将暂停于此，我还有几点需要在此说明。

对遗传信息的发现和遗传活动的认识使人们面临历史课题——是否承认无意识的信息活动的存在，而到了计算机发明发展的时代，信息超越精神、意识、心灵的局限，研究更广阔的社会、文明中的信息现象存在成为一种必然趋势。然而这个历史课题在当代大部分哲学中没有得到很好的思考，甚至没有进展。我研究的部分目的就是打破这种局面。

要研究信息，首先要直接地讨论信息。仅仅把信息作为意识使用的一种资源，是无法解现实之渴的。当代最大的现实之一是信息以运动中的形象呈现，并且把之前貌似静止的信息都带入实践洪流。停留在意识或者感性的自明性里，或许能够成为某些哲学教授圈地的借口，却不能带来真的理论创新，也不能为寻路贡献任何价值。

在生存实践中，物质、信息、主体和自我等对人有不同的意义，可以在信息层面被反映、思考、记忆，针对这些事物的信息和物质实践能够带来不同的后果。

存在的意义被一些现象学家拿出来作为特定的事物专题研究。然而意义等心灵现象终究不过是一种信息，并且只是信息中的一部分。意义是人在复杂的感性世界活动并且不断在物质与信息两个维度穿越或者合一而行的获得物，意义的多变也不过是信息放入信息环境和身体处于物质环境而有的正常情况。在人类之外的主体中，我们看到了很多不需要设定意义作为中介的由信息到物质的行动，反之亦然。从计算机到生物的条件反射，直接的信息比仰赖意识感悟的信息要直接得多、普遍得多。

信息和主体实现存在，不能脱离物质世界的能量和元素支持。主体在信息层面趋利避害追求好生活，也不得不投入各种行动。在信息世界中，主体追求较少痛苦和较多满足；在物质世界中，主体追求以最有效劳动获得最佳收入。两个世界的差异使非理性、非意识、非意义的行为广泛存在。仅仅探寻意义无法完成进一步的研究任务。

信息的相对普遍性，使我改造了“承认”这一概念，通过物质的承认和硬算法突破了主观意识和意义两个方面的限制，不如此，就没有办法完成脱离意识和留在主体的双重要求，更没有办法把握信息的存在条件。

其次，研究信息还是要回到辩证法和实践中，并且必须以信息的考量补充辩证法的内涵。

一旦承认信息同物理事件的随附性，二者的关系就必然是有限范围内差异的同一。除了辩证法，没有任何哲学工具能够应对这种挑战。

黑格尔设想了绝对精神，这招致很多批判。

罗素认为：“黑格尔及其门徒以一种完全不同的方式扩大了逻辑的范围，我认为这种方式是错误的，但是只要想指出他们的逻辑观同我所欲提倡的逻辑观如何不同，我们就必须讨论它。在他们的著作中，逻辑实际上等于形而上学。大致说来，这种等同是以如下的方式发生的。黑格尔认为，用先验的推理可以指出，世界必有各种不同的重要的有趣的特性，因为没有这些特定的世界是不可能的和自相矛盾的。因此他所谓‘逻辑’乃是对宇宙本性的研究，这是就宇宙本性只能从宇宙必然逻辑地自相一致这个原则推出而言的。我本人不相信，仅仅从这个原则能够对现存的宇宙推出任何重要的东西来。……他批判了传统逻辑，并且宣称用他自己的一种改善的逻辑代替了传统逻辑，但是就某种意义而言，他的推理贯彻始终都无批判地不自觉地承受了传统逻辑学及其全部缺陷。”① 马克思认为黑格尔的绝对精神是一个“非存在”，只是“假象”“伪造的烟幕”。②

黑格尔绝对精神的方案既不足以覆盖信息，也不能够走向感性世界，辩证法不

---

① ［英］罗伯特·罗素：《我们关于外间世界的知识》，陈启伟译，上海译文出版社 1990 年版，第 28—29 页。

② 马克思：《黑格尔辩证法和哲学一般的批判》，贺麟译，人民出版社 1955 年版，第 22 页。

应该被作为信息生灭的万用公式。海德格尔认为："源始的真实的真相乃在纯直观中。这一论题香火流传，始终是西方哲学的基础。黑格尔辩证法的主题就在这一论题之中；这种辩证法唯基于这一论题才是可能的。"[①] 马克思的颠倒才真正让辩证法活了起来，从而超越了之前论题的限制。

信息的确和辩证法息息相关，却不完全如黑格尔的理解。我在上文已经从有限性出发论证了信息自身特点同辩证法的相同之处。对于人类来说，我们只能以信息为中介面对世界，但信息不是全部主观的，而是相当程度上的特定预先给予的。信息的产生既有必然性的，也有偶然性的；既有主动生产的，也有被动生产的；既有理性中辩证形成的，也有混沌、跳跃、随机产生的；既有统一体系的，也能产生平行体系的；既有目的性的，也有意外性的。辩证可以是人对信息的善用之道，也可以是信息的变化之道。

信息的辩证法还必须超越信息本身，将信息理解为在世界中的信息，探讨信息同物质、主体同世界的关系。在实践中，信息（包括作为理论的信息）也是实践对象。人类实践的面貌在信息的角度中变得更为复杂。以改变物质为目标的物质实践和以改变信息为目标的信息实践本身可分，但是在两种实践中一种又经常对另一种做出了改变。信息、物质和主体本身可以形成螺旋演化的循环，这种循环造成三方面的改变，又将主体分为信、物两个层面。

人类设计的计算机也是这种循环的体现之一。人类是计算机信息活动的总原因，当代计算机承接机械计算的研究历史，由图灵（Alan Mathison Turing，1912—1954，英国数学家、逻辑学家）、冯·诺依曼（John von Neumann，1903—1957，美籍匈牙利数学家、计算机科学家、物理学家）等人的构想而发展。机器的物质结构按照信息生产的需求预设和制造，以精确地履行图灵设想的二进制为基础。信息的格式是 0 和 1，一切信息都要经过这个转换才能得到计算机的承认。人们启动计算机，计算机获得能量并按照键盘等感官的输入和内部预设信息工作。即使不考虑表面上不在系统中的操作者，单一程序也不是计算机工作的全部。机器内硬件预设的信息或者预装的软件都要参与信息活动中。

---

① ［德］马丁·海德格尔：《存在与时间》，陈嘉映、王知节合译，熊伟校，陈嘉映修订，生活·读书·新知三联书店 2014 年版，第 198 页。

对于人类来说，计算机的信息生产是“人类—计算机—人类”的过程，信息生产的目的是增加人的信息能力，是一种信息实践。以计算机的视角看，则存在“计算机—人类—计算机”的过程，计算机通过完成人类的要求实现人类对计算机的改进，不断增加自身信息能力和把握的信息量，实现了硬件的发展。当以 AlphaGo 和 GPT 为代表的人工智能兴起后，世人已经明显感到，人类创造的计算机把握了人类自身不能完全理解的信息。计算机的信息量和人类可理解的信息量分叉了。能够自动启动、自我修复、自我改进计算的未来计算机将在社会信息生产中占据更重要的位置。

最后，与信息同行还必须持有谨慎的态度。关于信息的辩证法还是头脑中的辩证法，用辩证法不是为一切“寻找”合理性并安排进某些次序中，而是应该分析在事物运动和流变中什么是不变的、什么是要变的，只有破除黑格尔辩证法中本体论的幻象，才能把信息的辩证法和信物的辩证法改造为适应当代的工具。

信息之有和信息同主体的结合，不意味着信息已经包含了一切。在我们的已知世界中尚有不依赖主体而存在物质，即使“缸中之脑”的设想也只能扩展而不是否定这个条件。

我们不能因为信息的存在和它对我们的重要性而断言它是一切，也不能因为我们必须通过信息认识世界而将其作为纯粹直接的开端。我们承认信息的有，要以承认物质的有为前提。如果说我们以自身信息活动凝结的意志作为成为人的起点，那么不依赖于信息活动而已经具有肉体和构成物体的诸多物质则更在此起点之前。我们只见过有物质无信息的事物，却没见过有信息无物质的事物。即使如“缸中之脑”的设想，也要在“物质—信息”的循环中寻找破除幻象的契机。

信息离不开物质，其变化都要伴随物质的变化，并且受物质变化的影响，呈现出一定的随附性。基于这点，有人认为信息是物质的特殊现象，甚至试图把二者归为一类。信息依赖物质的随附性并不意味着它本身是物质，它的存在方式、运动方式都与物质不同，与其依赖的物质不是同一事物。信息具备传播、复制、压缩、转移、修改、创生、删除等不同于物质的机械、物理、化学、生物等运动的方式。物质变化同信息变化也不是机械的必然关系。

物质可以是纯客观的存在者，而信息不是。20 世纪上半叶，曾经在英美喧嚣一时的新实在论和批判实在论就不能认清这个关键。

在物理学哲学化的倾向中，计算主义、数码主义或者说泛信息主义者认为信息是世界的本源之一。万物携带信息的想法是有趣的，但是又把信息规定为物质的本有属性，把它从主体的生产中剥离了。这种信息观也犯了脉冲星故事的错误，在绝对的信息主义下，信息变成了物的辐射、声、光等，变成了与事物在物理世界的运动方式完全一样的东西，反而令人困惑。

在将知识、数据、语言分类的过程中，有人基于效用的考虑，认为知识比信息更重要，所以不能“作为信息”；还有的人认为假信息不是信息。这都是令人不解的。知识不是永恒的事物，也有自身的改变模式，而遗传信息的研究已经证明，即使不作为知识，信息也可以有长久的价值和丰富的体系。很多信息可能误导了主体的行动，这种结论是从信息对主体的效用评估得出的。但当人们不能将错误信息、假信息、噪声等过滤掉时，这些信息本身也被主体用于实践和计算了，它们无疑还是信息。

西方社会至今不能理解中国取得如此巨大进步的原因。从某种意义上说，西方社会是非常相信信息的，已经建成了一个靠数据说话的社会。但问题在于，他们只相信某些信息。作为高度发达的资本主义社会，他们的数据根本离不开会计制度。这种会计制度社会的思想难以理解一些现实却不能准确计价计量的现象。为什么中国大陆的人力成本比印度高，但是在印度建立企业后业绩不如中国大陆？在数据上，中国员工和印度员工的身高、体重、工资、教育背景都可以比较，但这种比较忽视了实践差距。理解这种“淮南为橘，淮北为枳”的现象必须脱离局域比较，用整体论理解信息。没有认识到中印制度和社会文化的巨大差别，没有看到实际发生着什么，脱离感性世界的信息是空洞的。[①]

于是“合理”的就在中国人看来变为怪诞的了。

这些令人困惑的现象和不能满意的观点，往往出自对信息的认识尚达不到抽象的层次。对信息的信任变为了新的造神运动，不但没有祛魅，还为现实蒙上了厚厚的面纱。

---

① 感谢肖俊峰，本段观点来源于肖俊峰的微博“神嘛事儿”。

让我们回到19世纪那场伟大的思想变革中去吧。在《〈政治经济学批判〉序言》中，马克思认为，不是人们的意识决定人们的存在，相反，是人们的社会存在决定人们的意识。[①]

让我补充一下这个伟大的论断——不是人们的意识决定人们的存在，相反，是人类自身和其他生物的遗传信息、人类和自然界正在进行的信息生产、人类自古以来积聚的历史和现实的社会信息成果一起塑造了人们的意识。其中最具决定性的是社会信息基础，它是人类作为群体在历史和现实中的信息生产成果，包括社会关系、科学知识、文化艺术、社会制度、信息商品等，是维系社会存在、打造人类个体的伟大源泉。在阶级社会，社会信息基础深深地刻上了所有制的烙印，以至于有时会被扭曲。这种扭曲只是人类发展尚不充分的体现。人类自己的存在、社会信息基础的产生，毫无疑问地成为信息实在性的伟大证明。

我们可能是"高级动物"，我们可能不过是裸猿。我们不断生产信息，并且在当代面对越来越多的信息，感觉信息的实在。我们是人类，一种信息生产者，也被信息造就。

---

① 参见《马克思恩格斯选集》第2卷，人民出版社1995年版，第32页。

第四章

信息之源

在完成关于信息的新框架的初步讨论之后，我将针对几个重点内容进行填充，首先我将面对信息之源。有了信息源头的概貌，有了来源的方式，有了源初的动力，信息世界才能被建起来，信息才与其他事物区别开来。

第一节　信息来源

庞大的信息世界不能仅靠主体的计算无凭依地完成多样性的建设，不论是算法还是经验、理念、数据、表述、印象等信息，都不是凭空得来的，而是创生的。

主体要进行信息创生，离不开四个来源：一是反映物质世界，二是反映信息，三是进行创新和创造，四是由物质生成信息。这些作为信息来源的活动需要计算参与，也给计算提供材料。

反映物质世界和反映信息是有明确对象和目的性的信息创生。在主体依靠对象获得信息时，不得不面对非我的客体。

主体依靠感觉器官反映物质世界是一个创造、计算的过程，而不是从外界直接摘到成熟的信息。眼睛将光反映为神经信号，耳朵将空气振动反映为神经信号，分泌系统把需求体现于激素分泌，感官不是简单的二传手而是创造者和计算者。一些较简单的生物本能地将外部事物的触碰响应为行动，这并不是外界直接存在信息的证明，只是主体身体较为简单、信息内容和其随附的物理事件接近同一的表现。通过对物质的反映，主体获得了自己的感觉直观经验。

主体反映信息的过程要依靠载体完成，和直接反映物质世界有很大差异。一方面，部分主体能够通过分泌激素、鸣叫、说话、肢体动作、交配、书写、发射电信号等方式传播信息，这种传播需要主体器官分泌出激素、脱氧核糖核酸等物质，或依靠器官、工具等将物质变为手势、图画、书籍、声波、光电信号等特定形式的物质，这些经改造的物质构成了载体。另一方面，主体只有通过感官面对这些特殊的物质才能反映表达给计算器官，只有使用可以计算理解或响应的器官与自身的算法、基础信息结合才能从表达中获得信息。因此，不存在直接的信息到信息的过程，只有"信息—物质表达—信息"的运动存在。在反映过程中，有的主体依靠感觉能力、计算能力、信息基础和对方的精确表达获得了对方的原信息，甚至是完全地复制；有的主体却只能得到不准确甚至和传播者原意背道而驰的信息；但这些差别并不影响主体已经进行了相关的生产活动并产生了相关信息的事实。通过对他者表达的反映，主体获得来自他者的信息，并对其他主体的信息形成自己的理解。

具备感觉器官的主体能够通过第一种来源生产信息，具备理解能力的主体能够通过第二种来源获得信息。我把主体从这两种来源获得信息的过程都称为反映，一方面，它们都需要主体和其他事物相互发生作用，主体以此为源生成和这些事物的某些特点有关的信息；另一方面，两种反映都要接触相关的物质，不论是中介、一般的物质还是物质组成的载体。

除了"例行"反映事物的信息生产，还有两种并不依赖对象的信息来源。

创新创造是较为复杂的信息生产。一些主体能够主动或被动地进行创新和创造，近乎"无中生有"地生产新信息，甚至开创新算法、新的信息生产方向，反映事物的新方法、新工具、新理论等。

除了纯粹意义上的创新创造，信息在关联中超出自身独立的内容，也是一种创造。信息在关联中使自身和总的信息活动拥有更多的内容，并同其他信息建立关系。

逻辑、数学知识、概念、语言等信息可以被推导后形成新的信息。这一看似神奇的过程往往以已有的物质和信息作为基础，需要发达的思考计算器官，需要已有的算法、思考结果、符号等信息不断加入计算。主体在这一过程中表面上不接触新事物，而是调用储存的潜在信息，创生已有信息。除了主体自身的主动努力，存储的变化、行动的偶然创新、表达的变更、感知新的现象都可能激发主体的创造创新。创新创造的成功也会使物质出现新的形式，如存储的变化、表达的变更、新的行动、新的现象等。

信息的前三种来源都和主体的活动不可分割，这就很容易形成一种幻觉：主体主导性十足地操纵着信息、生灭着信息，信息依赖主体存在，是被动的对象。

这时就要回到信息同物理事件的随附关系来打破幻觉。

我们一直强调信息随附于物质，这里又将“物质生成信息”列为信息的来源，看似有些奇怪，但又恰恰是将主体性中的主动元素减到最低后就可以看到的图景。在没有主动创新、没有反映活动的主体中，信息依旧存在并且被创生。

基因复制过程的突变给主体带来新的遗传信息乃至器官，这既不是反映也不是主动创新的结果。一部彻底断电的手机，在补充能源后，按部就班地启动一个个程序进入工作状态。在这些情况中，本来没有的信息，甚至本来已经脱离主体性的物质，在物质活动中实现了信息产生，其本质是物质运动转化为信息运动。这种途径产生信息既可能是有意为之，也可能是偶然、“误解”等自然因素推动的。

在以已有的信息的新框架下看待“物质生成信息”时，这一令人熟视无睹的现象就具备了历史意义。

在远古时期，复杂有机分子运动产生原始生命和相应的信息活动，创造出能够进行信息活动的主体。我们已知信息世界的“宇宙大爆炸”由此展开，这是长时间物质运动酝酿出的伟大奇迹。这种原初的故事显示出不以信息生产为目的却带来信息的物质运动有多玄妙，这是我们当今一切的源头。

物质运动产生信息这一现象说明：一方面，信息同物理事件的随附关系，反过来变为物质运动形成计算；另一方面，它暗示着可以先有算法后有其他信息，可以先有先验的整体信息运动而后有接纳后来者的行动。关于这方面的哲学争执，可以换个角度看：这些先验的信息如何留存下来和经验信息的生产相衔接，可能是更真实的问题。

在物质活动创造信息的运动中，物质没有经过感官，而是被计算器官的感受功能承认后直接参与计算，甚至直接构建出计算的器官。这种方式产生的信息可能有用，也可能是无意义的噪声，需要经过主体参与的生存竞赛考验或者经过主体自身计算的辨认、验证。信息生产的过程就这样和生命历程结合。

自地球的生命诞生后，我们已知的主体信息活动就持续展开了。虽然没有人见过一个穷尽所有可能的独立存在，但是地球上的主体已经积累了一个活动的、由信息构成的巨大世界，它是主体共同参与运行的。信息通过不同的来源方式在主体中创生，又在主体及其创造载体的生存中留存。

第二节 主体信息的源动

主体开展信息活动必须有源动的前置条件，即让自己体内已有的信息运转起来处于计算的状态。开始计算是进行信息活动的第一步，是主体生存和生育的基本条件，不论是操心还是劳力，以此为始。

这一步自然而然，以至于在很多理论体系中被忽略了，却是信息活动不可缺少的一步。从这一方面来说，主张存在先天观念的哲学家是对的。主体只有当自身已有信息运转起来时，才能处理获得的信息，进行主体思考和行动。反之，如植物人那样主体的部分计算能力被损害，只有生理信息活动仍在运转，则难言人的主体性了。像计算机一样的主体需要人类打开电源启动，但其内部电源系统也是在信息控制下供电并成为整个计算机工作的开始，总的来说没有脱离这个前提。

于是我们可以怀疑哲学的第一个重要关系并不是思维与存在的关系，而是信息与物质的关系。

人能够拥有自我意识并且进行思维本身就是信息存在并活动的证明。即使把研究对象限制在人类作为自我的存在和意识时，信息与物质的关系仍旧是不可回避并且可以继续深挖的。观念源于事物，相对独立地作为信息存在，即使是实时变化的监测数据，也不能替代事物本身。

思维与存在的思辨是前信息时代思考者形成的一种抽象，对作为人类个体的“我”来说至关重要。人类的计算系统在感觉器官帮助下去猜度外部世界时，会动用先天和后天的算法算力反映对象事物。人类因此初步获得了直观经验和现象经验。对自我和自我信息运动的确认成为计算的重要产物，使人类认识到自己拥有思维这一计算活动。现象则使人类认识到自己身处于世界中。

这种内外关系被很多前信息时代的人视作基本问题，已经开始涉及信息的问题，但其中基于一个错误的前提：反映是建立内外关系的第一步，忽视了体内信息运转这一基础。

这时，前文对信息来源的讨论就要发挥作用了。反映和思维是信息运动的产物，不是来源于“无”。我思故我在，是思维使我认识到我的存在，而并不意味着没有人的思维世界就不再存在了，更不意味着思维是无条件的。将思维和存在对立是一种缺乏辩证的理论，也没有认识到思维本身就是信息存在。将自我感觉和客观存在合一的解释改变不了反映事物获得信息和事物本身不是同一事物的实际。在已有的信息现象面前，我要从前人的道路上后退一些——信息与物质是比思维与存在更根本的问题，所谓的意义也不过是人的意识能感知的全部信息。

自然界总的信息现象讲述一个事实：有无自我意识的主体都可以进行计算，甚至主体的信息活动是否称得上是思维都不重要。从认到知是一种跨越，不是所有主体都能完成，很多主体只能以行动而不是信息行为反馈获得的信息。在人类诞生之前，自然界的各类简单或复杂的主体已经积累了非常丰富的遗传信息，并依靠繁殖和生存竞赛的历史实践新陈代谢，最终汇入遗传信息的总生产。我们对自然界的信息现象研究得越深，就越惊叹于这种依靠群体力量和个体接力完成的复杂计算。信息的生产活动持续下去并有现实验证，就能产生进步，创造出复杂的生命主体和主体的活动。

思维因此和其他的计算“沦落”为一物——信息的运动。认知的过程不仅是自悟的推理演绎或者个体经验，更是信息随附物质的相应运动，群体乃至所有主体都参与的历史的和现实的宏观信息计算。信息也因此不仅是人的垄断事物和服务于反映世界的虚幻之物，更是主体生存的必需存在。经验的与先验的信息统一存在于信息世界，虽然离不开物质却不等于物质本身。主体是信息和物质结合的主体，是物质与信息、思维与存在、自我与他者的核心，是这个世界计算、传播与行动的实践者。主体必须把思维和存在的关系推到信息和物质的广度上，以自己的信息能力面对自己的计算、面对获得和创生的各类信息、面对物质和信息两个世界行动起来。

大部分主体信息活动的第二步是使用感觉器官反映事物，这是主体在信息世界的第一存在方式。

反映活动不是物质世界在信息系统里照镜子那么简单。一方面，主体不是直接获得他者传递的信息，而是要通过反映重新生成信息；另一方面，工具和感官、外部环境、主体自身已有的算法和信息等事物都影响着主体能够反映什么和获得什么信息。

反映也是一种计算，而且不是万能的。

大部分主体无法依靠外部输入的信息满足生存所需，要依靠反映事物获得信息，这并不是直接的、所见即所得的过程。根据对人类感官的研究发现，信息在大脑选用前会经过预处理。例如，眼睛的视觉细胞出现问题时，人会变成色盲；人的大脑会刻意忽略看到自己鼻子的图像；人会自动识别一些特定事物并加以关注。类似的自动处理在视觉过程中广泛存在，人们已经习以为常。计算先于意识思维已经被证实。

简单的生物计算能力低，它们的信息活动通过行动、分泌物质对外体现。如大肠杆菌是单细胞生物，它们通过作为感官的化学感受体反映外部环境的变化，通过直接分泌化学物质或者让鞭毛运动做出对信息的响应。不同种类的大肠杆菌，因为其遗传物质影响下的生命结构不同，对环境的响应行动存在差异。从很多生物现象可以发现，遗传信息包含着日常本能的一系列规定，给了生物生存的必需能力。

人类具备开发工具的能力，善于为感觉器官开发各种工具。眼镜、FAST望远镜到电子显微镜等各种“镜”囊括远近，显示器、示波器、播放器等各种“器”把不同来源和格式的内容转化成人们可以理解的影音表达。新现象、新表达被呈送到人类面前。当主体依靠“硬件”改变了信息能力时，从事物中反映的信息自然就变化了。

在著名的鸭兔图中，当主体改变了算法时，反映同样图像，却分别看到了兔子和鸭子。这令执着于直观的学者不经意间尴尬起来。如果仅仅更换算法、工具或器官就能改变人面对的现象，那么他们努力认识与分辨的诸如经验、现象这样的事物究竟是什么呢？答案当然是信息，是依赖于主体信息能力成功从事物中反映出来的信息。

图 4-1 鸭兔图[①]

于是可以谨慎地认为，物质和信息通过主体的信息能力，呈现与生成主体占有的信息。这种反映是一种计算活动，可以依靠演化、使用工具、改进算法、延长计算时间和群策群力等方式改善。

以反映为出发点可以发现，人固然只对自己存在的现实世界感兴趣，现实世界也只对人类呈现我们能接触到的部分。我们固然只能认识已经接触到的世界，但是这个世界的边界和状貌却是由主体自身能力和实践的边界决定的。主体自身的信息能力有多强，就能获得相应的信息源，就能把握到相应的世界；主体自身的实践能力有多强，就能探索和改造出什么样的世界。

反映的局限在于，过于微观、宏观、遥远、复杂等超出人们器官和工具所及的事物并不能够被直接反映。人们通过理论、经验、幻想等方式猜度和描摹未知世界。即使在已知世界，由于干扰、混沌和随机等现象，理论描绘和感官也不是完全可靠的。

以反映为出发点，以更主动的预设和猜度介入，这才是主体关于世界的信息生产的全貌。

物质不断变化，和主体结合的信息也如此变化。主体面向外部世界和内部自我，视域动态变化，将获得的信息不断纳入计算或者响应为行动，一方面反映物质和信息等事物的状况，另一方面不断生成这些事物的彼此关系及同主体的虚实关系。这一切处于变动不居、主客相易的状态。

---

① 波兰裔美籍心理学家雅斯特罗（Joseph Jastrow，1863—1944），在他的《心理学中的事实与虚构》中最早画出这个图形。转引自维特根斯坦：《哲学研究》，李步楼译，商务印书馆 2000 年版，第 295 页。

面对流动的世界，主体亲身实践、繁衍、堆叠、验证和积累，历史性地形成了现实信息能力。主体的遗传信息迭代出新的主体和它们各不相同的基础信息能力，主体的生存实践锤炼算法和计算能力，主体的传承创新为感官和计算提供了工具。如果说变化推动着信息能力的进步，那么物质和信息存在方式的相对稳定则使信息可以传承、可以被验证、可以被承认、可以用于实践，从而产生信息能力。

主体的信息能力不断变化，并且一直运动着。即使不考虑物质的多变和信息的朦胧，他们也能够在反映活动中生成新的信息，捕获不同的现象。

信息并不在乎自身反映的是否准确，是否有利于实践，因而可以天马行空。主体的自我思考有自己的空间去创造意义、进行解释，如果信息能力无限，则现象、意义和主体的自我思考无限。真正在乎信息功能的是主体，是主体追求的生命历程。

由此言之，主体的生活世界是信息和物质合二为一的世界。主体依靠感官所接触的是感性生活中现实的信息和物质，获得关于这些现实的反映信息。思维是这种获得的直接结果，是因此形成的信息存在，其自身也在计算中产生信息。

对信息世界的自我来说，关于事物的信息和自身生成的信息都是存在，没有本质差别。它们之间不仅是现象与本质的关系，而且体现了主体同世界的关系。主体的计算和思维不但是在认识信息世界，也在活动中扩充了信息世界本身。

主体面对这样多维度的生活世界必须区分信息和物质，否则就会陷入真实的陷阱，将不同的生活混为一谈，甚至影响自己的存在。在信息世界飞速变化的今日，物质世界仍旧是主体无法逃避的，信息世界要通过主体和物质世界发生关系，主体首先要在物质世界活着才能留在信息世界，也就注定了主体必须两线作战。主体只有将二者合一才能缩短战线，以有限的算力、行动力和时间应对变化的世界。

由此可以认为，当代实践的最高价值是信物合一，即通过物质和信息实践，创造完整的、总体上把握物质世界的信息世界，解放信息世界那些仍被束缚的生产力，构建更为精彩的物质生活。这样，作为主体的人才完成了信息源动之意义，才真正全面地回应这个世界。

第三节　信息文明

个体信息的源动并不能完全体现信息活动。群体的信息活动是个体重要的信息之源，进一步体现信息活动如何实现历史性和空间性。在分析了个体、一般的情况之后，新框架就可以被用来分析群体涌现的信息现象，探究社会中人的信息来源和信息动力。

已知的个体都不是全知全能的，只能设法用一个锅盖去盖九个锅。已知的个体都不能永生，只能靠个体之间传播实现信息的跨期积累。先天的限制决定了单个主体无法完成信息的延续，只会造成信息的终结。已知的个体容量有限，不能储存所有的信息。信息中转超越个体、时间、空间等限制。

在个体的即时信息处理中，自身的储存系统成为计算的中转。个体处理信息要依靠体内的载体。主体主动或被动地选用储存为载体的历史信息，既包括记忆等后天获得的信息，也包括本能等先天刻在骨子里的信息。

在复杂现实和有限算力之间的矛盾里，时空有限的个体实际上借助着历史和他者的信息力量自我扩张。前辈、同代和后辈的他者成为个体身体外储存、传播、计算信息的中转。主体间的存续也成为信息活动历史和现实的连接。个体的计算在历史中成为非个体的群体、由历史的存在推动的洪流。

历史的信息伴随各类的主体而生，是主体生存的基础之一。它自身的存在也改造主体、赋予主体信息能力等诸多自由，同时限制主体的可能。

在遗传信息的驱动下，各类主体拥有趋利避害的能力，知道渴了要喝水、危险要躲避。通过记忆，主体能够吸取经验教训，进行报复、报答，学习新行为。即使被人类调侃为只有七秒钟记忆的鱼类，也会在人工饲养的池塘中，听着塘主喂食的声音聚集。仅从生命的角度来说，主体被遗传信息预设为一定的形态，与生俱来的物质组成难以在当世有较大改变，只有通过主体间的前后演化，才有可能改变特征乃至器官，甚至成为新类型的主体。

在这一过程中，与生俱来构成主体的预设信息在“家族相似”的传承中使主体形成族类，或者跳出先辈的族类。通俗地说，生命诞生以来生命脉络的遗传信息不会代代巨变，而是通过遗传和突变既形成生物种类群体，又不断分化出不同种类。

当代人的遗传信息已经和最早的人类有了一定差别，但这不妨碍他们的遗传信息同属于一个“家族”，来自古老的预设。

除了使用本能和感官经验，主体可以将信息表达传播给他者。主体之间通过信息传播实现组织，获得远超过个体的实践能力。蚂蚁和蜜蜂的组织就是典型，互联网新世界更是基于高度传播能力建设的。

当今人类社会的信息文明就是人与人信息传播与共同实践的结果。在人类世界，物质积累的庞大载体构成的潜在信息，个人保有的各类信息，依靠群体记忆与承认运动的制度、文化等，构成伟大的信息文明。

一旦观察人类社会，对信息来源的分析就不能回避信息文明。信息文明通过无数个人和物质的终结得以实现总体上不间断的运动。

信息文明是社会中人获得信息的重要源泉，也是人类社会信息生产改造的对象。任何不愿沦为“狼孩”的个体人类都要和信息文明打交道。

对人类来说，教会下一代人用火和学会用火一样伟大，可以形成历史的关联性，积累信息生产的成果并奔向涌现，将人类的历史活动变为连续的而不是一次次的断层。后天的信息生产、储存和传播不限于遗传、生殖，也不拘泥于某一格式，具备超越遗传的更多可能性。

人类还可以创造、传承和创新信息工具，既发明了通过物质进行信息生产的结绳记事、巨石阵天文台、日晷、造纸术、印刷术等技术，也发明了逻辑学、数学、试验方法等信息组成的算法、符号和计算工具。物质实践助力信息实践，信息工具加速信息生产，当代自动化的信息工具已经成为高度发达的信息机器，实现了人类创造主体的飞跃。

主体将信息载体化的过程中，呈现出遗传物质、记忆系统、内分泌等带来的生命进化方式。人类更主动地研究如何制造载体，从中国人发明造纸术到当代探索的虚拟现实设备。物质被改变形式，成为其他主体可以依靠一定感官和算法反映的载体，信息潜在其间，等待和主体的结合。信息活动进一步跨越个体活动范围和生命限制。

主体持续的信息行为使主体间聚集了大量实在的信息，并积累了很多载体。在生命世界，这种聚集表现为庞大的遗传信息，生命个体从这里接受信息，也最终反哺这个中介的集合。人类更为复杂的信息活动则形成如今发达的信息文明。

人类历经多年信息实践生产出历史的和现实的信息积累，构成了人类信息文明的基石和社会的信息基础。它是人与人、社会历史与社会现实的中介，它运动着，被社会的信息动力推动着，既不停下来等待死亡，也不突然跳跃。

文明中积累的信息依靠人和物质的中介完成自己的运动。不同的信息是差异的，它们在和主体结合的计算中辩证生成新的信息，丰富的运动的信息通过关联迅速地扩大。人使用着信息，又在反映、传播、实践与检验等活动中对信息进行更新和迭代，软硬的信息工具也不断得到更新。

信息具备约束的导向性，本身就在否定一些可能，支持另一些可能，是一种不自由。信息是算法的结果，往往内含着算法的内核或片段，其导向往往符合算法的必然。指向同样方向的信息越多，其相关算法的影响越大，主体的行动越容易被规定和预测。信息文明的日益发展也对社会中的人构成了更强的规定。语言、符号、概念等日益精密和复杂，简化了人们认识的流程，提供了便捷的认识思路。礼仪、法律、制度等日益规范，提高了行动的标准化。认识的自由也在这种便车上向着特定的方向前行。总体把握、创新思维成为这种不自由下的受害者，又是信息生产效率提升的受益者。

个体无时无刻不在计算，但是其中一部分成果没有被储存或转化为表达与行动，仅仅被通过遗忘等方式删除。那些留存下来进入积累，可能或已经被人类信用的信息成果才能成为信息文明。

当代信息文明发达的表现之一就是加大了个体的信息生产成果留存水平，提高个体信息生产与消费的水平。信息技术的发展通过自学打字、编程，自拍和直播，视频教程，网络金融平台提升了表达与行动的概率，改变了信息存储与删除的格局。在一定程度上，我们已经无法区分人际传播和大众传播的边界，每个人都变成了传声筒、转发器、中继站，每个人都可以是自媒体、程序员、技术宅、投机者，部分先进的信息生产力被分散到大众手中，又通过信息机器和算法的博弈面临着新垄断。信息生产的规模空前加大了。规模化的信息生产和人类社会的方方面面形成了关联，影响着每一个人。

在这彼此纠缠的罗网中，信息文明和人类互相塑造，形成了三重关系。人类创造组成信息文明的各种成果构成第一重关系；信息文明成果被人类使用并不断改造、删减，构成第二重关系；信息文明对人类的影响构成第三重关系。

在第一重关系中，人类逐渐提高个体信息的复杂度，结成群体之间的斗争、博弈、合作等关系并将之不断演化到更高水平。

婴儿时期的人类和人类的婴儿一样，先获得直观的信息，然后才渐渐创造和学习语言、观念、概念、意义等更复杂的信息；先组成较为简单、被动、天然的群体关系，然后才渐渐建立较为复杂、主动和目的性的群体关系。信息文明使信息并不随着某一人的逝去而彻底消失，而是随着生殖、传播、抚养和教育等方式或多或少留给其他人一些什么，并且随着时代中群体的变迁而关联产生更多的内容。正是靠着一代代人坚持不懈地计算、遗传和传承，才使社会的礼仪、宗教、道德、历史记忆、制度、语言、社会理论、科技知识等信息积累越发丰厚，渗入到遗传和信息存在中，越来越多的人有了对万物的概念和把握，有了强大的信息能力。

在第二重关系中，文明中的人类在生产生活中时时刻刻使用和改变着社会关系、载体、工具等信息文明的资源。结果不仅人类自身发生变化，这些信息本身也在人类的广泛使用中有了巨大变化。人类的实践和自身提升为信息生产提供了能量与材料、变化与发展。一代代人过去，无数的信息产生又被遗忘或删改，多少语言文字、部落血脉、学术理论、宗教信仰消失在历史长河中，一部分信息以主体实践、思辨、传播等形式经历了信息之间的生存竞赛，具备了远远不同于最初的内容和形式，留在了信息文明之中。

积极地看，信息文明的成果可以被记忆、被修改、被传播，并因此得到改进。消极地看，如果得不到主体在信息方面的维护和传承，信息文明也有可能虚化、断裂甚至灭亡。信息文明既不能被简单地视为人类肉体发展或精神努力的单方面成果，也不能认为这些事物在其初始状态就奠定了一切。不同的信息文明，信息文明的不同方面也在以主体为中介进行竞争，恰如迷因[①]一般。

在第三重关系中，人类享受既有信息文明，也接受这些历史和现实成果的规

---

① 迷因（Meme）也称为模因等，是理查德·道金斯 1976 年在《自私的基因》一书中所创造的概念。他以生物学中的演化规则来比拟文化信息传承时的情况，认为一些信息是相对独立的，能够追求自己包括复制、传播扩散等方面的利益。

定，并在自身实践中不断突破这些规定。

各类信息对人类的影响力在历史的不同时期发生变化。

在人类文明变得普遍和稳固之前，人类相当程度上依靠遗传的本能行动。来自基因的、器官工作内生的和反映的信息影响人的绝大部分行为。

在人类文明的发展期，人的思维能力体现出超越其他动物的优势。社会的群体生产生活创造出形象、数学、符号、语言、概念、文字等信息工具和进行表达与计算的物质工具。在信息文明的哺育下，个人思维能力增强，创造的信息日益增多，后天信息开始发挥更大作用。一些学者甚至认为某些后天信息及其运动构成人的基本属性，如自我意识、语言、概念思维等。较为复杂的范畴化信息对人类来说日益重要。

在社会信息生产日益发展的文明阶段，特别是当代，信息文明成果极大丰富，这些成果正在成为人类呵护和遵从的对象。信息文明也给社会带来新的魅影。新的认识既有其进展，也导向约束的方向。各种科技的运用、文化生产、资本运行都将人对世界的认识引向其内含的算法与导向中。计算机等主体生产的信息对社会影响加大，使信息开始脱人化。

当代信息文明爆发式发展的第一个体现是信息机器的大规模应用。

如果机器生产机器是物质生产进步的标志，用机器生产信息，就是我们这个时代最普遍又最不平凡的现象。我们以后在政治经济学的研究中会重点展开这一分析。

当代信息文明的爆发式发展的第二个体现是个体的信息生产被日益严密地组织起来。

大众传媒、自媒体、学术共同体、金融机构、政府机关等组织和有信息生产力的个人创造了巨量的传播品，历史文献日积月累并更加开放。个人享受的经由历史和现实的他人创造的信息成果越来越多，并成为信息生活的主要内容。社会制度建设日益精巧，在要求人遵守的同时也促进社会信息量的积累。信息机器的发展加快了社会化、工业化的信息生产，更多的数据、代码、影像，甚至利用人工智能等方式开始生成文字、视频等内容。个人遗传的信息量和在世间反映实物、思考获得的信息量变化相对有限，越来越难以与社会生产的信息量相比拟。个人的信息来源越发依赖于社会的媒介渠道，个人的信息生产生活中越发离不开来自社会化生产的间接信息，个人自身的计算活动越发开放并融为社会信息流的一部分。整个社会的计算衔接日益紧密，个体的信息生产被组织起来，循环中的群体信息总量大大增加。

当代信息文明的爆发式发展的第三个体现是，算法浮现出超越一般信息的中心地位。

信息生产社会化和工业化程度的加深，相当程度上依赖着现代的信息生产理论和数学工具。知识、历史经验、发展方向等信息活跃在人们的头脑中，成为指导人们行动的指南。

当代社会的导向不仅依靠口头训导或个人领悟，而且以细化、分解和量化具体行为的管理控制落实，以个人承认自己要做什么为前提。社会生产中的信息生产需要被以成绩单、绩效、财务报表等方式细化，成为分数、KPI、指数、流量等考核指标。信息文明创造的制度、积累的信息通过承认它们的人活了过来，在社会中发布自己的号令。

这种爆发正是信息与人的三重关系的大变革。以信息视角的工具看待这一切时，就可以发现一系列矛盾正在酝酿：

人类创造出的东西成为每个人命运的枷锁。画地为牢正是当代信息生产的奇妙景象。

在信息生产动力的深化和细化中，异化出现了。在西方，信息双脚离地，开始建设“人间天国”。一些“政治正确”被无限放大，成为少数派统御大众的权力工具。金融产品高涨的规模和社会财富连接在一起，走上只允许上涨不接受下跌的上坡路……种种现象之中，群体高度集中地跟随信息生产中声音最大、最接近上游的力量。

人的思维方式和行为模式也在经历同样的变化。个人成为各种算法的汇合节点，其内在的思考、外在的表达与行动成为多方作用下的综合。海量信息的导向性影响相关受众的判断。不同的算法生成的信息本身蕴藏着算法的部分或者整体，能够影响相关主体的计算和行为方式。对信息来源主动和被动的选择方法，也属于主体的计算方法之一。基因中隐藏的固化在体内器官与本能的算法[①]与个人自身学习、

① 在一百多年前我们还可以说基因和器官中的算法是天然的，但在辐射医学、转基因和人工基因编辑等技术发展后，人工干预人体内基因是正在发生的现实，基因中信息连同主体内的算法已经可以修改，而器官中的算法早就有手术、精神类药品等干涉了。

总结、思考所得的算法相对内在，社会信息产品则相对外在。个人在信息舶来品的影响下一方面被修改了算法，另一方面接纳经过计算的成品或半成品，省却了很多计算。这使得人们在直接使用这些产品时放弃了思考，成为简单的记忆和传播渠道。人们日益偏爱信息生活，更多地消费信息和进行表达，传统社会的生活方式和思维模式被削弱。

社会信息量的对比在这种总的变化中越发失衡。尤其值得思考的是，人们偏爱载体的极大丰富和信息机器的伟力，却忽略作为社会中的人的信息量是否维持增长。如果人被机器代替思考成为进程的主题，那么将以人类信息文明的衰落而不是兴盛为结果。

这些矛盾是自然产生的，其爆发却不是必然的。人类信息文明的走向含有偶然性，人类对信息文明的维护却是必然。两种动力之间的交错构成更高级的矛盾。

第四节　信息之源的变化

寻找信息文明的可持续之道和寻找生态文明的可持续之道一样重要，这也正是本书的写作目的之一。信息文明的维持，还是要从维护人的信息来源和信息动力着手。

对信息的分析在这里交汇了。

人类创生信息的来源，正在发生变革。

人类对物质的反映表面上仍旧局限于面对实物为基础的感性世界，而实际上已经在日益普及的教育加持下，依靠知识经验影响了个人的现象生成和认知。在 AR 技术[①]的发展中，人类对物质的反映是否会同对信息的反映在某种程度上等效而难以辨认？这无疑将改变感性的物质观，增添“缸中之脑”的困惑，也将人类进一步领入信息的园地。

人类反映信息的来源也在与时俱进。纸质印刷品的编辑印制成本大大下降，广告牌和屏幕无处不在，人人手持终端。互联网平台使大众传播成为个人可以完成的

① AR 一般指增强现实（Augmented Reality）技术，是一种将虚拟事物混入人类感官从而与真实世界巧妙融合的技术。

任务。脑科学正在研究如何向人脑直接输入载体，并已经有了初步的成果。更具魅力的事情发生在电子游戏中，人或者软件扮演的虚拟人在游戏中同游戏者互动，游戏者面对着活动的载体。当载体自己也动起来，信息创生的可能性就更多了。

当代的信息创生中尤其注重创新创造，乃至于成为社会的考核指标被推进着。能够实现创新创造的人不但有很大机会得到社会的承认，还会得到经济上的好处。社会制度、文化和商业环境也支持着创新。这些支持在既往一定时期内有利于真正的创新，也支持了以创新为名凝聚的权力。

物质生成信息的方法已经被有意识地应用。人造的计算机、手机都不那么新鲜了，它们是时时刻刻向使用者发送计算结果的载体。当代人开始对自己动刀，人体内的算法和载体开始被改造。如果说药娘[①]等现象还基于激素这种稍显传统的手法，那么基因编辑婴儿试验已经使用了最新的技术对人体内的“编码”动手了。

信息来源的变化对个人来说可能是被动发生的，对群体来说却是主动形成的。人的信息源动力的重心也在由获取生存所需的物质能量向满足信息需求偏移。人要做什么，不仅为了满足自身的基础需要，当代社会的人习惯于服从社会的信息流，习惯于在预期、焦虑、消费等社会情绪的指引下满足未来的、他人的乃至于无中生有的需要。

巨大的需求正是推进信息之源进一步变化和信息文明蓬勃发展的动力。人必然清醒并且求生存的精神动力已经并非社会计算的全部动力，信息机器按照规定活动的力量日益壮大。人类感官必然工作的直观性正在同传感器工作的机械性一起，作用于社会反映的动力中。

信息来源和源动的诸多变化，既是技术和物质生产达到了门槛，也是信息社会生产更为主动和科学化的表现之一。信息生产不断为社会增加信息的需要，进一步促进了信息来源和源动的诸多变化，让人类的信息文明演化。

社会的信息来源和源动变化让人觉得信息爆炸，又令人感到信息需要难以满足。人类在具备更强的信息生产潜力后，毫不意外地将更多时间投入信息生产，并

① 药娘，指通过服用或注射药物（包括但不限于雌性激素、抗雄性激素）等手段（不包括物理疗法如整形），使其生理状态（主要为体貌特征）接近女性的男性或双性别者（如真两性畸形和假两性畸形患者），通常属于跨性别群体。

因此改变自身面对世界的信息和物质比例，改变着实践的目的和实践方式。

第五节　欢迎来到信息视角

即使没有关于信息之源的现代认识，人类和其创造的信息文明的复杂关系也是无法忽视的客观存在。不同思想家在很久以前就对此在不同层面、不同角度形成了各自的思考，这种思考自19世纪后半叶以来越发深入，生理学、心理学、脑科学都在以不同的方式进步，哲学却始终落后一步。

我在研究中发现，大部分已有哲学思想之框架并不足以添加信息的视角后研究社会运动，在信息的运动性、整体性、关联性和内在矛盾等特性中不能进行深入的思考。更大的问题在于，如果没有统一的抽象和相对开放的解释方案，任何思想都无法面对超越已有层块的新现象。

黑格尔实际上较早地揭示了人类精神生产积累的成果已经形成了庞大的存在，并且通过辩证法体现了人类在其中的劳动。他的缺憾在于沿着柏拉图的思路，没有将这些成果判断为人类生产出来的，而认为这些成果是绝对存在的上帝，走入了传统本体论的窠臼。

在黑格尔后一百多年，卡尔·波普尔（Karl Popper，1902—1994，英国哲学家）提出“三个世界”理论，以人类为中心出发，认为存在三个世界：世界一由物理客体和事件组成，包括生物的存在；世界二由心灵主体和心理素质、意识状态、主观经验等组成；世界三由所谓的客观知识组成。他忽略了同时代对自然信息和信息工具、信息生产的研究，不能正确认识非人类的信息的存在，一定程度上回到了他批评的黑格尔身边，有向笛卡尔和柏拉图靠拢的迹象。

他们的思考路径是从信息文明的成果出发，论证人类和信息文明的关系，并在实际上提出了信息文明是一个完全客观存在的命题，又尝试把握住信息来源于何处，以及其依赖于主体存在的特性，也还没有接触到自然界的普遍信息生产。

科学主义、科学哲学以及与这二者拥有历史渊源的理性主义都倾向于用个人自身学习、总结、思考所得的算法进行科学探索与社会实践。与之相对应的是，尼采（Friedrich Wilhelm Nietzsche，1844—1900，德国哲学家）等人的观点，他们认为理性等无法应对现实的不确定性，鼓吹依靠个人意志，特别是未来的超人的意志对工具理性和工业文明进行改造。在此之前，弗洛伊德（Sigmund Freud，1856—1939，奥地利心理学家、精神分析学派创始人）已经从人本身的深层意识出发，触摸到本能和在自我意识懵懂时期个人信息运动等相对先天的算法与后天学习算法之间的关系及内在的不一致，他由此认为人类文明和人性相冲突。

他们的思考路径都以算法为出发点，认识到不同来源的算法彼此之间的冲突、博弈等现象，希望寻求更符合人类本质或合理性的算法及算法来源，以达到人类行为的一致和谐。他们试图用自身推崇的某些算法解释一切、主宰一切的初衷，没有认识到信息、物质、主体的不同特性。个人身处群体、社会与自然之中，算法和算法来源的复杂性是必然的，个人只能成为方方面面关系的综合者，而不是总能保持睿智的非凡人士或享有独特自由的超脱者。

相比之下，后世的美国哲学家奎因提出了具有时代精神的“本体论承诺”，与托马斯·库恩的范式论交相辉映。他们不承认人类发现了绝对的真理，但是乐观地相信可以将对世界的解释向前推进。这种谨慎的态度和马克思的思考不谋而合，以有限向无限进发。

在一战后到20世纪70年代的法国，思想上受益于弗洛伊德的学者拉康（Jacques Lacan，1901—1981，法国精神分析学家）吸取了精神分析学、语言学、认识发生学等方面的新进展，组织起具有进步性的巴黎弗洛伊德学派。他围绕主体构建了新的精神分析理论，试图越过意识中心，将主体定义为认识者、行动者，具备突破的潜力。然而他终究拒斥生物学、计算机科学的新进展，专注于人的价值，反身来到以语言交流为联系的人文世界试图深挖，这也决定了他仍处于旧框架的局限之中。

德国的海德格尔认为技术在现代社会中占据统治地位，对“技术”这一词汇的使用实际上已经超越了一般认为的科学技术，而是扩展到人的生产模式中。在我看来，海德格尔重视的技术实际上就是现代生产方式下的人类信息文明。他在一定程度上受到了《道德经》的影响，认为技术是“天道”的展现，技术在人类的使用中有它自己的发展方向，并不是人类主观上能够完全把控的。一切出现在现代技术中的自然或人，都已经或者正在成为技术推动下的社会运动的一环。技术的迅速发展应用，可能限制人的选择余地以及生活的可能性。

从信息的视角看，海德格尔对信息现象的研究已经非常深入。他发现了“技术”（实际上是信息文明中的科技以及经济模式等）的客观性，也发现了这些信息内部蕴含着算法并对人的算法和日常生活构成塑造和规定。他在语言研究中相信，具体信息必须和相应的理解体系配合才能完整展现意义。这些超前性的成就无疑昭示着他作为 20 世纪代表性哲学家的地位。

海德格尔的思路还有相对狭隘之处。自然界其他主体的信息活动、人类在意识之外生殖生理等方面的信息生产、可能诞生的人工信息主体等信息现象，都无法合适地纳入他的解释中。他也没有完整区分感性生活中的物质生活与信息生活。不论是自然还是人类，在他那里都是不完整的。这种不完整的解释在社会信息生产还没有特别发达时，常使人陷入虚无。他的弟子汉娜·阿伦特（Hannah Arendt，1906—1975，德国犹太思想家、哲学家）和马尔库塞（Herbert Marcuse，1898—1979，德裔美籍哲学家、法兰克福学派的一员）分别从行动和劳动入手进行自己的理论构建，希望通过研究人的具体行动或阶级的具体实践将海德格尔的人同现实中的社会连接起来，但是并未奏效。我赞同哈贝马斯（Jürgen Habermas，1929 年生人，德国哲学家、法兰克福学派第二代的代表人物）在《马丁·海德格尔：巨大的影响》中的评价：“海德格尔所选择的不是批判而是神话。”①

以上简述试图指出一条脉络：信息之源的一些问题得到了思想家的探索，但还处于前信息时代。

相比之下，马克思的思想在开放包容和动态总体上要有力得多，不但层次更加丰富，还具备可以扩展到信息时代的前瞻开放性和良好的底层构架。用软件工程的语言说，马克思主义因为鲁棒性，体现出超越这些烜赫一时思想的长久价值。

马克思主义的思想力量同信息结合的主要优势和可能性体现在这几点。

第一，在超越一些思维定式后，信息同历史唯物主义的结合将信息史的问题摆上桌面，这是心灵哲学、现象学等无法完成的。

历史唯物主义整合德意志古典哲学的优良传统，并且发展了一套超越德意志观

---

① 陆炜：《哈贝马斯论海德格尔》，《探索与争鸣》1992 年第 2 期。

念论的实践哲学：其一，其框架中已经包含了物质和信息的两类实践以及作为实践主体的人。其二，其框架中包含了感性活动、精神活动、表达、实践等个人的活动环节，也包括群体劳动和积累文明成果的环节，可以构成描述信息及其影响的总模型。在这种模型同信息结合的扩展中，于自然界承认自然界的信息史，于人类社会承认意识以外的信息史。

一方面，马克思从个人到社会的广阔视角具备一种拉伸镜头的透视力，获得了信息的部分层次现象。通过对商品、劳动者及其生产活动的具体分析，马克思区分了物质生产和精神生产并描述了二者的过程；进而通过对商品经济的分析，马克思分析了之前的种种生产活动和市场活动是如何让资本这一信息在人类社会中产生和不断积累起来的。他的分析充分展现了资本、生产关系等信息如何从个体信息活动的层次聚积为群体共同面对的信息，群体拥有的信息又反过来如何规定和塑造个体。这种框架和信息的视角是上下兼容的。

另一方面，马克思注重生产，以无产阶级为主体，实践为主题，透视了社会中物质和信息的来源，将概念作为感觉和社会已有信息的活动的产物，否定了旧有的概念实体倾向，肯定了信息的创生性，建立起以已有的物质和信息生产的新物质与信息的图景。他将社会关系这一信息作为核心研究对象，信息的历史关系和关联性得到了极大的重视。追寻现实世界的起源和方向的人因此不得不了解马克思，不得不回到社会性中。

在后继的马克思主义者中，葛兰西（Gramsci Antonio，1891—1937，意大利共产党创始人之一、马克思主义理论家）重视文化领导权方面的斗争，卢卡奇（György Lukács，1885—1971，匈牙利哲学家、马克思主义评论家）研究阶级意识的生成过程，他们也从信息生产和人的意识形态角度找到了自己的着力点，证明了马克思主义探索信息生产历史现象的巨大潜力。

第二，历史唯物主义以劳动为线索，将主体作为改造物质与信息的能动力量，这就抓住了信息和物质勾连的关键。任何不面对信息劳动的当代社会理论都无法生存下去。

当代心灵哲学更关注身心关系、性格、行为等问题，却没有基于物质世界和信息世界的生活扩展自身的认识。只有以信息如何创生和当代社会信息生产的优缺点为线索，才能更为有效地分析当代矛盾、危机和出路。

马克思将物质的生产生活和市民社会的信息活动归功于人，这是他对黑格尔哲学颠倒的重要组成部分。这种颠倒也挑战了柏拉图以来孤立地研究独立于主体的信息的哲学道路，使信息成为主体的、历史的生产成果，而不是神秘的隐匿之物或者自我的独占事物。物质、信息与主体可以并存于现实的感性世界，而不是不可计算、言说和改造的。他的论述既不同于概念层面的思辨，也不同于将含糊的人类、人的概念抽象出来的感悟，成为真正指向人类社会中政治经济活动的实学，涌出滔滔波浪。

阿尔都塞（Louis Pierre Althusser，1918—1990，法国哲学家）沿着马克思的理论前进，把实践分为两类：理论实践和非理论实践，从认识活动是一种生产过程出发，认为知识和理论首先表现为理论实践的产物。这实际上在扩展关于实践、劳动和生产的定义，体现了马克思主义在处理此类问题时的可扩展性。

第三，马克思对社会存在和阶级的开创性研究，指出了文明成果出自人，属于人，也必须为了人的解放，提出了贯穿不同时代的解放之路。

哲学不论如何超脱，最终都必须是人的哲学；世界观不论多么复杂，也必须回归到人的实践。

马克思将人的信息活动同目的性、组织性联系起来，将人的劳动同社会生产成果的多寡和水平的高低结合起来，指出了信息活动的时间箭头，他的研究不但从个体出发，也从群体出发，对阶级、共同体的描述预言式地触摸到了组织行为学、云计算等群体性主体行为的轮廓，展现了主体性由群体实现的可能，也指向了信息的层块特点。

在对文明成果的分析中，历史唯物主义特别强调对劳动的补偿和回报，认为这是实现生产发展和人类全面发展的必由之路。这种循环中包含的人道主义是终极的，自然可以随着人的认识扩展。在将自然环境加入这个循环考量后，生态马克思主义自然而然地生成。葛兰西从文化出发，卢卡奇从阶级意识的形成出发，实际上从信息的角度使用了马克思主义的部分理论工具，分别论述了信息文明的两种组成以及它们在经济基础和上层建筑中的作用。

在新时代，人们只要建立了关于信息的更全面的认识，自然会继续将信息劳动和信息产品的问题同之前的普遍原理相结合，对信息时代经济和文明的相关矛盾进行分析。人类的道路是遥远的，历史唯物主义将是长期陪伴人类前行的工具。

第四，在对物质生产生活的研究中，精神生产和物质生产的区分以及二者的变化为在基础层次加入信息视角提供了开放结构。

在最基础的层面，我们不得不直面信息，并且以抽象物质的方式去抽象它。没有人“见过”名为物质的东西，也没有人“见过”名为物理事件的事物，同样，也没有人“见过”信息。

但在抽象以后，社会现象展现了新元素：拥有信息和物质的主体利用物质工具生产信息，又利用信息改造物质，同时被已有的信息和物质影响与规定。新的辩证法由此展开，不仅已有的创生未有的，已有的维持已有的，已有的发生无法拒绝的变化，而且主体为中介，不同的事物彼此关联和创生。

今天的我们以信息视角挖掘历史唯物主义的潜在课题——社会总的信息生产，何尝不是根据这一理论的基本原理在实践、在人的解放和人类文明的关系中做新的探索呢?

人类处于信息生产决定性发展的关键时代，在全新面貌的信息世界开展信息生产生活，也就必须向着新世界睁大双眼、伸出双手。

在理解新世界和时代问题的迫切希望下，我通过对当代最不可回避的事物——信息的研究找到了一些新工具，这些新工具带入历史唯物主义之后似乎获得了光芒，信息世界有了新的理解，划分和测量信息劳动、社会信息有了新的抓手，协调人类和计算机这一新主体的努力也有了新的衡量方式。

马克思的思想存在一条信息线索。他研究的核心对象资本和资本主义都是信息，而且依旧在当代人类社会占据重要地位。马克思关注的积累现象和资本对人类的改造，在当代发展为信息文明，与人类全面快速地相互塑造。资本主义的生产、价值信息与社会劳动的交互都不可避免地正在受到时代的现实影响。

我们占有的信息不仅仅是劳动产物，也是人类的必需品，它的导向性对人类具有影响力。信息不能离开主体单独存在，信息文明的成果也离不开历史和现实的人类社会。一方面，数千年来的积累和现实的生产洪流节省了个人自身的信息生产劳动，使人的潜在信息能力涌现飞跃。另一方面，面对巨大数量的已有社会信息，人一出生甚至未出生就被信息规定，被信息的导向性指挥，人类的独立思考能力和社会自由总是由当时的信息基础所塑造的。

在当代社会，一个人作为社会关系的总和，自出生起就面对着信息的输入，他被制度、财产权利、法律、情理等信息分割在不同的组织和群体中，被教育、训练成应该成为的人。社会文化的霸权斗争叠加着文化产业的运作“杀人如草不闻声”。人们在互联互通的信息世界狭巷中短兵相接，价值量的凝聚，阶级意识的生成、消解与变化具现出不同的模具压向个人。人自身穿越各种模具，被历史和现实的信息文明塑造着。每个人都面对着知性的、早就被定型和优化的成品。

信息文明处于不同的所有制和所有结构中，处在不同的社会发展形态和历史阶段，处在不同的人际关系和群体关系中。信息文明成果因此被分割成为不同的面貌，与不同的人和群体结合。信息文明的一部分是社会关系，资本等就是具体所有制结构下形成的关于人类劳动成果的一种社会关系，而资本主义是以“不变资本＋可变资本＋剩余价值（C+V+M）＝总价值”为核心算法运动的一系列制度，让人们在生产生活中遵行或者不知不觉参与其中。

人的再生产、社会的再生产因为资本主义的动员得到了加速，社会多种多样的算法在简单性原则下聚拢，朝着聚集资本的方向前进。资本主义体现了在信息生产方面的导向性优势，全社会在信息领域变为生产“资本”信息的总计算过程。

信息的爆发式增长凸显了信息不同于物质的特点——信息不守恒，可以实现绝对意义上的新增和删除。信息空间因此不像物质空间那样具备绝对的刚性。信息的量和结构是依靠主体的计算维持和变化的。当信息生产成功的时候，主体可以调动已有信息去生产更多更符合需要的信息，信息世界的空间也因此扩大。

对当代人类社会来说，资本主义的逐利性和新的信息世界的开拓活动结合在一起，就像是第二次大航海运动一样。生产信息的资本主义生产方式和相关集团获得了充分的发展余地。庞大的信息成果需要更强大的人和机器整体把握，能够工程化地生产信息和管理控制信息流动的组织与阶级处于优势。他们组织信息的生产和消费，扩大信息的生产，占有更多的信息生产成果，让人们时刻沉浸在信息生活中。即使是这些居于上游的人，也难逃社会信息源动力的催促和压力。

从迷因学的角度看，当代社会突然面临这样一个难题：信息依靠主体维系和发展了自身，但它并不仅仅围绕主体而是有自己的自由。信息以人为自己的手脚彰显着力量。

信息文明孕育着财富和发展，成为推动全人类继续在现有方向不断前进的路由器。如果物质生产或主体的觉醒与解放没有跟进，这种前进会出现已有信息驾驭社会阻碍创新和改革的可能。

在精神的旧论述里，人类自诩为已知世界中信息生产的决定性力量，是信息能力最强的生物，但是如果以信息的角度翻转，人就变成了信息的执行者。矛盾的关键节点在于人类能够根据自我意识进行两类劳动，并能够将两类劳动结合起来，统一了信息与物质的关系。这也是马克思通过劳动认识社会存在和社会意识的途径之一。

人的实践力量如果沿着当前的方向，就形成一种自我加强的正向激励——如果当前的道路存在错误，那么就会放大这种错误；如果道路正确，那么就会加固这种正确。

世间的正确与错误正如前文所述，对应不同的层块和时代。在这种限制下，如果人类的实践力量达到信物合一，能够深思利弊，汰旧立新，把握前进方向，那么我们就有机会改良社会运行的总体情况，充分利用已有的文明成果，成功面对信息生产、信息世界、信息文明的新局面，甚至达到一个伟大的目标——把生存竞赛转换为真正的生活竞赛。

毕竟，对人类自身来说，为了能够“创造历史”，必须能够生活。为了生活，首先需要衣食住行以及其他一些东西，而为了进行相关的物质生产，必须占有相关的信息。信息依赖主体存在，它的最终来源还是人类自身。

第五章

信息的流变

在探讨了信息之源后，我将在本章特别谈谈信息加入辩证法带来的新视角和由此体现的信息流变。信息在内容和导向功能蕴含二律背反，在创生和毁灭过程中存在绝对性，不能辩证看待信息就意味着拒绝把握信息。承认信息的运动就意味着必须进入辩证法的思考，也意味着要理解信息如何呈现出新的辩证结构。

第一节　辩证法与新对话

谈到辩证法，中国人通常会想到马克思，或者想到“塞翁失马，焉知非福”，想到太极八卦图中蕴含的阴阳思想等。西方的辩证法源自哲学辩论，后发展为思辨、流变、变化等含义。

哲学家柏拉图、亚里士多德、康德、黑格尔、马克思等人均使用过“辩证法”这个词语。在不同哲学家那里，辩证法的意思不同，也就是说，存在不同的辩证法。不同的辩证法的内核和应用范围有相当的差异，这里不复赘言。

黑格尔认为：“我们在这里（指爱利亚学派的观点）发现辩证法的起始，这就是说，思想在概念里的纯粹运动的起始……”[①] 他从人类信息活动可以直观反映一切出发，认为存在先于自然界和人类社会永恒存在着的无所不包的绝对精神，认为存在个别精神按照辩证法运动，都是绝对精神的一种个别，每个人反映的事物都是绝

① 黑格尔：《哲学史讲演录》第 1 卷，贺麟、王太庆译，商务印书馆 1997 年版，第 253 页。

对精神的一种展开，这种展开以辩证法为规律。从某个角度来说，辩证法既是黑格尔的认识论，也是他的本体论。

海德格尔有一句很合适的评价："源始的真实的真相乃在纯直观中。这一论题香火流传，始终是西方哲学的基础。黑格尔辩证法的主题就在这一论题之中；这种辩证法唯基于这一论题才是可能的。"[①] 黑格尔解释思维和存在关系的方式基于欧陆哲学传承下的 19 世纪的理解展开，但是当后人越发认为直观并不万能地覆盖世界时，当人们对混沌和涌现等现象的研究深入时，如果不接受他对无所不包的绝对精神的预设，整个体系就会令人费解。

黑格尔的辩证法的逻辑以观念自否定为基础，寻找着精神运动的规律，希望找到思维与存在实现有差异的同一的方法。他认为一切事物本身都自在地存在矛盾，无论是自然的、历史的和精神的世界都是充满矛盾的过程，并且正是矛盾引起了万物运动、变化和发展。这些运动又按照质量互变规律、对立统一规律、否定之否定规律以及本质与现象、原因与结果、同一与差别、可能与现实、必然与偶然、必然与自由等辩证法规律实现。

辩证法的种类很多，现代辩证法的基本原则是黑格尔奠定的，按照恩格斯的总结，辩证法包括三个发展阶段：从抽象的一般概念开始（正），这个概念引起矛盾（反），矛盾的概念调和于第三个概念中（合）。

马克思吸收了黑格尔哲学的合理内核，颠倒了黑格尔的辩证法。他以辩证的目光审视人类史，研究各种社会如何生产它们的基本生存条件，在基本条件之下社会如何实现扩大再生产和社会发展等问题。在历史感的指导下，马克思将人类的精神生产和物质生产作为一个通过已经占有的事物生产新事物的过程，这个过程受已有事物的影响，但却又存在通过上升突破已有限制的可能。

马克思揭示的辩证运动是通过人类特别是劳动者实现的，以人类的实践为变化的线索，把黑格尔神秘矛盾带来运动的天启，变为人世间生存的现实现象。他将实践分为精神实践和物质实践、感性实践和理性实践等类别和层次，丰富了辩证运动的视角，奠基了整套体系的开放性。信息视角的分析工具有了加入的空间，并将由

---

① ［德］马丁·海德格尔：《存在与时间》，陈嘉映、王知节合译，熊伟校，陈嘉映修订，生活·读书·新知三联书店 2014 年版，第 198 页。

此对整个体系带来了创生。

黑格尔和马克思的辩证法都立足于普遍联系的观点，通过关联性寻找个体之间的联系和隐含的整体。在这种探究中，展现事物否定之否定的过程。一个事物首先为 A，而自身蕴含着不是非 A 的规定，又将在运动中脱离身为 A 的状态，关于自身非 A 的相关约束也随之变化。因为有限性而遭到“被同一”的事物之间，也往往存在相互冲突、斗争而又均衡的现象。

恩格斯在《反杜林论》中认为：“否定的否定究竟是什么呢？它是自然界、历史和思维的一个极其普遍的、因而极其广泛地起作用的、重要的发展规律。”[①]“而辩证法不过是自然、人类社会和思维的运动和发展的普遍规律的科学。”[②]

辩证法在这里分为几个角度，自然的、人类社会的、思维的，分别关注主要几个方面的命运，人的认知活动、人的实践活动、概念为特征的精神自身、自然等。

一万个人眼里有一万个哈姆雷特，在哲学家中有不同的辩证法。我在此搁置一些历史问题的争论，仅就辩证法和信息对话的角度来看，辩证法以人主观认识对象这一信息活动为开端，天然地和信息挂了钩。

于是一系列辩证法的问题通过添加信息这一元素展开。

信息的存在本身就有矛盾，这使它清晰又不清晰。信息运动着，主体又追求它的清晰，这就使其动静之间的辩证转换难以止息。一方面，它是有限的，必须有具体的内容，因此在总的运动中体现组织的有序；另一方面，它描述差异，能够在差异中拓展出难以穷尽的内容，并在差异中不断突破有序和旧的组织性。这同一切辩证法的运动观点是契合的，因为大部分辩证法本来就是从人类信息活动中归纳出来的。

在强调斗争的辩证法看来，这也意味着信息之间的彼此斗争、吞并、消灭等。信息具备导向性，不同信息乃至同一信息之间由于不同导向具备矛盾简直再正常不过。如果进一步推广，则出现主体之间在信息驱动下的运动和主体之间争夺有限信息的运动。当今世界货币的斗争，以及社会中对货币的争夺就可以作为这种辩证关系的体现。

---

① 恩格斯：《反杜林论》，载《马克思恩格斯文集》第 9 卷，人民出版社 2009 年版，第 148 页。

② 恩格斯：《反杜林论》，载《马克思恩格斯文集》第 9 卷，人民出版社 2009 年版，第 149 页。

在区分信息与物质的辩证法看来，信息物质的纠缠也必然是运动的，并且是主体的。在强调运动的辩证法看来，自否定使信息有后继者，也来自某种历史。信息必然运动，在物理层面，无论其保持相对稳定还是发生明显变化都意味着物理事件消耗物质或改变运动方式；在信息层面，意味着如果不能维持自身则历经自我否定之后变成新的信息或消亡。例如，语言在文明中依靠生存的人存在，楼兰人消失了，楼兰语也一起消亡了。如果消亡语言侥幸留下了载体和翻译对照的线索，那么还有可能复活，但其精微的使用方式和内容也不会完全重现。主体在物质世界的生存成为信息命运的重要因素。

信息同物质的关系，存在一定的自然辩证法的意蕴，又在加入信息本身的内容特性后穿越到新的层面。信息随附着物理事件又靠物理事件实现自身，这就使信息同物质之间具备实现和实现失败等关系。而在这种成败之间，当代通信理论、控制论、系统论的一些观点尤其应该得到注意：信息随附的物理事件并不一定是单一的物理活动，而可能是多个物理活动的共同实现。实现信息的物理事件也并不和信息本身完全相关，而正因为不是完全相关，物理事件必须达到一定的阈值，迈过物质上被承认的门槛才能实现信息。认知科学和计算机科学已经发现，同一物理结构的运动事件，可能同时为多种信息活动服务。因而，对概念、现象等信息内容的实现也可能是离散的、不连续的，人的感官难以察觉这种间隔，但需要在知识的层面直视它。部分和整体的辩证法由此有了新内容。

信息是一定条件下物理事件的实现，和耗散结构、协同、突变、超循环等物质现象存在密切关系，在这些现象之上涌现组织，诞生了更为主动和复杂的有目的组织。从历史或者时间角度来看，不论是个体还是群体，其提升信息复杂度的过程，常常需要层层叠进，不可能天然就具备所有层块和信息，也不可能即刻启动所有的信息层块。这就使精神等信息活动需要进行积累、开发、迭代等量和层次的创生活动，也躲不开削减、遗忘、删除等毁灭活动，具备历史的辩证运动。

在历史的运动中，人类进行信息历史的溯源和预测，尝试划定发展的环节，主动分析信息的层块等结构。而同时不易察觉的信息层块也在进行自身的信息生产。个体的和社会历史的辩证法由此获得平面和立体的观察对象。例如，人类长期不了解遗传信息系统，但是这并不妨碍它在亿万年里的正常工作。主观之外，有客观的信息生产，虽然可能未被反映。人的信息能力是有限的，生产的信息既不是世界本身，也同世界有差异，这一系列限制使人与生俱来的信息能力和已有信息并不同一，这给了开展信息生产的空间。在直观与非直观、潜在可能与具体现实、不同层块的本质和本源、主观划定和客观实现、预设与实证等差异中，人类进行着历史与当下、事物与现象、原因与结果、同一与差别、可能与现实、必然与偶然、必然与自由等辩证求索。最终，个人及人类的信息史是在感性世界中的生存生活史，也是在信息、物质、主体中谋求有差异的同一的历史。

不同辩证法的角度都可以用来观察信息，信息却不是机械地必然按部就班发展，而是在涌现、剧变、瓦解等复杂运动中展现多样性，作为一个含有多种可能的生产或者毁灭过程运动着。

自然的、被动的辩证运动和非辩证的一些情况不容忽视：

第一，信息不是必然展开其每一个可能，现实也不一定给予每个信息充分展开的机会。例如，古代巴比伦王国的语言如果现在仍旧被大规模使用，那么古巴比伦语中可能会诞生描述飞机、计算机、手机的种种词汇，然而这种现实并没有发生。

第二，理性假设的信息辩证运动可能以并不辩证的方式实现。内容同一的信息历经复制或再生成，在流俗和物理的角度看并不连续，在社会信息生产的次序里却可以被历史地关联起来作为连续的事物。例如，有的发现，甚至先后由不同的人完成了多次，却也被遗忘和忽视了多次，只有在时代跟上思想以后，这些发现的价值才被发掘，整个理性思考的链条才变为真正连续。

第三，在自组织和复杂度的提高中，既有的信息活动中可能涌现全新的、非本层块的信息现象。例如，在地球生命史中，遗传信息中的编码一直是信息活动的主要工具，在漫长的遗传进化中，人类产生了，进而产生了人类的语言，人类又为计算机开发了计算机语言。这种类的质变和其源头的关系固然可以用质变和量变进行解释，却也真实地存在跳出既有层块的现象。

第四，信息在不同层块之间可能进行跃进，而不是按部就班地按层次复杂度逐步推进。例如，一个人按照熟记的唐诗《春晓》第一句的每个字的笔画数作为自己手机的密码，而他偷用手机的女儿仅仅记住数字也打开了手机。

以上几种情况中，第一种情况中断了辩证运动，而第二、三、四种情况则显示着穿越的可能，都突破了牛顿时代和科层制度时期设想的按部就班发展的机械思想。这些情况激发了一些当代学者反辩证法的思考，也带给另一批思考者发展辩证法的新思路。

面对信息的辩证法，应该尊重信息的细微之处。

信息的历史辩证不同于物质。信息有绝对的创生和毁灭——其生，无中生有；其灭，了无痕迹——有求生和向死的趋势。在存在与虚无、有限与无限、生存与死亡等辩证法中，信息是与主体高度相关的现象，因为主体的存在才会感受到有无之间的差别。对于物质来说，无悲无喜，物无非彼，物无非是。这种绝对的差异在实物毁灭后变为残渣，而信息随附的物理事件崩溃后了无痕迹，二者的差异可以清晰看到。

信息在辩证运动中会因为世界以及自身共在主体的变化而相应地改变价值、正误等。一方面，因为群体的主观评价标准常常变化；另一方面，因为主体内外的信息环境也是易变的。按照突变理论，环境可能是急剧变化的。信息的命运和环境的命运的相关性也包括渐变与突变等不同的关系，既反映了量变和质变的辩证，也反映出辩证运动可能因外部因素而突然中断或者生成。

信息的关联性是强调普遍联系、创生性和合作性的辩证法的一种例证，也与协同学产生共鸣。协同、共存、合作等关联是信息存在的重要基础，斗争与共存是辩证运动的两种面貌。信息因关联性而被全面创生，也因关联性的结构而存在于不同层块。以往的诸多研究者并没有实现信息的总抽象，也就很难抽象把握信息的层块结构。在层块结构中，不同层块信息存在关联、奠基、协同、斗争等命运，它们的关系不仅是此消彼长的替代关系，也存在从零到一的伟大机遇，正是其中的良性关系促成了信息的创生。

信息的关联性通过层块现象展现，信息链接成网，在本层块和其他层块之间扩展关联性，并赋予个体某一层块获取展开信息的可能。如果将外部关系纳入考虑，那么又存在其他主体甚至其他类主体传播信息并形成主体信息活动的可能。这种传播不能完全替代主体的真实计算过程。例如，自 20 世纪 50 年代初开始持续约十年，苏联通过援助和贸易的方式支持新中国 156 项重点工程建设，我国工程师获得了图纸，得到了苏联专家在规划和流程上的帮助，但当我们自己真正消化这些信息，把它们变成可以推广复制升级的力量时，已经是很多年以后了。

旧的辩证法框架往往以合理性为主线。一旦我们使用新框架就会发现，不能只关注确定性而不关注不确定性，不能只设想计划好或可预期的步骤，而不承认意外、错误或新发展，不能只关注有意为之的却忽略自然发生的。在新框架的24.5 中，我描述了信息生产的两种面貌。人类依靠知识形成的貌似客观但不脱离主观的数理量化、概念化、理论化、体系化等方式，预设情况和行动步骤并照此执行，又在实践演进中见招拆招、就事论事地积累经验。人们有目的地设计各种流程和指标进行各项实践，又在主动或被动地创新中破坏和重建目的性，这成为人类信息生产中的两种面貌。这两种面貌构成的辩证法在人类信息生产中具有相当的意义。

至此，信息和辩证法的对话已经展现了很多可能，我们来到了辩证法本身的辩证中。在辩证和非辩证之间，在传统辩证的视角和新的辩证视角之间，信息的总运动变成了树状，无数个枝杈正在辩证运动，也遭到非辩证因素的打击。这棵大树和每一个枝杈芽叶都是开放、运动的，也如历史奠基的社会层次一般是伞形的。

让我们在辩证的视角下来看信息的流变吧。

第二节　起承反合

在黑格尔哲学中，辩证法围绕精神的过程展开，关注精神运动内在的矛盾。

按照恩格斯的总结，辩证法包括三个发展阶段：从抽象的一般概念开始（正），这个概念引起矛盾（反），矛盾的概念调和于第三个概念中（合）。

在面对信息这样的研究对象时，我要对第一个发展阶段进行拆分。对于最基础的信息（如计算机的 0 和 1，遗传物质里的一个代码所代表的内容）来说，其开始的确和硬算法承认或者说物质上的范畴一致（正）。但对于最基础范畴上运动出来的更为复杂的信息来说，并不是出现后就达到充分、稳定的状态，因此，在奠基复杂信息诞生的过程中，需要一个开创性环节，实现信息从无到有（起）。

在实现信息之“有”的开创性阶段，存在从“0”到“1”的创新行为，像宇宙大爆炸一样实现了新的信息运动。这种创新可能是广域上前所未有的，也可能仅仅发生于个体之内、个体某一进程之中、个体某一进程某一时间之内的创新。总的来说，在将信息作为流动事物时，开创是这个流在连续的变化中实现。

在开创之后，需要一个对一般概念抽象化的环节（承）。在这个发展阶段，主体在计算中对信息本身的内容进行一定的释放，并以此进行概念化、抽象化等。没有“承”的过程，“反”也失去了着力点。

干扰与噪声、否定该信息的其他信息、竞争导向的同类信息等物质和信息的力量都可能对稳定信息的运动造成破坏。相应地，成功的起承需要能够实现创生和过滤力量的相应支持。

信息自身能否充分展现内容，要看此条信息所处的环境是否支持。主体的算力、硬算法、寿命状态要给信息展开的计算以时空支持。主体的软算法、已有信息、关联能力等则影响信息展开什么内容。

计算中难免出错，信息可能在运动中出错而有意外的内容。信息随附物理事件，有些情况也就不能避免，如已经广泛被人们发现的混沌[①]、随机等情况。没有周期、难以精确预测的振荡和涨落形成的混沌，攻击着一切简单性原则构筑的决定论和机械论。一切奠基主体行为的算法和主体自身都在攻击中承压，直到被破坏，有幸完成重建的新算法和新主体又将重复这一过程。

信息从开创到形成抽象的一般概念，要经历破土发芽后初具形状的过程，越复杂的信息越是如此。只有引入复杂性问题的角度才能破解这一简单性原则下的演绎，并完善辩证法，以作为研究信息的工具。遗憾的是，此处涉及其他的问题要等以后的机会再做更详细的讨论了。

第三节　信物

在以往的讨论中，一些学者更执着于精神意识与人体、与外部世界的关系，不能很好地解释人类之外的信息活动为何存在。现代遗传学、动物行为学和计算机科学的进展已经显示：信息活动不是人类独有的，它普遍存在。人，乃至所有生命，

---

① 关于混沌，参见詹姆斯·格莱克：《混沌：开创新科学》，张淑誉译，上海译文出版社 1990 年版。

都使用信息进行生存繁衍和各种行动。

一、信息的物质性

信息依赖物质，首先反映在信息源于物质。这一点，我在第四章“信息之源”已经作了一些讨论。信息的生产方式表明，信息源于物质的器官和能够计算理解它的主体。对生命起源的研究和对电子计算机的开发，证明了物质运动能够直接产生信息，尤其体现了信息的物质性。

本书第一章以信息的存在作为讨论的线索，这在目前的历史时期是确信无误的，但它并不是绝对的前提。信息离不开物质，要以物质为自身的绝对条件。确认存在的信息只是相对的历史现象，相对的信息要以绝对存在的物质为条件，除非有新发现进一步拓展这个辩证过程。

物质的绝对存在并不是说物质绝对不变。前文提到的查尔默斯归纳的组织不变性，一方面通过计算机工程近似地展现了出来，另一方面却在混沌、随机、概率等非决定论中面临缺口。

假设个人甲的大脑及神经系统处于特定状态 P，P 包括这个人所储存的所有准信息和活动中信息的状态，在物理上包括信息系统器官的功能状态和工作状态，我们说他现在存在的信息为 A。可以设想一个复制了状态 P 的个人乙，在刚刚进行完复制的一瞬间也拥有信息 A。但是剩下的问题将提示我们一切尚未结束，一旦两个人开始思考，他们已有的奠基性的事物却并不充足必然带来继续思考和产生同一个 A' 的结果。即使不考虑思考的随机性，如果某甲和某乙身处不同的外部环境或者拥有不同的感官系统，那么他们拥有的 A 马上就会因为接触环境反映获得信息而掺入不同的内容，不再等同。两个人的生理系统如果状态不同，也会干扰信息系统的活动，造成 A 的分化。

在多台配置完全相同的电子计算机安装操作系统时，我们也可以见到这种现象。两台计算机安装了一模一样的软件，却因为主板时钟和操作等原因，显示出不同的系统时间，产生不同的数据。而在比特翻转现象中，两台进行一样计算的计算机可能因为物质环境的不同生成不同的计算结果。

这些现象暗示了把握信息的关键要求，要研究信息必须了解物质，要更好地生产信息，就要研究基因、集成电路、无线电和量子力学等。

二、信物的生成辩证

在信息的生成中，不论反映的是信息还是物质，人获得的都是信息而不是对象本身。

反映活动可以有指向，也可以无目的地被动发生。反映可能很精确，也可能获得预期之外的信息。

在反映之外，有些生成的信息本身没有应对的外部事物，包含的内容可能仅指向自身的观念、理念、概念等，也可能是设想或幻想外部可以存在的物质，如新型机器、怪兽等。人还会学习或创造预设的构想试图理解世界是什么样的，并以观察、实践等方式落实和检验自己的预想。

信息已经获得，只要不是被遗忘、删除，而是被储存、计算，那么就已经潜在或实际存在。反映和创造创新交织在人对物质世界的认识过程中。如果将反映丢掉，人们就像从空井中开采油气一样徒劳无功。如果将预设丢掉，那么永远也不会有科学的理论，只会留下庸俗的经验充斥人间。

信息以主体的意志为转移。如果说物质使人类等主体存在，那么信息就使这种存在被主体感知、驱动、丈量、猜度和理解。不同主体的感应器官和算法不同，对物质的丈量结果不同，获得的具体信息也往往不同，这使得信息的产生和使用更为复杂。

主体通过认识世界获得的不是固定不变的信息。信息在主体的计算系统中可能被直接过滤，可能被使用后抛弃，甚至不使用就已经遗忘，也可能被储存记忆，被反复计算成不同的信息，可能以此信息为基础扩展出更多的信息，可能把此信息压缩得更为简短……信息在主体内不断变化，并且在潜在状态和实在状态间反复转化。

在身体影响下，人能够如机器一般严格地生成信息，也常常陷入情景的限制中。生命周期、心理状况、身体健康水平……这些信息从不同方面影响着信息活动的结果。一个伤感的诗人会觉得“恨别鸟惊心”，一个充满禅意的诗人则会觉得“鸟鸣山更幽”。在对动物和植物的研究中也能发现，主体状态对主体的行为选择和表达有重要影响。

虽然有种种矛盾，人通过信物之间的种种辩证终究一步步探索着自我、存在、外部世界、实践等。

三、信物世界

信息世界的组成也是物质的。信息世界的变化特点迥异于物质世界。

物质世界虽然千变万化，但不过是一个“死物”。从人类现有的知识来看，单纯的物质不能无中生有实现自身量的增减，一种物质无法凭空从少到多，也不能通过某种方式完全消失，只能在能量与物质之间互相转化；单纯的物质无法进行复制；物质世界的行动后果无法改变、回撤……物质虽然也能表现出类似压缩、记忆等现象，但都需要在特定场景中实现。如物质以矮星方式压缩需要极大的质量，而且会破坏原有的结构；记忆金属可以记忆外形，但是其机制是人类设计出来的。远离生命等主体的物质世界处于运动中，却是相对寂静的世界。

信息的运动方式是丰富的，它和主体结合后可以依靠表达为中介传播，实现反映、记忆、复制、删除、压缩、解释、转译、遗忘、创新创造等运动。

通过这些运动，信息可以被生产，可以被复制，可以被修改。当信息和主体结合实现这些运动时，信息世界和主体影响下的物质世界就显得生机勃勃。

反映、创新创造等生产型的运动可以实现信息从无到有、从少到多；信息可以被修改、被删除，实现从甲到乙、从有到无的变化；信息可以通过表达等传播运动方式被复制，极为精准地表达和理解甚至可以复制出完全相同的信息；只要信息尚未转换为表达响应，那么增减和改变信息损耗的仅仅是时间和主体计算存储的物质能量，对物质世界和其他主体影响甚微，实际上可以撤回。

只有通过生产，才能有信息存在。只有通过复制传播，信息才能不局限于某个主体，从而跨越单个主体的生命周期、记忆能力和活动范围的限制。只有通过修正，主体才能调整信息，与其反映对象、实践要求相符，才能使主体及其携带的信息在物质世界中、在群体中生活下来。在单纯的物质世界，一切自然而然，似乎不需要这么麻烦，各类存在的生灭不过是光阴的过客。

在这种生存的积累中，信息的精华——算法不断推陈出新。算法的存在使信息兼具有序和多样性，也使信息可以实现范式、逻辑、编码等更抽象的内容。信息世界可以在主体的活动中诞生新事物，如想象的故事和人物、新算法、新遗传信息等，这超越了物质世界的守恒。

信息的这些运动特点使其能够被反复计算、实践检验和新陈代谢。纷繁的主体彼此间交流信息，庞大的信息积累通过运动构成整个宏观信息世界。信息世界沿着信息运动的特点具备自己的“空间属性”和“时间属性”，它在总量上以主体数量和主体的信息能力为上限，在形式和内容上既可以灵活多变也能保持稳定性，作为一个连续的历史性的运动具备了积累发展的可能。

信息通过关联性等方式进行层块上的运动，既在个体内的不同层块运动，也在群体的不同层块运动。

单个的主体自有独立的信息世界。主体间信息传播的网构成联通的信息世界，它比物质的网要变动不居得多。每个主体在信息传播的活动中都可以成为信息网的一点，这种参与既可以是主体对主体的直接传播，也可以载体为中介。主体并不仅仅在进行传播时成为网的一点。主体利用中介或者说媒介实现有时间差的传播。

昏昏醒醒、生生死死、合合离离终究是人所难免，人类众多的信息世界之间的联系网因此时断时续。每个节点明暗不定，个人的信息世界不断生成、灭亡，不断同他者的信息世界联通形成更大的新世界。已经形成的世界不断面临个体的断线、自身的遗忘、事故的灾变，要维持殊为不易。随着互联网的诞生，工程师们以新兴的物质机器维护的信息世界具备前所未有的互联和稳定，正在向万物互联、时时互联的新信息世界前进。新世界可能还远远没有向人类完全展开。

信息的出现使这个世界不再是物质一统的局面，创造出一个在物质世界支撑下诞生的信息世界。作为独立存在的物质实体和依赖于主体存在的信息实在依靠主体发生变化，在这个连续的历史运动中，信息世界以积累和发展实现螺旋上升。

个体的信息积累和发展，受制于寿命、感觉器官、活动范围、计算能力、计算方法等。有的个体一生生产和积累的信息极少，有的个体发达一些，能够生产很多信息，并且经常有创新和创造。但如果这些成果没有融入群体，会终究归于虚无，就像费马那传奇的“因书页空白太小而未写下”的定理证明方法一样。个体的信息活动无法完全体现信息世界运动的特点。

群体的信息活动具有独特的“群性”。当积累的信息能够使主体改变，遗传系统就不断创造出新类型的主体，诞生出新的感觉器官、新的活动能力、新的计算器官，地球的生命进化浩荡前行；当主体开展实践，实现信息生产，并被动或主动纠正错误时，信息就沿着一定的方向，依靠主体的存在发展了；当一个个、一代代主体不断积累和交换信息，群体就能发展自身的信息基础，形成对世界的条件反射、经验等，将最有价值的信息流传下去。个体和自身群体的辩证运动使这场历史活动不是简单的循环重复。

对主体来说，信息带来行动的指南，带来时间和空间的观念，带来物质的形式属性认知。信息是主体能够认识的世界的反映，主体可以不断超越这种认识达到新的彼岸，但必须基于一定的器官、工具延伸和创新创造出来的信息实现。信息的改变又使主体改变。主体和信息互相塑造、辩证发展的过程，是一种“信息—主体”的循环过程。主体通过不断使用更新信息，认识物质世界，改造物质世界，并通过新的物质得到新的外部环境、自己的身体和新的信息。这种获得不一定属于自我，而可能归为群体中的他者，甚至其他群体。

信息的实在及发展，最终汇聚为信息世界的不断发展。信息的实在不但体现于个体可以感知、认识、改造和使用信息，而且反映在群体可以感知、认识、改造和使用信息上。信息的实在还体现在信息的变化能够促使主体变化。在物种繁衍与优胜劣汰中，在发明创造和自我改变中，信息无处不在。信息的一切活动最终以影响物质和物质世界而告终，以物质展现自己的存在。这种实在依靠着个体、群体延续，并且汇成信息世界延续至今，令物质世界更加丰富。

从生物界特别是人类来看，信息和物质存在一种辩证关系。在生物形成的关键阶段，具备自我复制能力的物质蛋白质，向拥有更多信息的 RNA（核糖核酸）生物转变，完成了地球信息生产从“0”到“1”开天辟地的宇宙大爆炸，也使生物具备了关键功能。此后生物自身的结构日益复杂，反映外部世界的能力和使用信息的能力不断发展。在信息生产能力的帮助下，生物得以生存，并在适应自然和彼此竞争中演化。自然界的信息生产以遗传信息积累的方式进行着，又分化出物种内部和物种之间的信息交流，形成了地球信息圈。生物不断改变着地球的物质世界，从改变空气成分到改变土壤成分，从变为煤矿、石油等矿产到形成岛礁改变地形。人类诞生后，发展出自我意识，更主动地利用信息改变物质世界。在改变物质世界的过程中，人类驯化生物，发明工具，并不断发展信息生产，积累的信息产品日益增多，使信息世界日益丰富，最终在今天形成了以互联网为核心的走向联通万物的新世界。在兼具信息与物质的主体中介下，信息物质辩证演进，物质的组成方式更加丰富，从多种多样的生物到丰富多彩的人工制品不一而足；信息世界从无到有，从孤立到互联互通；兼具信息与物质的主体也日益发展。

这个辩证关系的另一面则在述说：只有基于物质世界，才能创造信息世界；信息依赖生产者和理解者存在；信息世界和物质世界依靠信息驱动的物质生灵联系、运动；只有兼具物质与信息的行动主体，才能主动改造两个世界。

人们终究要向昨天说再见，向明天说你好。在两个世界中，人的自我互相问候：你好，新世界。

第四节 主客

在前文的信息之源一章蕴含着一个有些当代哲学家不喜欢的话题——“主体与客体”，本书并不参与这个争论。但是信息之源再次指向了一个前提：只有和主体建立关系的信息才能处于计算中并存在；只有主体占有了信息，才能用信息生产更多信息。信息的源终究要以主体的创生来落实，接下来让我们把目光转到主体自身。

主体在世的一切活动或者是信息层面的，或者是在信息的指导下进行的。主体在信息世界以计算中的信息的方式存在，计算是生命过程的重要部分。主体在物质世界的大部分行动是对信息的响应，主体性通过计算和占有信息带来能动性实现。信息同主体形成关系以及关系变化的过程，不能不成为塑造和改变主体本身的过程。

主体和信息建立什么样的关系，影响着主体的计算、表达与行动。而计算、表达与行动影响着主体在物质世界与信息世界的实践成果，更远来说，影响着主体的生存命运。因此，受什么样的信息之源影响，以什么样的方式计算，不是主体面对的问题，而是主体自身存在的方式。从这一点来看，信息是主体的客体。

主体不得不将信息纳入自己的计算，和信息发生基于自身信息能力的关系。个体自诞生甚至诞生之前就被遗传信息、设计制造等方式预设、把握，不得不和包括群体及其他类主体在内的外部环境进行信息交换。

信息对主体的改造和信息通过主体的存在又使信息具备一定的主动地位。

在主体中，具有导向性的信息在主体的相信之中难以避免谁为主、谁为客的事实，信息及其关联的家族通过主体的主动信任或被动留存维持自身的存在。

对信息来说，主体对信息的相信和使用程度，决定着其自身是否沿着信息及其算法和内容导向继续生产信息，也决定着信息的未来。主体有意无意地在信任与否、实践与否的过程中对信息的命运投了票，又在依靠所选信息进行实践的过程中对自己的命运和自己的构成投了票。信息有可能成为主体信息活动的一部分，有可能被存而备用成为储存的载体，也可能被存而不用成为“屎山”。越庞大、越复杂、历经时间越长的信息系统越容易残留屎山，屎山有时只停留在潜在状态，有时也参与信息活动并对主进程产生微妙的影响，这恰恰也是信息留存的方式之一，显示出信息和主体的不同命运。

信息同主体关系要通过计算维持。主体同信息的关系是一种生产的关系。没有计算，信息无法存在。计算既包括产生信息，也包括在已有信息上进行转译、改造、增加、删除等动作。在所有的计算中，实现信息量增长的生产和创新是生命演化与社会发展中最根本、最重要的动作。

所有已知的主体中，没有生而知之者，或者是占有全部信息的全知者。在第四章，我探讨了主体获得信息的情况。主体必须开展创生信息的活动——反映物质或信息，创新创造或者得到物质运动介入信息系统带来的信息。主体自身信息依靠创生得到扩展，创生的次序就成为主体存在和完成自身的次序。

在自我创生信息的过程中，主体不是白手起家，而是依靠已有的信息和算法。它们可能是先天的，也可能是后天的，可能是先验的，也可能是经验的。旧自我和创生带来的新自我在这种先后关系中辩证层垒地演化。

信息必有其源，但自我未必是这个源。同主体具备创造或血缘等关系的其他主体是预设主体信息构成的实施者。反映是主体把握内外事物进行的信息创生。在反映的过程中，主体反映获得的信息、事物本身作为彼此不相等的要素参与创生。主体既可以从他者、从外部事物获得生产信息的依据，也可以从自我已有事物出发拓展信息，还可以受到其他个体的帮助，拥有弹性的认知边界。非我信息的存在使主体获得预设和创生信息，构成主体同外部物质和其他主体的信息联系。对自我的把握使主体内部信息之间产生了不同联系。信息主客的各类问题都在变化中发生，且是流动的。

变化是这些联系的内涵。信息本身在主体的计算中不断变化。信息本身要依靠计算活动才能存在并被主体占有。信息离不开物质，相当一部分信息源于对物质的反映，也因此随着主体的计算和物质的运动而变化。信息最终要被放到主体的实践中检验，这就使主体创生过程变长，也使信息不定。

在创生中变化，在变化中创生。单个的主体和非自身的其他主体共同构筑已有信息，外源信息和内源信息共同塑造自我。信息由于生产过程的不同而形成主客关系，信息活动的参与者和对象的信息都在此中改变。

对信息来说，参与实现改变有两个重要前提，一是信，也就是承认，不被承认就不是信息；二是用，如果被相信但是没有参与计算与实践，则信息在打破壁垒的效用中为零。信、用是信息同主体的主要关系。

主体的信息生产是主观的，以相信为基础。

此处谈到的主体是所有具备信息能力的主体，相信和信任也因此不限于人类思维，而是最基本的承认信息是信息，接受创生的信息参与到计算过程中。

信息被主体承认，才有更多可能存在于计算或转化为行动，否则不是被直接遗忘归零，就是没有被主体作为信息接收。没有信和作为它辩证反面的不信，主体无法将普通的物质运动同信息系统依赖的物质运动分开，也无法区分噪声和需要的信息，信息生产无法展开。

即使是主体反对的、怀疑的信息，也要先被主体相信为信息才能思辨。即使是假信息、噪声、幻想、假象等创生中“不足为信”的信息，只要被主体接受，它们也便成为信息，被纳入计算，要在进一步计算中厘清。

信有不同的层次。面对不同时间、不同来源获得的信息，主体的信息能力越强，关于相信的判断计算越复杂。在进一步的相信行为中，主体可以在已经承认为信息的事物中进行选择。这种选择也是基于已经相信的算法。在进一步相信的过程中，主体对信息的价值与事实判断、信息表达方式对主体的说服力、根据信息进行的行动结果都影响着主体信任的程度。

最终这一切都要放入实践与生存中经受考验。

主体的信息生产最终以使用为结果，需要取得物质的成功，这是世界的现实。

将信息纳入计算，使主体可以在能力范围内反映当前面对的情况、境遇或命题，进一步进行相关计算与行动。主体对信息由此实现信而用之的过程。而在进一步的相信中，主体将信息的导向转化为具体的行动。

对实践能力较强的主体来说，他们可以按照信息进行更多计算、采取复杂行动、构筑复杂事物。对于实践能力较弱的主体来说，他们可能将信息直接转化为行动就停止。

主体可以毫不怀疑地直接使用某些信息转化为身体行动，例如膝跳反应，也可能犹犹豫豫难以决断，甚至反驳或质疑某些信息。在最简单的生物活动中，信息指导下的物质运动与单纯的物质运动难以分辨，这有待于进一步的研究，因为目前我们难以完全解读其他主体的信息活动。

并不是所有信息都有相对的物质对象或被应用到感性生活中。一些幻想、预设、抽象出来的事物是虚的信息，不具备现实存在，“圆的方形”这样的概念甚至无法图形化设想或描述，更不用说用于物质实践了。脱离感性生活和物质世界的计算，人仍旧可以选用信息参与其中。没有进入计算的记忆只以载体及其索引的方式存在，处于潜在状态，没有被使用，也不在计算中存在，是特殊的物质。

由此，“信息—信息”的循环在“信息—物质”循环的支撑下可在一定时期存在和运动。

用是信的另一个层面，不论是否坚信，一旦信息在计算和物质世界中使用，其后果就已经产生，尤其在物质世界中，落子无悔。行动后的再思辨无法改变任何用的结果，只能调整支持行动的信息，通过行动对用的结果进行再影响。对主体来说，用就是信，因为不可回撤；对他者来说，一个主体在物质世界的行动已经展现了其相信什么。

创生的信息必须经过相信和使用两关。在主体信用的维度，信息是运动的过程与结果，并且随着群体的生活而扩大变得更加复杂。

主与客的辩证是自我认识、自我发展、对外认识、实事求是、知行合一的过程。对于个体乃至一个民族、一个国家、一个文明，都离不开这样的信息活动过程，并在此中改变和被改变。在信息进入主体的计算后，信息的主与客就因为计算和行动而不可避免地彼此划分又相互融合。

因此，信息的主客不但涉及前文讨论的存在视角，归根结底是信息在被信与被用的过程中形成的关系。这是一个极为基础的实践问题。而在实践中，人们首先要选择相信什么不相信什么，相信谁不相信谁，于是我们就越发理解那个著名的论断："谁是我们的敌人？谁是我们的朋友？这个问题是革命的首要问题。"①

第五节　先后

要研究信息的流变，就不能回避次序问题。次序是信息在整体中的位置，其自身就是一种信息。如我们前文所讨论的，信息存在于计算，随附于物质，物质性决定了信息存在的活动有先后之分。在建设了关于信息的新框架后，我就不能再满足于之前框架下有关先天的信息和后天的信息的讨论。

一、先天与后天的再讨论

18 世纪的康德是较早从先后角度系统研究认识论的西方哲学家。在当时的知识背景下，他认为："按照时间，我们没有任何知识是先行于经验的。一切知识都是从经验开始的。"② 他又认为，一切知识都开始于经验但并不全部来自经验，存在一种"独立于经验，甚至独立于一切感官印象的知识"③，只有在这种先天的知识参与下，才能形成认识。如范畴、观念等先天知识是一些纯粹的、理性天赋的、普遍有效的原则和规则，只有在它们的参与下，后天接触的经验才能形成认识。先天和后天的分野，指向了信息次序的问题。

---

① 毛泽东：《中国社会各阶级的分析》（一九二五年十二月一日），载《毛泽东选集》第 1 卷，人民出版社 1991 年版，第 3 页。

② ［德］康德：《纯粹理性批判》，邓晓芒译，人民出版社 2004 年版，第 1 页。

③ ［德］康德：《纯粹理性批判》，邓晓芒译，人民出版社 2004 年版，第 1 页。

康德对知识和经验的关系论证毫无疑问基于“精神—物质”框架，以自我意识能够把握到感官经验作为认识的时间性起点，又发现必须有先于这种过程的知识参与到认识中，实际上对着旧框架开了一枪，打破了意识作为人类认识时间线起点的地位。

他的观点在休谟怀疑论的基础上有了明显进步，认为理性和经验的认识方式都有其局限，批评了当时的流行思想，对哲学思潮的后继发展具有很大影响。

但其中一些缺陷又是明显的。他所理解的不依赖于经验而存在的先天知识及其综合过程，实际上将一些知识和认识能力神秘化了。卡尔纳普[①]就批评了康德僵化看待某些知识的情况，例如康德不知道还有非欧几何的存在，因此将欧式几何作为纯粹知识。在新学科发展以后，他之前的一些论断有刻舟求剑的嫌疑。

在信息的视角下，我们可以看到所谓的先天知识实际上是经验的另一面——祖先的遗传和信息文明的哺育。那些看似纯粹先在的，被认识为有效的、绝对的知识，恰恰是无数生存经验留存下来的。如果进一步回溯，则可以发现，主体的“先天知识”源自生命的起源和生命个体的诞生，而获得“后天知识”是通过这些原初算法进一步计算得到的信息。正因为如此，一些原初的“知识”来自信息从无到有的伟大时刻，需要从物质的层面理解，换而言之，主体的某些信息内容导向是由物质的基础特性决定和涌现的。

康德的研究涉及了算法的规律问题，某些先天的信息普遍存在于人类乃至所有生命体内，却不能因此断定它们必然正确。即使源于惊人的长周期历史经验，即使可能涉及物质的领域，在对感性世界的探索中，算法的有效性仍旧是一种“幸存者偏差”[②]，只是可能如此或者“希望如此”。有限的信息和确定算法的结合只能引向有限的道路。客观如数学知识，也无法直接发展出物理知识或政治经济学知识，碳基生物的生存真理到了硅基生物那里难免成为笑谈。先天知识的天是这个

---

① 保罗·鲁道夫·卡尔纳普（Paul Rudolf Carnap，1891—1970），哲学家，经验主义和逻辑实证主义代表人物，维也纳学派的领袖之一。他在《科学哲学导论》中实际上否认了康德提出的先天综合知识的存在。本书引用他的质疑，但不参与是否有先天综合知识的辩论。参见卡尔纳普：《科学哲学导论》，张华夏译，中山大学出版社 1987 年版，第三篇第十八章《康德的综合先天知识》。

② 指的是当取得的信息仅来自幸存者时，此信息可能会存在与实际情况不同的偏差，这一现象最早用于总结二战时盟军对战斗机伤害的统计。

感性世界，哪怕源于物质特性的某些算法，也常常和一定的纠错机制共用才更有效。

对于主体来说，仅仅依靠认识或者获得观念知识是完不成知识发展的。我们面对的有物质实体的“物自体”，又何尝没有信息的“信自体”呢？人对事物的认识如果仅停留在把握表象，停留在依赖反映的信息，那就无法深入，突破这种有限性要靠新的实践和实践对象。

辩证法在此处显现，先天先验的反而是后天经验的，本以为在前的事物其基础是无数现实的筛选和无数信息的死亡，反而是后来的事物。先天后天在此意义上相辅相成并不断运动。

通过以上对先天后天问题的讨论可以看到，事物和现象、先天和后天、认识和实践不是死的东西，它们在生产生活等运动中的矛盾不可能在静止中得到理解和解决。实践，只有信息和物质的两类实践，才是完成主观信息生产去伪存真的必然道路。在实践中，先天和后天的知识存在互相渗透转化的可能。而这又让信息次序的流变更加复杂。

如果沿着康德开辟的问题展开新讨论，有几重关系值得扩展。

第一，从存在论来说，先得到的信息与后得到的信息在主体内辩证统一。

主体已有的或者先得到的信息是有限的。主体要生存，就必须主动被动地面对变化的物质世界，进而改变自己的信息，不可能永远以不变应万变。主体对自身信息的把握和深入理解也会获得新的信息。而主体占有的信息的层块和内容导向受到有限性的约束，又存在依靠计算、实践、生存、犯错、想象等方式突破的可能，甚至可以形成新类型的主体。

在后天改造先天的可能中，康德认为的先天知识不再纯粹普遍。即使是先天的知识，也面临着纵向或横向的穿越，变为流俗中理所当然之物。例如，牛顿力学作为早先提出的理论看起来仍旧可用，事实上却已被量子力学等新理论重新论证融合。更普遍适用的知识融合旧事物而成新事物。后得到的信息为主体提供了摆脱已有信息导向约束的可能。

第二，康德重视认识的时间性次序，然而从信息主体的时间体验来看，主体信息活动的时间次序是辩证生成的。

要谈论时间，固然要在主体所处的群体和外部世界圈定具体的范围[①]以确定物理学的时间，也必须在个体的时空感觉中把握生存生活的时间。

主体的每一个计算和行动都面向未来，基础都源于过去，而行动和计算本身都必须是现实且现在的。信息的先后次序必须在主体对信息的创生中多重体现。主体在感知和计算中构建了这个包含过去、现在、未来的时间领域，又通过互联互通将之扩大为主体之间的世界时间。

时间对主体来说，一定程度是身心变化的事件的排列次序，是在有限性中能够做什么的可能性，并且存在身心之间、主体不同层次之间、个体之间的认识不同。

在信息层面，对时间的感觉受计算过程和算法的综合影响，并不是线性的。

个体在现实世界的信息环境中，在社会的实际信息生活中，并不是以物理或内心中的一种时间感觉包打天下，而是存在此消彼长的变化可能。时间感觉首先必须是针对个体的我来说的。一旦放到群体中，就变成历史的信息和现实的信息在无数个体间的流变，在工具指导下，被钟摆、原子或时间晶体的运动度量。在不同尺度的共同现实中，个体和群体的主体都要经受信息内在的时间性的考验，既有度日如年，也有白驹过隙，更随着表盘的数字岁月流淌，并因此形成总关系下当前的自我。

第三，从信息空间角度看，主体内信息的先后次序影响信息世界的“空间”大小和组成。

信息量的大小决定了信息空间的大小，它随着主体的计算而变化。信息不能脱离主体，主体有限的存储和计算能力只能留存一定的信息，信息面临生灭的命运。

从迷因的角度看，信息“争取”主体的信任，把自身投入计算，在计算中维持自身的量，获得了存在之先。不能占据这种优势地位的信息，可能被改造、归集，转为潜在或删除等。

主体获得信息的先后对以什么信息为主有很大影响。先得到的信息已经在主体的信息世界中占有空间，后得到的信息要寻求相应的空间，通过关联起来创生的信息也需求其空间。

---

① 根据爱因斯坦的相对论，时间必须和相关事物所处的空间具体联系起来。例如，当从地球出发飞向人马座的宇宙飞船达到光速后，对地球来说，在达到光速的那一刻它就停止了。

先得到的信息在信息世界的空间中暂时具有优势，后得到的信息可以通过解释力、实践力或增量等特长扩大自身占据的空间，甚至改变主体信息世界某方面的质。已有信息如果能维持自身的主导地位，后来的信息则被转化成支持已有信息的因素或者存而不信。后来信息也有机会凭借自身的解释力反客为主，占据主体信息中的主导地位。

良性的信息循环和其导致的行动能够一定程度上扩大主体的信息世界，失败的信息循环不但无益于扩大信息世界，甚至导致从具体信息到主体的衰亡。但先发优势不是绝对的，受主体算法等因素影响。

主体同时作为信息世界中的存在和构成，主体的信息次序因此和信息空间问题联系起来。

第四，从主体性来说，信息的先后次序也是主体的生存过程。

信息的先后一定程度上是主体的先后。信息的次序是主体生存的过程。

主体占有的信息总是改变，主体自身也被改变着。身体对计算的影响很早就被谈论，由于信息的可多样实现性，在主体的主要物质不发生颠覆性变化时，主体的信息活动也可能发生重大变化。这种改变可能是家族相似或者忒修斯之船[①]的变化方式，历经较长时期的潜移默化，也可能是极度冲击的剧变，犹如狂风骤雨。

在一些较大的断裂中，我们可能会质疑主体的同一，甚至连主体自己都会发出“我是否是我”的疑问。例如，人在失忆后可能不认为别人讲述的自己是自己。人在顿悟、精神崩溃中可能否认过去的自己是“真”的自己。

在这种审视下，自我是一个模糊的词，主体、人、自我意识不是同一事物。人尽管从身体上维持自己的独立，却很难控制自己的生物信息变化或全部生理行为，本我、自我、超我的划分也自有其逻辑。未来技术进步后，几个主体共用一个身体并非难以想象，自我在依靠不同的信息源延展自身的计算时表现迥异更是理所当然。作为普通人类的我们可以幸运地自明地知道有我，知道自己的身体与行动大体上是同一的。这已经优越于很多主体。信息活动方式的复杂、变化过程使主体分层、分块、分段，由此，自我并不是人类在信息世界永恒不变的锚，只是一种较大

---

① 公元1世纪普鲁塔克提出一个问题：如果忒修斯的船上的木头被逐渐替换，直到所有的木头都不是原来的木头，那这艘船还是原来的那艘船吗？这类问题现在被称作“忒修斯之船”的问题。

的可能性，这也是本书更偏爱用主体形容计算者的原因。

在这种情况下，主体信息活动的次序，或者说先后进行什么样的信息活动，既可以被看作同一物质结构下某一个主体的历史，也可以被细分为某段历史的某个主体通过同一物质结构运动的表现，还可以视作某一信息进程的运动过程。诸如此类的情况更进一步提示主体界定的难处和旧框架的不足，要求我们用信息的角度重新观察我们的生产生活，同时将主体的历史和信息活动的次序结合起来看待。

第五，从唯物论的角度来说，信息的先后次序同主体信物层面的辩证密切相关。

有两条研究语言的路径昭显了主体内的两种信息：主体中来自遗传的硬信息与获得生命后自我思维、群体教养培育出来的“软”信息。

在第一条路径中，以弗雷格为代表的思考者倾向于研究人通过学习、思考建立的语言、逻辑等，最后和罗素、维特根斯坦等人的研究成果撑起了人工语言学派，实际上研究了人建构形成的算法。皮亚杰[①]等学者的研究在一定程度上也属于这条建构主义的道路。

在第二条路径中，乔姆斯基、平克（Steven Pinker，1954 年生人，加拿大语言学家、认知心理学家）对人体内的器官、本能同语言、思维等的关系做了开创性研究，将刻在遗传本能中的先天算法引入语言哲学领域，进行了颠覆性解释，提出了先有支持语言功能的器官而后有可用语言的理论。

两条路表面上冲突，实际上却可以辩证达到同一。例如，人既具备骨子里带来的信息也具备后天形成的信息，是它们的运转使个人信息运动起来成为社会中的人。类似的情况广泛存在于地球已知的生命主体中。

在两类信息中，前者更来源于遗传系统的信息预设，写死在体内不易修改，类似于计算机中的硬件算法；后者更是人类文明的一部分，是学习、记忆而加入计算的，类似于计算机中的软件信息。这一“硬”一“软”，共同在主体的信息生产中起作用。

---

① 让·皮亚杰是儿童心理学、发生认识论的开创者，被誉为心理学史上除了弗洛伊德以外的另一位“巨人”，其提出的发生认识论不仅是日内瓦学派的理论基础，也是欧洲机能主义的重大发展。他认为认识的心理发生既不是来自先天的遗传，也不是来自对客体的知觉，而是在动作中产生的。

从先后的角度看，前者是群体历史的产物，更早居于个体内部，也更主观，是承受外部信息和主体自身思维成果的基础；后者是个体生存经历的成果，来得稍晚，更显客观，也可从各种表达中获得人类的历史和现实思考。

二者在主体成长、发育、继承、学习、思考、实践中归于其自身。每一个主体内预设的信息都是在生命历程中变为经验的信息，无数预设的信息延伸出无数的可能，却要在有限的物质世界与实践中被消减。主体获得的经验，都要经历主观预设信息的加工，只会呈现主体信息能力和物质工具支撑起来的面貌。单个主体遗传获得的预设信息是有限的，却又在无数主体的生存接力和竞赛中实现兴替。

二者的作用差别已经有了很多历史探讨，无数思想的巨人以性善性恶、人性与兽性、先天和后天、自然与技术等不同分类方式和角度深入其中，也诞生了很多成果。在生物学和脑科学等领域，两类信息在人类和其他生命中的不同作用正在被日益研究。在计算机科学领域，预设的硬件信息和软件都是人为设计的，一直配合无间。

我不在先贤的讨论上画蛇添足，仅强调一点：两种信息的地位在主体的生命周期中可以变化，对人类来说尤其明显。人的一些身体情况可能导致阅读障碍等疾病，从而抵消教育的作用。有影响力的教育和思考又有可以抑制一些遗传信息发挥作用，一些颠覆性的创新甚至完全改变人们的世界观。生理状况、教育水平、心理状态等都在影响不同算法在个体思维中的“话语权”。两类信息的主客关系和群体的信息环境、个体的信息活动都有关系，具备相当的弹性。不论它们的差别如何，都是个体存在的基础，限制个体的可能性。个体必须面对两种信息的存在方式和内容的差别，又必须在两者的交汇中行动和计算，这是无从逃避的。

先天[①]获得的信息和后天获得的信息的命运出路并不相同。遗传信息要以种群的生存和繁衍实现自己的留存。生存中的信息成果则要以表达、实践的成败来实现自身的辩证运动。二者都离不开物质世界，最终都要把生命留下的成果托付他者。对每一个个体来说，它来到世间就注定离不开客观力量的塑造，不论这种力量是自然的还是社会的，是来自先辈的还是来自同时代的。而对于群体来说，任何一个新

① 此处“先天”“后天”使用了中国传统的一种词意，分别为天生的和出生后的。

个体的诞生都为群体带来新信息，任何一个个体的逝去固然带走了很多信息，也有机会留下些什么。两类信息的延续意味着群体的生存能力，甚至意味着新型群体的出现。

两者体现了信息生产的自然史和社会史：对遗传的先天信息来说，它来自混沌，是自组织堆砌出的信息中留存的能够引导生存的信息。对于人类来说，通过在感性世界的生存生活，通过实践的方式，筛选留存和积累满足自身需要的信息，进而创造信息文明。

两种进程也是一部破坏史，每个生命都要依靠遗传的先天信息生存，但面临基因突变和病变。人类因循既有算法进行的计算，常常在想象力、错误、意外甚至混沌等因素中突破。遗传和学习的垄断因此不是绝对的。

在物质世界中，我们更多地看到概率和可能支持的事物的机械运动。在信息世界的主体间，却发生着生存竞赛和有目的的信息生产。主体同非主体的区别在于，能够对信息进行信和用，并且过程性地体现自己占有信息、使用信息，又在这个过程中改变自身。信息的先后通过主体的先后体现出来，最终反映在主体和信息自身的存在与变化中。放大到群体中，这就是历史！而对于信息来说，它们恰恰在个体之外独立了出来，实现了自身和群体、个体之间的辩证运动。

第六，信息的创生性使先后问题可以面向先存在的基础信息与此后信息在生产上的关系。

一方面，主体诞生后任何生产的信息，不论其来源和生产过程如何，都是已有信息的后来者，其在信息和表达上必须同已有信息和计算器官有可衔接之处，否则就无法纳入计算。另一方面，信息的先后性要以信息被承认的合法性开始，这种合法性就是生产的信息及其表达得到衔接。已有信息无疑是主体进行信息生产的主要材料，它们又可能成为束缚，约束主体信息生产的发展方向，而打破这种束缚就会带来毁灭或者创新创造。

康德的批判从人的精神角度展开，试图界定人如何合理地追求知识。在信息的框架上，主体不一定是个人，可以是非人、群体乃至非生命。从精神的角度拓展到信息活动的角度，合理地追求知识拓展到社会的诸多信息生产现象，我们可以走得更远。

二、时间之外的先后问题

信息以计算的方式创生和存在，与时间不可分离。计算本身必然有次序，作为计算结果的信息也就不可避免地存在时间的次序。

信息可以被修改，因此在算法等条件约束下再组织形成非时间次序。信息本身是算法的产物，内含算法的逻辑，因此也具有算法的次序性。

信息生成的次序和信息变化的次序是有时重合但彼此区别的两个对象，从信息生成的时间性来说，呈现出信息计算中“A–B–C–D–E–F……”的次序图式，而在信息变化的次序中，主体可能将信息变化为“B–A–D–C–F–E……”的次序图式以便使用。

信息生成的次序和信息变化的次序应该被区别对待。但是无论如何修正，计算活动终究带有一定的时间性，两种图式因此既有差别又必须综合起来。

拉康于 1945 年提出“逻辑时间”概念，利用精神分析的方法在这个问题深入。他认为存在一种和物理时间不同的逻辑时间，以一个辩证的三方主体结构存在，分别为看的一刹那、理解的时刻和结论的时刻。逻辑时间并不参照时钟，而是特定逻辑连接的产物，是相对稳定的共时结构，而非前后相继的线性流动。他事实上在考虑次序问题，一定程度上挣脱了时间性的束缚。① 拉康的思考还是一种人类中心的观点，以理解为总线索，也就缺乏进一步的普遍性，不能将混沌、随机、乱序等计算中非逻辑情况考虑在内。

在拉康之前，黑格尔已经试图用概念的辩证运动反推认识和行动的过程。他指出，人的认识和社会运动并不是循序渐进的单线简单过程，认识和对象的关系也是主体和客体的辩证关系。对象的改变会影响主体的认识，反之，认识方式和工具的改变也会使对象呈现出不同的现象并改变我们对它的界定，人们不断处于“认识—现象—新认识—新现象……”的辩证循环过程之中，并在此过程中呈现客观独立存在的某种宇宙精神（即绝对精神）的面貌。人对事物的反映不是被动的、静止的、镜子式的。认识有跳跃的螺旋，也有回退的风险。在黑格尔看来，现象就是认识对

---

① ［法］拉康：《拉康选集》，褚孝泉译，上海三联书店 2001 年版，第 209—220 页。

象的本质，认识的辩证是精神活动的本质结果。

这就形成了对康德围绕先天后天建立的框架的突破，黑格尔看到了超乎于个人的某种事物（绝对精神）的存在，看到了个人在这种事物的影响下被塑造。通过辩证法，认识的时间性单一箭头变为了可以回撤、停滞、循环、演进的立体运动。在信息的视角下就能明白，黑格尔的观点是多么超前。

但黑格尔的辩证图式还是神秘的，特别是当他谈论理性、概念等问题时。他把操作经验和支持操作的知识排除在认识过程外，陷入仅就认识谈认识的境地。他认为绝对精神是早已独立存在的，赋予绝对精神完备从而不可修改的地位，陷入历史终结的简单决定论。恩格斯因此评论道："这在黑格尔本人那里是神秘的，因为范畴在他看来是先存在的东西，而现实世界的辩证法是它的单纯的反光。实际上刚刚相反：头脑的辩证法只是现实世界（自然界和历史）的运动形式的反映。"①

马克思通过实践的钥匙去除黑格尔辩证法的神秘性。在他那里，人的认识不能限于通过计算、试验等方式获得规律性的解释世界的知识，更要利用对客观规律性的认识能动地改造世界，并在知识的实施与验证中获得知识同现实的差异，为进一步的认识提供材料。

沿着马克思照亮的方向，破除黑格尔关于绝对精神的预设，一个事实显而易见：人类创造信息、改变信息并且被信息改变，信息在主体的不断运动中成为一个可以作用于人类的事物。个人受到信息文明塑造，又对信息文明构成影响。而在这种理解下，信息的次序不仅仅是认识论问题，也必须包括获得和改造信息的实践观点，还包含对信息运动的思考，反而言之，次序问题不仅仅是主体的问题，也是信息自身活动特点的体现。

正是在康德、黑格尔、马克思、拉康等先贤的引导下，我将人的认知的顺序问题转化为信息的先后问题。在这种延伸下，信息先后的次序问题有几点值得扩展。

第一，信息具有可修改性，可以通过事后插入、删除等方式改变初次生成形成的次序。

信息能力较强的主体能够整理一些信息的次序，按照自身理解通过相关算法

① 载《马克思恩格斯文集》第9卷，人民出版社2009年版，第454页。

组织信息。一些信息活动并不需要主观引导，在主体自身的计算过程中形成新的次序。

这是日常可见的景象。人们能够整理思路，能够将较长的电影浓缩成短视频，也经常发生记忆错乱，把事件的顺序颠倒，或者把假象、幻象加入记忆中。在软件工程领域，调整一下系统日期是再正常不过的操作，系统日志也因此可能看起来颠三倒四。当代的舆论、文化巨头、自媒体等更是具有重写历史的能力。

对于信息能力较弱的主体来说，物质干扰等因素也会改变其信息活动的次序，前文提到的比特翻转就是例证。

第二，信息的关联性活动能够影响信息的次序。

次序是一种特殊的关系，信息活动产生次序，又在关联性活动中产生更多的关系，并使次序发生变化。

关联性本身就意味着在信息生成的次序之外还存在其他可能。例如，主体在思考时先后获得 A、B、C 三个信息，具有了“ABC”的历史次序。单一信息 A 在与 B 的关联中可能形成“AB”的关系并首先计算，但是在与 C 的关联中可能形成“CA”的关系被后置计算，而在对 ABC 的整体考虑中，则可能形成“ABC”“BCA”“CAB”等不同次序的关系。

在创生的动态中，同一信息可能同时或异步地处于不同的次序。信息创生的活动越活跃、越复杂，信息的次序越动态、越多样。

主体在实践中遭遇复杂的信物关系，特别是形成思维与存在或者说主体和认识对象的关系。物质纠缠着计算，认识的次序受到认识行为本身的影响。

量子力学研究中发现了观察者效应[①]，人的观察行为会改变物质运动的结果，冲击了旧有的反映论。在社会领域，人们也日益注意到试验和观察很可能改变被认识对象的行为。认识和反映对象的动作竟然可能或多或少地改变对象，人处在世界中又创生世界的问题变得形象了。

在这种情况下，反映、认识和操作获得的经验与知识，可能是在特定的反映、

---

① 观察者效应，指的是观察者几乎没办法不影响自己所观察的对象。在量子物理学的实验中，这指的是观察者为了能够看到“电子”，必须想办法让“光子”与其相互作用，而这个观察动作必然使电子的活动路径产生变化。

认识和操作等行为中得来的局部有效信息。人在处理材料时，选择材料的倾向也让信息成为一定导向下的信息。人的认识行为自身就参与到对象的活动中，并且影响信息的次序。

此外，信息可以被关联的特性决定了次序可以被再创生。例如，在反复计算中，先加入的信息和后加入的信息的次序可以被重置，即使计算中各信息本身看起来没有变化，却有可能改变总信息的面貌。

第三，信息的层块性也影响着次序。

信息的层块由一定范围内具有稳定的关系并具有显著差异及关联的潜在和实在信息构成。每一层次、条块的计算结果根据算法的不同可能留待本层块自用或删除，汇总到更高的层块，分发到更低层块，交换到同级的层块，等等，一个信息可以加入自身所在层块或其他层块的新次序中。同时它们又不免在计算、表达和操作中处于某个次序中。

正因为如此，我们常常把握到信息在不同层块处于不同的次序，在各自信息活动的线程或进程中拥有相对独立的次序；又在某些涌现的中心或者某一阶段的计算、表达和操作中形成一定的次序，这种次序可能和局域的把握不同。

次序存在于具体的个体和计算中，一旦扩展就要面对差异和相对性。但面对贯通的需要，不论是个体还是群体都要总体上把握差异和相对性，这就意味着有差异地同一的过程。

在一般情况下，群体中不同个体生成信息有先后差异。不同个体因为所在时空不同、信息能力不同而有生成信息的次序差异。当把不同范围的信息纳入计算排序时，原有次序的信息就会面临重新定位。在种种差异合流为一时，以不同级别主体认识或共识为中心的新次序就出来了。

第四，信息在实在和潜在之间的转化运动也会影响次序。

退出计算但是未被遗忘和删除的信息表面上是已有的，实际上却成为潜在的信息或者说有待被反映的表达，在此后的计算中被选用时成为后加入的信息，虽然它们已经是重新创生的了。历史中更旧的可以在计算中成为更新的，被遗忘删除的信息让出已有的位置，让其他信息重排座次。如果考虑到读取、储存等计算活动，考虑到计算的多线程、多进程，这种变动会更复杂。

第五，次序是一种可能性。

一方面，计算本身是在已有物质和信息的支撑和限制下进行的，不是无限的。另一方面，计算可逆[①]，计算线程可以并行。一个自我感觉明晰的计算过程可能是多次反复与多种计算混合的复杂过程，其中不同的信息次序可能相互交杂，甚至无法排列。一种计算的实现，可能是消除其他可能的过程，在这个过程中原有可能的次序不断消减。已有类别和层块的信息面临着消亡和被突破，创造创新又代表着打开全新可能的前景，次序处于有限与无限的纠缠中。

通过这些考虑，从计算本身看，信息的先后不限于时间，也不是单一进程，因此不存在黑格尔所谓的绝对。它受算法等因素的影响，也脱离不了主体的身心状况，更是计算在实现过程中的一种随之变化的状态。自然算法的次序、记忆机制的顺序、发生的顺序、逻辑的顺序、整理归纳的顺序等，都是在信息由运动到静止的过程中暂时呈现出来的。而不同条块的信息的次序在综合中或者更高层次中会有新的组合，这在分布式计算汇总数据时是很常见的现象。

但是，贯通仍旧存在，哪怕要通过斗争实现。信息的先后次序会构成主体计算与行为的先后，不论多么复杂，一定会体现为物质的活动。在网络游戏中，千千万万个玩家在自己的游戏终端，又统一到平台的数据库和时间记录中。对于每个玩家和总服务器来说，他们经历的时间性和非时间性的次序都是真实不虚的，却也终将贯通汇入一条河流。

正因为如此，信息的先后次序通过主体对信息的信和用的次序，展开为具体生存实践中的主体状态。信息的先后次序是主体生命变化的一部分，塑造着主体，让人们“先入为主”“言听计从”，或者“后发制人”“三思而行”，还有可能无所适从。无论如何，在已经做出计算和行动后，后来的信息即使后来居上，也无法改变已有的行动结果，这也是信息研究终究需要走向物质层面的根本原因之一。

---

① 可逆计算即 Reversible Computing，最早由 IBM 的工程师罗夫·兰道尔（Rolf Landauer）等提出，是一种从数学上证明可行的计算机计算模式，它的过程是可逆的。按照猜想，这种计算方式使用的能量很低，几乎不会产生额外的热，熵的增加会最小化。

三、次序和量

20 世纪以来，信息是毋庸置疑的显学，通信科学、计算机科学、认知科学、新闻传播学等学科不断演进，信息量成为多方面关注的问题。

在新框架下，信息通过计算才能活的存在，对信息量有了不同维度的理解：个体信息量多寡，一定程度上成为个体物质器官和工具结合下计算活动状况的问题；存储的写入和读取，一定程度上涉及潜在信息量多寡并且按照什么样的效率转化为实在信息的问题；表达的有效性，则成为群体信息量的重要因素。这些活动都在时间或非时间的某种角度具有一定的先后次序。

在近代以来的科学研究和哲学思考中，量变和质变的关系得到普遍认可。依靠研究耗散结构获得诺贝尔奖的普里戈金就通过谈论辩证唯物主义，指出自己的发现属于超越机械世界观的思想脉络。在当代关于事物复杂性、涌现等现象的研究中，部分学者提出，量本身也促使次序生成，他们从自组织、城市活动、大数据等角度论述这一问题。

从信息的角度看，次序和信息量的问题至少有几点值得重视。

第一，如前文所述，特定物质的量和物质特定运动的量孕育着有序，积累出信息。而在关于复杂度的研究中，主体的物质量和主体可能占有的信息量是高度相关的，即使只考虑真正活动的信息也是如此。

第二，如前文所述，次序本身也是一种信息，特定数量的信息，因为时间和算法上的不同次序，可能蕴藏着完全不同的信息量。

不同的次序本身就蕴含着不同的信息。这在计算机代码和生物遗传学上再常见不过，同一段代码，因为在总信息量中生效的次序不同，可能影响信息的总量。例如，一段命令程序停止执行的代码，放在计算完成后恰到好处，如果放在开头就会导致程序无法运行。这一现象还发生在社交领域。例如，老张给老孟发微信时，一般先问老孟忙不忙，然后沟通相关事项。而在某次紧急事件中老张却直接打电话说相关的事情，然后询问老孟有没有时间去解决，内含着希望老孟挤出时间安排此事的愿望。

第三，不同类信息之间信息量的多寡难以简单精确地比较，但人们可以通过时间或算法的次序进行大体比较。

“我是一个河北人”和“我是一个河北沧州人”很容易比较信息量的多寡。“我是一个河北人”和“我是一个北京人”在完全相同的场景下信息量近似。

而不同类信息之间量的比较就存在困难。例如，恋爱中的男女倾诉“我爱你”和引导异性之间的生殖激素，其影响主体生成的信息量是很难直接比较的。在用无线电通信时，传输一段金融市场交易密钥和一帧电视导购的画面可能占用的时间类似，却不能直接对比其带来的社会信息量的变化。

在计算机软件方面也有这样的现象。在主管开发的管理者眼中，软件复杂度 = 业务复杂度 + 技术复杂度 + 项目管理复杂度，软件必须结合开发的难度和甲方需求架设起来，而这决定了其复杂度。但是在系统设计者看来，系统的复杂度 = 功能的数量 + 功能之间的连接数，这是设计者必须为使用者考虑的问题。在这种差别之下，软件工程师 Tom McCabe 于 1976 年定义建立了一套软件复杂度计算方法，试图通过圈、基本、模块设计、设计、集成、行数、规范化、全局数据、局部数据、病态数据等方面综合计算软件的复杂度。这种方法试图综合考虑各个方面，但由于复杂度并不代表重要性、有效性等对信息量具有重要意义的方面，仍旧只具有参考价值。

软件对于计算机来说是一种信息，对于编程者、设计者来说是另一种信息，对于使用者来说又是不同的信息，表面上的同一事物，面对不同主体时却必须分化，由此展现出信息依赖主体创生存在。

信息量在具体可分的情况下可以进行比较。例如，一款 App 在老式手机和新式手机上都可以运行同样的功能，横向对比，两部手机为这款 App 计算着相同的信息，产生着同样的量。在老式手机中 App 占用较多主体的计算资源，在新式手机中 App 的资源占用比较小，这又造成其自身的量在每台手机信息量占比的不同。如果加以变形，这款 App 在新式手机的同样功能可以生成更好的效果，那么我们可以说它在新式手机中能够形成比旧式手机更多的信息量。这一例子似乎说明，在同类信息的相同或近似场景下，信息量可以通过计算活动进行大于或小于的排列。这一比较的前提是，App 是按照统一代码编制，信息活动可以直观对比，手机对从事什么计算并无自己的优劣判断。在这样的单一场景下，计算活动更复杂的 App 对主体来说意味着更多的信息量。

而在不同类信息或不同场景下比较信息量时，流行经济学中的效用学说和新闻学的新闻价值理论也有其借鉴价值。在主客观评价达到均衡的条件下进行排序，也就是超越物质运动和时间的次序，根据需要、道德、信仰等算法进行信息量的再次排序。例如，乘客急于知道自己是否能够赶上下一架次的飞机航班，那么“本次航班将会延误”的信息就比“我们为航班延误的乘客提供休息场所”的广播能够带来更多的信息量。

种种对比信息量的尝试各有其价值，并在实际中影响着社会信息的理论和流程，影响着次序和量的辩证。除了扬弃“香农－维纳”的信息量度量方法，我们只能按照三层壁垒的认识，谨慎地建立一个等效的原则，即在每个壁垒之间，如果破壁达成的效果一样，则其信息量对下一个壁垒来说是等效的。

第四，主体信用信息的次序影响其拥有的信息量。

广义的信息量是主体占有的信息综合，既包括处于计算中的实在信息，也包括处于记忆状态的潜在信息。在主体信用信息的过程中，信息活动的次序是主体安排算力和存储能力的重要因素，影响主体占有实在和潜在信息的多寡。

信息具有导向性，影响计算的走向，这带来信息之间冲突和抵消的可能。大量具备同样导向的信息能够坚定主体同向的计算，削弱主体逆向的计算。彼此冲突的信息可能造成主体的混乱，反而减少信息量。多种导向的信息可能让主体手足无措。拥有较强信息能力的主体可以综合不同导向的信息，获得贯通，在矛盾中进一步综合把握更多的信息。

合乎算法特点的信息次序能够节省计算所需的时间和算力，有利于主体在同样的算力和储存中容纳更多的信息和潜在信息。在一个计算进程中，有序连贯的后继信息可以保证计算的延续，避免启动其他计算和算法的损耗。在压缩软件中，通过关键字符的转码和顺序重编，同样文件的大小会得到优化，综合性能较好的压缩软件因此流行。在网络信息交换中，合理的虚时间设定可以保证海量数据被安排到合适的次序中，顺利实现交换。杂乱无章的信息无疑需要更多的计算，其表达的有效的信息总量也会受到损失，计算机数据专家、数据库专家常常耗费心力整理硬盘，试图抢救潜在的信息。

信息的次序还体现在节奏中。当同一时间段计算中涌现的信息量超过主体的临界状态，可能造成主体信息活动的崩溃、坏循环或者生成新的算法和计算方向。计算机的蓝屏错误、人类陷入精神失常都不是罕见现象。合适的节奏可以使学习事半功倍，学有所成。

第五，次序影响特定信息在主体中的量，进而影响主体的命运，而这又进一步影响特定信息的命运。

主体的已有信息和后来生成的信息形成了先后关系，主体的计算、表达和行动结果是二者的综合。主体受什么信息影响更大，就会向什么方向行动与计算。已有信息对主体的约束是客观存在的，主体很难超脱既有算法等信息的引导，存在不断自我强化、自我激励的可能。然而这无可指责，只是生物本能的表现，或者说是先天留存的历史经验的体现。

在主体跟随已有导向的极端现象中，出现了毒品成瘾、信息成瘾等社会现象，有的人为了迎合刺激多巴胺分泌的一些算法消耗时间、金钱乃至生命，信息自身的命运绑住了主体，有时甚至带来共同毁灭。也有因偏执生存下来的赢家，很多濒临绝境的企业家靠坚持自己的方法论起死回生，一些本来弱势的生物在环境中突变，成为强势生物。

信息能力较强的主体存在以逆向、辩证等方式综合把握信息的可能，能够摆脱先入为主的局限，甚至重塑自身的算法。

迷因学描述的现象在两种可能中凸显出来：信息构成主体，能够留存于世的信息往往伴随追求留存的导向。信息内含的导向性和算法也因此扩散和博弈。最典型的例子就是遗传信息系统在生命间的扩散和演化。主体因此成为信息维系存量的中介手段，旧的信息和新的信息以主体为空间抵消、融合、协作、搏斗。特定信息在这种过程中展开、消亡。

在更广的层块可以看到，群体也要经历这样的综合信息运动，群体的关系作为特殊的次序使这种运动拥有更复杂的流程。运动的结果影响个体和群体的生存命运，影响组成群体的个体总量，从而影响构成群体的信息总量。

群体之间物竞天择的演化自不待言。主体占有信息的量与次序，也在给主体自身打上标签，这带来社会的层块运动。在他人看来，人表现出有多少信息，按照什么逻辑和优先性行动，就是这个人的社会属性。语言、血缘、经济地位等因素将人类群体区分出来。

优势的主体面对信用了不同导向信息的主体，可能采取党同伐异的方式孤立乃至消灭它。具有较强解释力、传播力和实践力的社会主体可以扩大自己的力量。在这种辩证中，算法、信息的量和其导向性的变化，不仅是个体内部的情况，也是群体乃至整个信息世界的事件。社会中的信息通过生存竞赛扩张和收缩自己的量。

在历史上，语言的诞生和失传、文明的生死存亡、意识形态的兴衰通过语言人口、民族、政党政府等主体竞赛展开。强化已有信息，可能保护自身的群体标签，却不一定有利于生存；选择变通可能有利于生存，却最终遗忘了自己是谁。信息、群体、个体等因素在广阔的历史中展现次序相关的命运。

四、衔接

以上探讨能够成立的前提是不同信息可以通过某种范式衔接于同一频道，否则只能各说各话，毫无次序可言。这一前提恰恰容易被旧框架忽视。

衔接是主体将信息纳入次序的一种动作，它使不同的信息处于一个频道中，从而可以排序。衔接与承认密切相关，承认之后，信息各就各位。

相等判断是衔接的首要条件。

不论是信息层面的运动还是在其载体物质层面的运动，信息必然经过主体相等或不相等的判断，哪怕只是近似的判断。

假设最原始的信息是 A，相等判断要以“A=A”开始。已有信息及其物质系统必须知道什么是 A，然后判断什么等于 A。没有进行这种判断的基础，就无法延伸出是与否等更复杂的判断。例如，我们听歌曲，首先认定这是歌曲，进而接受字词的音调会随着音乐改变的情况，并且不影响我们判断它们是哪些字词，从而欣赏歌词。而对于原始单细胞生物来说，这可能是把几种化合物辨认为食物并进食的过程。

相等判断的前身有可能是准主体在保存物质系统稳定的情况下形成的对外部环境的固定回应。在物质层面，物质的 A' 被承认后加入计算生成信息的 A；物质 A' 一定范围内的近似或者经过一定转换后实现的近似，激活相应的信息活动。在信息层面，计算机通过人类大量的信息和物质设计具备了这种能力，在自然界，这一信息活动是如何起源的仍旧成谜。

可以认为，相等判断的基础条件是计算器官具有近似于统计的功能。物质的某种运动，既被承认为信息，也被判定是 A，从而进入计算的次序。只有先形成辨别 A 的能力，才有将 A 投入到“A–B–C……”运动中的可能。当有了做相等判断的基础能力以后，信息通过运动走向差异和积累，拥有更复杂的运动。

主体的相等判断可能不够精确，时有模糊，甚至是错误的，但它仍旧是非常重要的。错认、猜度、崩溃等情况时有发生，但主体在自然形成的相信中生存下来，甚至从这些意外中有所获益，得到正常生产流程中没有得到的信息。这固然是能动性的体现，从另一面来说，总是不适应实际、不合时宜的主体会灭亡，从而使信息代谢，生存者“正确”起来。

在进一步的考虑中，主体需要有信息分类并且将不同类衔接的能力。

以个人为例，在人的生理系统活动中，神经、激素等作为不同的载体得到不同器官的承认，使疼痛、味觉、求偶等不同类内容的信息得到正确处理。在有意识的活动中，人们能够依靠符号的不同，将数学、文学等不同类问题分别考虑。不管是通过身体功能条块还是通过信息活动条块，人们都需要区分并处理不同类的信息。

抽象地看，分类类似数学集合，如果以 S 为某个类，总是在进行 $A \in S$ 或者 $A \notin S$ 的判断，并按照判断将信息投入不同的计算、存储等流程。

对于社会来说，分类信息也是必须的，有时带来某一类信息的命运变化。例如，人们承认新发现的远古遗址中的陶器上的符号是文字，并为之进行衔接的工作，研究其意义和渊源，将被人遗忘的语言重新纳入人类语言史中。

最后，一些复杂的衔接能力支持主体对信息的综合把握。

前文提到，主体可以进行不同线程、不同进程的信息活动，又对它们综合把握。从衔接来说，不同的信息、相同但次序不同的信息、不同类的信息在主体中不仅仅是有差异的存在，并且是主体进行实践的结果，又是其生存过程的一部分，将它们关联、安排进计算、存储或操作等活动是一种较为复杂的衔接。

这在人类中较为常见。人类可以通过统筹、协商等方式从个体、群体的角度安排使用各种信息。一个人可以上午打猎，下午捕鱼，傍晚从事畜牧养殖，晚饭后从事社会批判。现代政府也往往通过制定执行人口、教育、社会福利、产业等多方面的计划，推动国家的总体活动。

一些生物似乎并不存在统一的信息处理中心，而是通过体内各个功能各自为战实现生存，但其各个功能活动和作为主体总的生存行动达到了协调，这也是一种没有统筹却实现衔接的情况。

无论如何衔接，主体都要跨越各个壁垒进行信息活动，每一步都要经历无数挫折乃至归零，一切先后次序都面临着各种可能和不可能的尝试并以留存作为终极裁判。这可能不够理性，却足够现实。

对上面的文字总结之后，我们发现次序是一个言之不尽的奇妙话题。

随着信息现象的日益丰富，计算机科学和脑科学的发展已经揭示了一个问题——算法是信息活动的模式，其自身也是信息。有效的算法是历经计算和实践检验的信息，价值较高，是信息的精华。以算法为核心的具有相对普遍性的知识和经验有类似的本质。主体的计算和行动的诸多个性是算法的体现。当代信息生产的顺序越来越组织化、算法化，而不是无目的、发散的。

在当前的技术条件下，先天的算法已经可以依靠手术、激素、药物等方式干涉，后天的算法也可以依靠媒体、教育等方式干涉。康德设想的不变的绝对的先天知识，面临着理论创新、解构和再解释。在信息生产的澎湃发展中，个体内部的算法面临着内部和外部的双重考验与变化。主体的个性不断被影响，也依靠技术发展获得了对外部释放自身表达的便利。信息机器的发展还大大改变了主体的计算方式和信息来源。技术手段已经成为主体认识的重要桥梁，人工智能辅助人的思考已经飞入寻常百姓家，用ChatGPT写作业正成为时髦的青少年游戏，唾手可得的结论满坑满谷，摘果子而不是种树已经成为一种认知习惯。

在我看来，认识次序的研究也涉及了主体构成自我的问题，信息融入主体的先后次序成为信息在主体内地位的重要因素，并且成为构成主体和主体存在的重要因素，直接借用的结果在一定程度上是把自己剔除出信息活动。这个问题在信息时代尤其重要，甚至可能成为时代矛盾的焦点之一。

先天算法和后天算法都已经是自我的东西了。更为“后天”的成果性信息正在挑战它们的地位。随着信息文明的日益深厚，个人已经陷入自身的不计算危机中，社会信息流既节省了主体的思维时间，也在个体有限性中同主体自身的算法斗争起来，先天和后天的差异由此不得不在内外的维度展开讨论。

第六节　内外

在进一步思考中，次序的问题自然发展到主体内外信息的关系问题。

在关于“信息之源”的讨论中，提到了主体依靠反映载体创生信息的现象。这种现象使信息能在不同主体间传播，使一些创生信息的行为含有复制属性。

一个重要的前提因此得以延伸：主体的信息或者是自己独立创生的，或者是反映他者表达而来的。

如前文关于三个壁垒的讨论，主体自身生产的信息与反映载体、观察他者获得的信息之间的辩证运动建立了信息在主体内外的关系，成为主体和其他主体之间关系的重要部分。

主体在自我生产使用、接受他者生产和为他者生产三个方向输入和输出信息。主体面对内循环、由外而内和由内而外三种不同的信息运动方向获得了相当不同的辩证运动。

对于主体来说，不论是自产自用还是反映他者载体为信息，都局限在内部信息循环。内部的信息辩证以先后为明显的标志，任何信息都以某种次序被纳入主体内部的信息循环。上节探讨的先后次序的信息都是已经融入主体、被主体占有并开始工作的信息，它们都是“我”的信息，已经成为主体创生信息的工具。

在普遍联系的现实中，主体时常进入接受他者生产结果和为他者生产两种状态，由外而内和由内而外的两种运动方向常常不是单独发生而是一起发生的，这就强化了互动。在新世界，人必须时时面对群体中传播的普遍信息和其他人对自己发出的定向信息，还要时常发出自身的信息影响他者。现在的人们甚至不需要见面，就以终端显示器等载体为中介受到传播方的影响。

内外不同源的信息对主体产生影响，也通过主体表达反向输出，改造其他的客体。主体、客体、共有的信息由此而变。

主体在这一过程中变成他者的模样，被规定。他者影响了个体，又因为同传播网的联通被影响。信息在不同主体之间反复被创生、被复制，也被总的计算不断改变而实现自身的运动。

创生既是每一次信息生产必经的，也是总的信息生产必需的，它在主体内部完成，又通过内外关系跳出单个主体的限制，进入群体的计算或被使用。信息的关联性在此得到更大的发挥，推动群体产生层块。

信息本身作为存在无所谓主观还是客观，只有把它和主体对应才能看到这种关系。内外信息在主体中的地位影响着主体对自我和外世界的定位，也影响着主体同其他主体的关系。

在内外不同的信息运动中，具体的形式和结果是不一样的。

在反映具体的物质时，主体获得信息，是一个反映 A 事物获得信息 A_1 的过程。首先必须明确的是，$A \neq A_1$，物质对象和反映它的现象经验不是一个事物。在变化中，这种差异更明显：在对 A 事物的深入认识和算法转换中，信息 A_1 可能在主体的思考中发展为 A_2、A_3……连算法本身和选择算法的过程也要经历这种发展。如果主体的感官能力随着生理状态、发明创造、锻炼等方式发生变化，信息 A_1 也可能用另一种方式发展为 A_2、A_3……对于物质来说，自身的变化是绝对的，主体对物质的反映也要跟随，信息 A_1 随着物质的变化可以发展为 A_2、A_3……在面对事物 A_1 时，主体可能面对自认为类似的事物 A_2、A_3……当主体认为它们在某些方面相等时，就可以把它们都定义为 A。因此，只要不是刻舟求剑，只要承认主体及其面对的物质都在变化，连主体的思维方法和思维结果都是不断变化的，那么就必须承认，面对 A 事物在主观中等于获得的动态的信息 A_X。

在反映信息时，主体会进行新的生成，得到“信息之信息”。用符号表示则有“A- A_1”，人们常常犯的错误就是把 A 当成 A_1。事实上，只有两个主体间算法完全一致、表达非常精确、理解毫无误差，才能实现“A-A”的复制，分别由不同的主体占有。对于已知的大部分主体来说，只要储存和计算能力能够承受，每经历一轮理解或表达，信息 A 衍生出来的 A_X 就越多。在这个过程中，主体也可能面对自身无法理解或相信的信息，从而不能获得 A_X，只能存而不论或者干脆过滤掉。噪声、假信息、错误信息、幻想、过时旧闻等都是主体在认识过程中要尽力排除的对象，它们可能一时增加信息的量，又可能随着删除、遗忘等单纯的否定运动被削减，也可能变为屎山堆积在存储中。只有最终实现肯定和否定对立同一的信息才能在运动中生成中新的信息，持久地改变信息量。

在这两种信息来源中，主体内生的信息同外部获得的客观信息都要通过主体的计算与行动不断验证，才能融为可以作为生存依据的可信之物，尽管这种验证的代价可能是主体本身。而由于关联性，这些以 A 代称的信息都因为投入整个信息环境而创生出超过自身的内容，并同其他信息和潜在信息建立关系。内部的信息循环和辩证统一是决定性的，反映外物获得的信息必须影响主体的计算才能产生实际影响。

如果加上主体之间的关系，复杂度还能再上几个台阶。

一旦到了群体中，主体数量天然地影响信息量。在两个人之间至少存在“我眼中的你，你眼中的我，我眼中的我，你眼中的你”四组形象。在更多的人际交往和社会传播中，人的形象、物质的印象、信息的理解的繁复程度会指数级地增加。信息需要穿越不同主体的算力、算法、反映能力，面对不同的物质环境，面对传播过程中不可避免的噪声，才能完成由个体占有的存在向群体把握的共在的变化。它在穿越中不断变化出自己的兄弟姐妹，形成与自己相似或慢慢超脱相似性的家族。在信息的关联性中，同一信息在群体中产生的影响随着其传播范围的扩大迅速扩大，其影响力与主体的数量、算力、衔接能力以及时空上是否共鸣共振等有密切关系。

在第一章第三节“直面信息”中假设的甲乙交流的案例只是一个理想模型。在现实的群体信息活动中，信息的传播不一定是直接的点对点模式，有通过非直接载体或其他人迂回的模式。有的载体能够帮助信息复制到受众那里，实现传播者和受众的分享，有的却以阅后即焚为结果。有的信息增加传播网中各个节点的信息，有的却以毁灭部分参与者的信息为代价。在人类群体中，不同的信息运动方式带来不同的后果。

作为群体的边界是变化的。在大众传播中，部分媒体和自媒体通过免费的方式向尽可能多的受众发布信息，通过受众人数展现影响力，获取广告、带货等经济上的回报。广告主和销售方通过被媒体信息影响的消费行为获得回报。受众通过媒体获得娱乐和新闻的信息后也受到其中的相应导向影响。在这一运动中，媒体、广告主、受众、消费者的边界都是波动的，但并不影响统计与概率、社会行为和大众传播追求相应的效果。

在信息产品的直接售卖中，影视剧生产者会寻求以卖票或收入提成的方式获得回报，游戏厂商也会乐于用月费、季票、抽卡、一次性买断、卖皮肤等方式提供实时体验式服务，或者卖出自己的拷贝。在这些交换中，售卖者并没有失去信息，只是将信息复制并允许别人使用。社会的总信息量通过这些行为增加了。内外的边界只有通过经济法律的设定才能强制实现。

而一些信息则被要求不可复制。销售者售出商品获得货币，消费者付出货币购买商品。尽管消费者还存有自己曾经有一百块钱的记忆和一百块钱是什么的概念，却在购买中真实地失去了一百块钱的载体和其代表的信息。货币这种社会关系在交易环节不可复制、不可无中生有，在法律中被严格控制。

在一般的信息生产中，个体通过关联性扩展信息内容，毫无争议地增加信息总量。但是在社会中，在具体生产关系中的保密、知识产权、成本等因素的限制下，信息的创生并不完全由人的自由意志和可能性发展。

生产关系是每个时代最复杂的信息之一。人作为社会关系的总和离不开所处的阶级，阶级的位置同其他阶级的位置相对生成，社会中的信息物质都被判定于归属对象而处于一定所有制中。各阶级的个人在生产关系中既面对信息物质的不同对象，也面对同阶级或不同阶级的共在。正是生产关系的庞大信息组织起了当代社会的生产力。

这一关系中的很多元素随着劳动方式和生产场合的变化而变化。外卖小哥和网约车司机穿梭在人流中，即使身着制服也不被企业承认为雇员。网络小说作者、远程办公的程序员连这种可见性都已经消失，脱离了传统工作通勤与到岗的痕迹。即使天天上班、经常加班的程序员们，有时也很难直观地展现劳动的具体成果，一段优美的代码可能比烦琐的代码要短很多，却有更高的效率。曾经在物质生产为主的时代集中的阶级、生产组织活动和劳动都已经发生变化，空间集中的劳动减少，分散的通过信息系统控制的劳动增多，信息劳动正在变得和物质劳动一样广泛，劳动者需要的道路识别、沟通、编程等知识也增加了。

个体事件积累出信息生产的具体方式，也积累出社会现存的生产关系。在这些或具体或宏观的现象中可以看到，已经存在的社会信息是巨大的客观事物，个体被它输入和驱动，参与着社会的种种，实现自身的生存并影响其他个体。对群体来说，整个社会信息活动的组织度和目的性已经大大提高并且仍在提高中，这种提高在当前是为了生产更多的价值而进行的。拥有较强信息生产能力的社会力量试图使人按照它的口令前进，一些拥有较强信息生产能力的个人又成为弄潮儿，对社会发生巨大影响。

个体和群体的内外辩证基于一种困难：主体自我生产或者获得的真正占有的信息并不是一劳永逸的，而是面临被遗忘、被删除、被迭代、被改编的可能，已有的信息也会在辩证运动中从自身的 A 发展为 A_2、A_3……直到主体删除它或者主体自身毁灭。

在这种困境下，主体维持信息活动要同时依赖于主观的自我和客观存在的他者。信息在社会中是此在和共在分享的，并更多地成为连续的存在。这种切割是康德难以把握，又是黑格尔希望通过辩证统合的。旧的哲学本身就是在研究主体和他者的信息生产，并且在猜测中加入了上帝、绝对等成分，而马克思则通过劳动和交往理论破局。

如果脱离社会关系一般地看待当前社会信息的内外运动，一切也是惊人的。

人类有意识地通过逻辑或数学等算法将信息抽象的辩证运动转化为工程化的可控操作，通过逻辑方式推理，通过数学方式研究，通过香农的《信息论》等理论和方法将通信数字化，通过社会学家的社会网络工具将社会信息活动的信道可视化，通过语言学家、统计学家和计算机学家的合作将语言和人工智能结合……

在诸如此类的方法中，信息作为操作对象，被理论化、符号化、数字化，成为更方便计算理解加工的事物。这些算法改变个人的思维，使人们选择其中的某一种作为“真理”，从心灵鸡汤到晦涩理论，都获得了自己的受众。而在当代传媒和信息技术的发展中，每个人又都成了信息生产者，生产表达和消费信息交错前进。

不论先进国家还是落后国家，都在硬件、技术和信息生产上进一步信息化。先进国家占据的领先地位使它们成为信息生产的上游，控制着研发体系、专利、文化IP、融资渠道、社交网络、市场生产、信息机器等信息生产的关键领域。落后国家和民族在这一过程中单向度接受传播。

在日益发达的社会传播和新型文化工业的影响下，人们对外部信息的信任度胜过自己的思考，每一次打破这种盲从和坚信的大厦都要付出巨大的努力。有意无意的信息污染，进一步提高信任的成本。内外关系将在进一步的演绎中发展为真伪问题。

第七节　真理与谬误

真理与谬误或者说真伪，是一个非常古老的问题，也是黑格尔以来辩证法关注的重要问题。关于真伪存在很多判断的方式，巨人们已经就此进行了几千年的讨论。

真理或者说真的信息，是比较出来的。它需要用一定的算法、事实对比，也需要跟假对比，没有比较的对象就没有真。从信息的角度观察，一些比较会带来明显的矛盾。

第一，对主体来说有价值和真事实有时是矛盾的。

从一个有趣的现象可以看到这种矛盾。绝大部分人只要闭上一只眼睛，用单眼就可以清晰地看见自己的鼻子，而用双眼却只能看到模糊的虚影。这是因为双眼关于鼻子的影像被大脑修图修掉了。从生活来说，这样修图无疑是很有价值的，而从原初的现象经验来说，这摧毁了最真的现象。

矛盾源自主体算力和感官的有限性，呈现全部现象是计算的灾难，只有呈现出为具体实践服务的现象才能节省算力和能量，提高整体的运行效率和主体的生存能力。

真理是基于局域或特定对象推导出来的，人生却同时处于多个领域。从这种意义来说，人类是部分假象的受益者。人类通过长期生存凝聚出求真的价值观，又在某些时候通过打破这种价值观的过程呈现另一些真理。

第二，很多真理和价值是实践留存的结果。

在主体计算和响应的过程中，部分主体将信息直接转化为响应信息的行动，只有部分主体能够进一步思考计算，并由此展开深度的思考和行动。而这两种路径获得的信息同样具备导向并带来实践。信息的去留离不开实践带来的主体命运。

正因为如此，自我感知和计算的部分并不一定是普世的，群体认为正确的信念和取得良好的实践效果并不必然发生联系。

人们总结经验或者创生一些预设的信念，作为面向未来的指南。这些工具要经过现实的风吹雨打，通过被信用才能长久存在。一些过早诞生的具有真理性的信息恰恰因为脱离了使用的环境而被遗忘乃至消逝，就如孟德尔发现遗传学定律之后，沉寂数十年那样。

由于信息活动规律、假象、历史的惯性和运气等成分，很多谬误留存了，谬误的留存却又是真理运行的结果。

在这种矛盾中，对真理的验证和反驳有时只能放到时间尺度上，但人们常由于自身寿命的限制急于获得答案，于是，迫于时间形成的因素，每一代人的主流认识和实践距离理想的状态总有距离。

第三，真理有差异地运动着存在，不可简单地一概而论。

把真理当成某种确定不变的东西，只是不能认识到信息必须运动存在而产生的错觉之一。即使是经典文本，也不意味着人们得到的信息和作者想表达的意思一致，很容易在一千个读者那里有一千种解释和关联。如前文“信息环境”一节所言，信息在每一次转换中都实际上越过了一个壁垒，在这一过程中的每一环节不可避免地经过主体的再创生，真理也在这个过程中分化和分层。

首先，存在计算中的真理，是个人或某一范围群体最真诚相信的信念，它通过信息实践形成，离物质实践最远。这又包含不同的真。例如，将散乱的念头成功凝聚为一个确定的想法或者将记忆凝聚为计算中的内容，已经达到了一种真；通过不同的算法对一个想法进行验算、比较、反复思考等活动又有机会带来另一种真；在实践后回望自己的思想，又是一种真。

其次，表达中的真理，是个人通过种种考虑后表达的过程和结果，大致是信息实践和物质实践居中的那部分。个人一方面要尽可能地将表达和自己的意图贴合，另一方面又会在相当多的情况下表达出思考结果以外的内容，两方面各有其真。

最后，行动中的真理，主体的计算在这一环节最终响应为行动，可能与思维及表达的内容有很大区别。它是最直接的物质实践，受信息计算结果的驱动，也受物质世界和群体环境的制约。这一层面的真理常常以结果为评判标准，和人的认识发生辩证。

在真理的分层中，信念的力量对人在多大程度上践行真理起着贯通作用。人不是百分之百确认真理才行动，而是在行动中寻找真理。个人在表达时可能对思维中的真理作出牺牲，更接近于表达范围内流俗的共识，却又在这一过程中体现了另一种真理。群体对个人表达的评判也常常是多角度的、动态的。总的来说，人越相信某一信息，就越容易在思维、表达和行动中贯彻它。反之，则会存在想一套、说一套的“两面人”，随大流靠本能行动的“日子人”等现象。

理论、信仰也因为这种差别分为“纯信息环节的理论”“表达传播等关于社会信息的理论”“行动中遵循的理论”。三者的差别既受制于个人和理论的信任关系，也不得不受制于物质世界和群体环境的制约。

“人不会被一泡尿憋死”，就在形容理论架不住生命需要后的行动。想得好常常不如动人的说辞，美妙的修辞又有可能在现实中破碎。在实践的紧要关头，特别是面对处于理论照射之外的新现象时，以行动突破理论是常态。当新实践形成某种范式，又会重塑人们的思维和语言。这种辩证运动的现象在某些理论家看起来甚至是荒谬的，然而生存的事实和新理论的酝酿将打破这种荒谬性。

在马克思的图景中，真理不是某种定论而是开放的道路，他论证了人在现实世界通过实践自我解放并追求真理的可能。他将黑格尔主义中神秘而又缺乏人的行动的精神意识带入人的感性生活，沟通了物质和人的信息活动。人以在物质世界的生存为基础，通过精神和物质两方面的实践和成果，不断发展生产力，形成新的生产关系。作为劳动者的人和生产关系、生产力形成辩证前进的关系。这样，历史是唯物的而不是唯心的，世界终究要落脚到人的物质生产中。资本、精神产品等信息不再是独立存在的，而是和人结合、和物质生产结合存在于社会之中，真理也变成人类前进的道路而不是人类已有的或者未有的某种自然事物。

基于以上的考虑，我们可以看到一个信息哲学角度颠倒的黑格尔世界。

在这个世界中，信息驾驭着人限制着人。人们不一定等待真理，就如真理不会等待人们。

信息就是不自由，就是消除一些可能性，指定着既有方向。

信息又是自由，在每一个环节保留着突破和创造新的可能。

信息本身无悲无喜，甚至无真无假，不关注人的命运。是人自身将信息投入表达与行动，展开信息。人的认识正确与否只能从实践中得到最终的确认。

基于以上这些考虑，烜赫一时的真理同一论存在缺陷。真理同一论相信一个命题是真的，当且仅当它同一于某个事实。而一旦对事实的认定存在多种分层，那么命题也必须相应地分层，这样，同一的简单性就再次陷入复杂性了。

在传统上影响更大的真理符合论，强调命题或判断与客观实际相符合才是真理或者真值。唯物主义和唯心主义、辩证法和形而上学等不同方向对符合论有不同的理解。英国哲学家约翰·洛克（John Locke，1632—1704，英国最早的经验主义者之一）认为，指示事物的词被结合成命题，如果它们的结合方式符合于外部世界中事物的结合方式，这一命题便是真的，否则便是假的。早期的维特根斯坦认为，在命题和事实、基本命题和事态、名称和对象之间存在着严格的一一对应关系。命题的真假或者取决于命题与它所描述的事实之间是否存在着符合关系，或者取决于命题是否成为它所描述的事实的图像。这些认为表达和现象经验一致便为真理的思想，的确便于确定部分真值，但从上文的分析也能看出其中的不完备。

部分实证主义者将真理分为必然真理和偶然真理，认为只有数学的和逻辑的真理才是必然的，必然真理的发现和证明不靠归纳法。科学真理或关于事实的真理是从经验中归纳出来的偶然真理。诸如逻辑实证主义等现代西方分析哲学热爱讨论的命题与事实，或者说真理和现实的差异。他们希望通过语言提出命题，通过检验证实或证伪命题，实现不断递进归纳出真理与谬误，以“经验证实标准”确立了“意义标准”，并以此宣称形而上学、伦理学、美学命题都是无意义的，而仅仅只有情感上的作用。这二者存在浓厚的理性主义色彩，实际上不承认社会信息的存在和价值。然而人类的思维、自然语言和行动都是不完备的，这就决定了我们所说的知识命题存在语义上的不完备。我们很难完全融贯性地组成一个最大的命题集合而不产生语义错误。即便做到了，也要面对哥德尔不完备定理。[①] 人类对信息计算、表达和行动的融贯，对有差异的物质世界、日常社会和信息世界中生存实践的融贯，只有在总的现实行动和超越个体生命的长时间周期的思辨中，在承认社会信息存在的前提下，通过两类实践实现，不能否认信息实践的必要性。

在真理问题上，前文提到的卡尔·波普尔继承逻辑实证主义的部分传统开辟了一条证伪主义的新路。他划定了一条界线：可以被证伪的理论或者命题才是科学

① 哥德尔证明了任何一个数学系统中，只要包括简单的初等数论描述，而且是自洽的，就必定包含某些既不能证明真也不能证伪的命题。这被称为哥德尔不完备定理。

的，否则就是非科学的。科学始于问题，人们可以通过猜想—反驳、检测试错等办法找到理论内部、理论与经验事实、理论之间的不一致，排除科学中虚假的成分，提高理论的真理性，这无疑有其价值，但又因为过于理想化在信息视角下自有其遗憾。一方面，他的真理认识和他创立的“三个世界”理论是同源的，相信存在绝对的真理，即科学，认为人类活动应该围绕真理展开。然而如前文所述，自然和社会的信息生产离不开出错、意外，现实的发展不会因为可能的真理而必然如何，不应因噎废食，将尚未达到较高完成度、检测手段不足或者有实践价值却存在不一致的理论轻易否定。坚持证伪主义很容易遏制萌芽状态的新生事物，陷入极端教条的境地。人们面对现实和理论冲突时，往往选择现实而不是理论，即使在英美，也会在金融危机期间选择救助银行而不是墨守自由主义的教条。另一方面，证伪主义强调理论的普遍和精细，在这一要求下，描述同一对象的理论“ABC”和“CDE”必须分出胜负。然而在社会现实中，它们可能都只是摸到了一个立体事物的几个点。人类和大型语言模型进行了同样的语言表达，却来自不同的实现方式。从这些现象来说，当代科学哲学关注复杂度、混沌等理念，要求面对特定对象和海量数据，用多种模型尝试不同可能，符合时代的现象，也恰恰和证伪主义的倾向相左，反映了证伪主义粗糙的一面。

对真理的追求，离不开实践和进一步追问。实践和进一步追问引发的深思也彼此不可脱离，否则不过是陷入坏无限或者空洞的循环而已。

第八节　有为无为

在中国古典的黄老思想中，包含着无为和有为的辩证思想。而在信息活动中，虽然信息本身已经包含了目的性和导向性，仍旧存在着有意识的主动运动和相对无意识的信息活动之间的差别。

设想一个没有任何主体存在的宇宙，在那里，如果星云中的尘埃偶然间组成了某个汉字，其中有信息吗？一个单独的符号或者其他现象，如果不被理解，也没有表达的对象，就仅仅是物质的一种形式。这种情况下的物质不应被视为信息生产的表现。

假设一位 19 世纪的物理学家在陨石烧焦的痕迹中，提前一百年发现了相对论的完整论证文字，这里的信息生产者仍旧是能够辨认文字和理解理论的物理学家，而不是在奇迹中构成这些痕迹的陨石和大气层。

假设有无限时间的百万只猴子在打字机上工作，这些猴子非常碰巧打出了《莎士比亚全集》，谁能理解这些信息？谁能从它们的稿子中找出这些信息？但是它们的确在信息的驱动下行动。

如果解构一下猴子们的情况就能看到，一方面，它们受自身已有的生物信息支持活着，又在训练下使用了打字机；另一方面，打字机的结构和字母限定已经是一种准备启动的硬算法。在两类信息的合力下，得到无限时间的猴子打出《莎士比亚全集》是有可能的。

《莎士比亚全集》不是猴子们想表达的内容，而是其有意识的活动同无意识的打字机算法汇合行动的产物。但是如果一个莎士比亚时代之前的英国人捡到这些稿件却可能如获至宝，直接成为“文抄公”混成一代文豪。

在这种假想中，无为而动的信息活动同有为而行的人形成了信息生产的衔接，而这恰恰是很多信息生产的现实情况。一个人的呓语可能被一个团体当成天启，自然的遗传物质运动被生物学家用来研究如何治愈疾病和长寿，计算机生成的信息在人类的理解中得到应用，偶像在表演和曝光安排之外的日常随意行为也可能被粉丝理解为魅力，鲸鱼的分泌物被作为贵族香水成为社交神器……这些都可以算作有为无为的辩证。目的性和非目的性有巨大的差别，但是就已经成为现实的产品来说，其中的差别要靠真正和这些信息集合的主体来体验，而且有可能体验不出什么来。

一个范围、群体、环境内的信息活动和信息总量，要到相应层块中去定位、去归集。

在一些语言学家的试验中，他们教会了猩猩很多词汇，但是这并没有促使猩猩群体形成文明。

猩猩之间的信息交流可以被人类观察、猜测，但也不能让人类彻底理解猩猩的文化。同样，人类的信息也不是猩猩的。二者互相传播的界限，受制于二者信息能力的进化水平和互动的努力。

猩猩从人类中得到的信息只增加了个体的信息量和它同人类之间的信息量，难以增加同类群体的信息量。以人为主的信息圈仍旧以人类有目的地传播为主，以猩猩为主的信息圈仍旧以猩猩有目的地传播为主。猩猩之间不用人类语言交流的无为，和某只受过培训的猩猩同人类用语言交流的有为又体现出信息量的层次特点。

信息及其所处环境的总信息的导向也因为这种差异辩证既是连续的，也在层块之间区分开来。

不论有没有目的性，主体都可以根据信息改造相应的物质。水獭建设水坝，蜜蜂构筑巢穴，细胞进行分裂，动物繁衍下一代，人类更是创造了丰富的人造事物，构成了社会的物质基础。

有意识制造的载体成为信息生产的中间环节。人不是从载体中直接摘取信息，而是利用感官和算法与载体结合进行再生产。这就使人自身的目的和载体制造者的目的可能存在差别，文学批评有时比文学作品更“清新、美丽”，就是这种再生产的现象之一。

记忆是人们写入和读取储存在人体内和外部载体信息活动。可口可乐公司曾经自信地宣称，就算可口可乐公司的厂房全部毁于火灾，它们也将在很短的时间内复兴。这种自信来自可口可乐公司的品牌价值、现金流和股票，来自社会对可口可乐的承认，也来自公司多年运营饮料行业的管理人员和他们脑内的经验。人类出众的记忆能力使自身在大自然的信息生产竞争和协同中获得优势。

对于无为或者说目的性较弱的主体来说，同类、外部事物的意义差别可能不是那么大，它们不会有很多怀疑，也不会有太多记忆，更多地靠本能开展活动。而对于目的性较强的人类等生物来说，只有通过表达和行动才能确认他者的信息。在群体中，个人依靠自身的物质活动完成表达，以他者的解读作为表达活动的成败。这时，他者成为个体信息的重要制约，无数有目的的活动可能最终表现为无目的，反之亦然。

有为和无为的差异最终体现在信息的创生上。信息作为一种可以增长的事物，由主体在历史中积累，通过遗传、学习等方式不断积累和交换给其他个体，使信息成为历史的、连续的实在，构筑起信息世界。人的有意识的信息创生从积累速度和创新速度来说，远远超过其他相对无为的自然信息生产。这种信息生产经受住了实践的考验，使人类文明的发展超过了生物圈的其他主体。

我们因此可以说，有什么样的主体就有什么样的信息。

反观之，主体因为信息而成为主体。地球生命的形成和信息活动的展开密不可分。自然主体的身体根据遗传信息组织，人造主体根据预设蓝图建成。这些影响主体构成的信息随着自然进化、改进改良等活动改变，对主体的构成产生相应影响，信息参与构成主体本身。

人类愿意信用的信息不是“有意义”就是“有意思”，总是满足某种需要。而在更自然的层面，信息总是发挥某种导向，调动一定的物质。

信息能力使主体的运动有信息可依，按信息进行，从而不同于普通物质。主体自身的算法和反映能力使主体从“我”的角度感知信息、把握信息、改造信息。主体自身的已有信息和所处群体的信息都参与了个体的塑造。人类进化出的信息硬件和铭刻的优秀算法使人类趋向于有为，不同的目的性碰撞汇成了社会的总趋势。

因此我们可以说，有什么样的信息就有什么样的主体。

在人类有为的信息生产中，计算上升为理解，通过载体创生信息升级为解读，对信息的行动响应提升为实践。人类满满的目的性构成了当今社会信息生产的积极力量，却同样孕育着风险。

目的性和目的并不同一。人类为了实现幸福而生活，这种目的性并不总是指导实践。现实的种种压力把生活压制在生存层次，幸福的目的性被量化为追逐金钱、格调、位阶等。本已相对过剩的物质和信息生产力在大部分国家和地区反而被目的束缚，不能提供更多的社会福利，除了追逐价值并不体现更长期的目标。表面精美的有目的信息生产，撬开壳子却少不了草台班子在起作用。

人类自身处在有为和无为的辩证中，不仅是有为的一方去综合无为的一方。当代目的鲜明的信息生产一定程度上压抑自然态度的无为，这是否是进步的必然选择？尚值得我们观察和思考。

第九节　一条只能踏入一次的河

在辩证和非辩证可能的综合下，本章讨论了几个方面的信息流变。

信息生产在本质上是自由和约束交织的过程。它否定任意性和完全无目的性，用信息活动中涌现的能够维持的自组织系统进行运动，并引导计算和主体的行动，从“任意的自由”上升为“自律的自由”。对于主体来说，不能完成这种上升就有很大可能耗尽自己的物质而灭亡。

辩证法则揭示了这种自律性，提出了已有的自律如何被打破又继续维持连续的、向着新方向的信息生产。信息的生气在其中充分体现。

与此同时，非辩证的可能又打断了辩证的完美性，提示了失败、不连续的风险。正如马克思、恩格斯、海德格尔等思想家的警告那样：人类的目的性，仍旧不能脱离无目的性。资本、科学技术、社会制度等事物的发展固然加快人类的前进，也把一切的方向都定好了。正如凯瑟琳·海勒（N. Kather rine Hayles，1943 年生人，美国文学评论家）所警告的那样，进行整体性创新的难度越来越高，而信息生产突飞猛进积累的危险因素也越来越多。

只要这样通盘思考，多年来的一些哲学迷雾就被拔开了，为唯物主义贡献的信息新框架就作为新工具来分析这个新世界，面向新世界的人和种种现象。

信息与精神的关系、精神与物质的关系曾经长期得不到较好解读，思想界往往根据风潮关注精神、信息、物质等方面的一点。这种蹭热点的倾向也成为当前经济实践中轻视人的因素，过度宣扬金融、自动化和人工智能的思想根源。

在当代信息生产兴起的前夜，旧有的哲学框架已经很难担当解释现实发展的重任。信息产品的数量越来越多，使一些研究者触摸到了未来的轮廓。一方面，直至 20 世纪中叶，很多人还困守在精神与物质的园地，这些探索往往有所保留。另一方面，信息生产庞大复杂并且不断变化，一些研究者开始逃避对基本哲学问题的研究。但总的来说，先行者是敏锐而犀利的，他们的尝试成果促使后人前进。

葛兰西认识到社会上存在文化的领导权或者说霸权，认识到信息生产和信息占有带来的权力，对社会存在和社会意识的关系进行了新探讨。构成社会的一切存在，包括个体、社会组织、社会活动、各种财产等，其中既包括物质的东西，也包括信息的东西，这些社会存在是整个社会的基础，物质使社会存在，信息使社会得以成为社会。在人类社会中，以文化为代表的社会意识能够影响社会存在，特别是信息的存在，它构筑社会集团的合法性或瓦解其存在，能够影响财产归属权、政治领导权，在社会中尤其要注意那些具备传播过滤信息能力的中层，他们真正影响文化的实现。葛兰西从关注文化出发的研究已经进入信息的门槛，他对文化战争和社会计算的阐述在一百年后的现实的照耀下仍旧光彩熠熠。

以胡塞尔、海德格尔为代表的思想家认为，不能把反映物质的信息等同于物质本身。由他们的思想派生出来的法国存在主义哲学由此沉迷于研究个体的自我意识，把人的生存作为哲学的研究对象，把人获得信息视作接触现象，进而围绕个人生存必须时时刻刻面对的已有信息产品进行铺陈。到了萨特（Jean-Paul Sartre，1905—1980，法国哲学家）的口中，终于喊出存在先于本质的口号，事实上放弃了进一步的思考，转向人本主义和人道主义。

布尔迪厄（Pierre Bourdieu，1930—2002，法国人类学家、哲学家）对资本有了新的见解。一方面，他认为资本是一种权力形式，将其区分为社会资本、文化资本和经济资本；另一方面，他研究了不同资本的相互作用和相互转化。对资本的研究使他重新回到阶级的逻辑，完成了哲学上的复归。布尔迪厄的“资本论”是研究社会关系的新成果。在我看来，当他确定资本是一种权力的那一刻，就将资本的信息属性挑明了。权力毕竟是一种得到两方或两方以上确认并执行的信息，是基于“同意”的一种社会关系。

罗素、维特根斯坦等分析哲学家在对数学的研究中认识到信息数字化、符号化的巨大好处，沉迷于使用数理逻辑解决语言中的信息问题，在将语言清晰化上有其独到之处。语言既是信息的表达方式，也暗含着不同文明、不同文化对世界的认识，其语法、语义和语用都有一定的算法存在。对语言的研究是认识信息的必要工作。但是，他们及其后来者往往将语言作为哲学研究的唯一对象，进而陷入符号化、形式化反复推演的泥淖中。连这个圈子的自己人都对这种现象难以忍受，维特根斯坦晚年就试图走出其中。

“在盎格鲁 - 美国 - 澳大利亚哲学圈内，形式化就是达到这一目的的手段。甚至最简单的公式都足以吓坏几乎所有‘未受训练的’读者，或者让他们失去兴致。……形式化的优点不在于清晰；而在于排他性。这些技术的排他性在哲学里造就了一种部落派性。……优秀的人类学家会着迷不已。因为正是这种‘训练’使部落团结在了一起，它包括的不只是分析技巧，还有与众不同的着装风格（‘邋里邋遢的学者’以及少数用心打扮的怪异分子）、可预期的规矩（比如，坚持不断地相互引用而不引用他人）以及矢志不渝地运用一个世纪前弗雷格和罗素用过的那些乏味例子。”[①] 这种学术的腐朽至今仍存于这个圈子的部分人中，用前辈开创的有价值方向为地基，在其上空洞循环地制造“屎山”。

托马斯·库恩是科学哲学中的先进者，他在《科学革命的结构》中提出了范式论，和熊彼特（Joseph Alois Schumpeter，1883—1950，美籍奥地利政治经济学家）在经济学提出的破坏性创新有异曲同工之妙。在这本书中，库恩反对那种把科学知识的增长看成直线似的积累，或者不断推翻之前成就增长的观点。他依据科学史材料，提出了科学和科学思想发展的动态结构理论，第一次明确地使用了这个理论的核心概念“范式”。在这个动态结构理论中，库恩认为科学的实际发展是一种受范式制约的常规科学以及突破旧范式的科学革命的交替过程。这种承认历史成果，又强调突破性创新的理论，将科学技术探索这一信息生产过程中包含的量变与质变描述得非常生动。

以上成果多少都属于 20 世纪哲学反对本体论、结构主义与基础主义等思潮的一部分。他们围绕如何理解信息、关于人的信息和信息生产如何进行等问题进行了片段化的研究。

梳理这些新旧世界转换之际的世界观可以看到，信息生产的冲击已经使敏锐的学者作出回应，这些回应因为立场问题和实践局限并不完整。信息世界的丰富多彩和变化无常使先辈们看花了眼，不约而同地收束自己理论的范围。在这些尝试的前路缩窄时，一些后辈不思考自己的出发点的问题，而是高呼哲学已死，哲学衰落。当他们无法完成提供世界观的基本任务时，还能产生什么影响？在这方面，现实的心灵哲学家、人工智能哲学家要比他们更有力。

突破精神的桎梏，进入信息的海洋，突破信息的神话，回归人类的信息生产。在这种转向中，精神是人类自我把握的一种信息活动，信息是广泛的却不是无条件的存在，信息被物理事件奠基，与计算活动同在，信息生产是一切有信息能力的主体都能开展的活动。

让我们把新的世界观应用于人类实践，特别是当前轰轰烈烈的变革中来！这

① ［美］罗伯特·所罗门：《哲学的快乐》，陈高华译，广西师范大学出版社 2015 年版，第 305 页。

关系到人类能否由生存状态转向生活状态，由生存竞赛转向生命竞赛。在这种转变中，人的全面发展将会实现，人的生命幸福将会提高。但前提在于，人类能够更深地掌握信息生产，人类能够不断创生更多更好的信息。

思想不是某些人标榜高雅与情操的饰品，不是智力游戏，也不是寻章摘典的训诂学。时代对新世界观的呼唤不过是思想解放的重提——哲学家们只顾解释世界，但问题的关键是如何改变世界！

这是只有当下的河流才能唱出的歌，这是一条只能踏入一次的河流。

结语

人们浮在大地上

双脚离地

人类突然进入了新世界，这里的五光十色令人流连忘返。

中国人的生活结构已经被大大改变。2020 年中国成年国民人均每天手机接触时长为 100.75 分钟；人均每天互联网接触时长为 67.82 分钟；人均每天电子阅读器阅读时长为 11.44 分钟；人均每天接触 Pad（平板电脑）的时长为 9.73 分钟。[①] 人们每天平均有三个小时成为另一世界的居民。

建设新世界成为最酷和回报最丰厚的工作之一。创新创业的浪潮也往往围绕信息生产展开。在信息世界，人们开始设计无所不能的元宇宙，希望出现一个与现实世界映射与交互的虚拟世界。

人们的脚步越来越多地踩在新世界，开始脱离物质生产奠基的、依赖感觉直观生活的传统社会。社会的生产生活、文化、舆论等正受到全面地改造。

个人对家庭、亲属、生育、养育、教育的认识受到新生产生活方式的强烈影响，基于传统社会的国家、组织乃至社会本身却并没有做好准备。甚至在准备之前，大家的眼球已经被占满了。

当代社会的信息生产日益发达，人们被各种终端和载体围绕，主动或被动地创生信息，融入不同媒介的信息流，占有了更多的信息。

---

① 参见《第十八次全国国民阅读调查成果发布》，中国出版网，见 https：//www.nppa.gov.cn/nppa/contents/280/75981.shtml。

对个人来说，网络中开放的各类信息源使学习的成本大大下降，主动性和悟性成为学习的上限。载体提供的可能大大超过人们的计算能力，构成一种认知盈余，人们不得不重新调整自己的视野，选择信息而不是接收一切。

很多人却在新的媒体环境、工作环境中无所适从，被各种刻意设计的更为商业化的信息流裹挟，不能利用最有价值的资源。他们尚不能在信息生产中主动获得时代的一席之地。

也有部分的先进分子积极地使用各类新工具。各种社交媒体和舆论平台的搭建使表达渠道大增，人们也在羊群效应的激励下更愿意表达，各种专业的、业余的、学术的、商业的、娱乐的文章、图片、音视频、游戏，经由亿万博主、up主、主播等生产出来。人人都有机会说话，从最为高大上的极客到颇具乡土气息的打野直播，他们创造着自己的内容。渠道飞速增加带来了表达盈余，人们的信息生活习惯被改变，更加外向和开放。

通过门槛、许可证等垄断渠道获得的舆论优势已经渐渐削弱，电视、广播、报纸期刊等传统旧媒体的影响力大不如前，通过公信力、有趣、说服力等解释能力建立的舆论优势和通过街拍、自述、大规模转发等形式汇聚起来的反映能力建立的舆论优势正在渐渐增强。

社会的信息之源不再仅限于人类，能够自动编发稿件的新闻机器人能够改写、洗稿，迅速占领原创者无法达到的舆论阵地。无数信息机器将街景、物流动态、汽车行驶动态等人们过去无法时刻关注的现象表达出来，引导社会的活动。学习新技术，制造和占有最先进的信息机器，等等，成为当前社会生产中最具有活力的经济行为。

万物争春的繁华背后是信息的斗争。在丰富的表达和载体中，信息以为中介，通过其自身对现实的反映、理解、解释、实践等进行着独特的竞争。人们有机会看到、了解、点评之前不了解的现象，接触以前不曾拥有的知识、信息机器和信息工具。借助文字、声音、影像等方式，主体在表达和行动中体现的导向日益清晰。互联网的记忆将现在的表态和历史轨迹以“合订本”的方式展现，让个人、组织、国家、文明等看到自身和他者如何在历史中转变，看到不同的标准如何加诸对象。千千万万即时的和历史的表达影响着人，通过表达的盈余将不同的导向展现出来，由此形成了导向的盈余。

导向的盈余使意识形态的稳定性大大降低，出现了更多的分叉、修正和混合。社会思想的流变通过更为广泛的讨论、斗争等达成，其流程也有所加快。对导向的利用已经通过社会控制技术日益加强，有些人被困在信息茧房里，只能收到算法推荐的信息，不同的舆论圈层正在发展。导向的价值也被薅取，一些互联网平台的表达条数看似天文数字，实则却是对很少一部分原创内容的模仿、改写和复制。

以上变化体现了信息活动的日益繁荣，人们的信息活动的日益丰富及整个社会重心的转移。看似满足了乐观主义者诸多希望的情景却不是社会和个人完全适应并习惯的。

随着三种盈余的出现，个人的模糊地带减少。人在占有知识、进行表达和展现导向等方面的运动处于放大镜下。世界的眼球从未如此之多，而喂饱这些眼球的恰恰是人们主动呈现的。

社会信息活动更为活跃，并呈现出诸多新现象，迫使人们不断思考。在寻求新解释的过程中，缺乏坚实基础的理论更容易暴露弱点，对哲学、逻辑、数学等顶层“帽子”的需求在增长。

人的交往和交流手段密切相关，社会关系不得不受到信息活动的影响。根据旧的交往方式积累起来的社会层级制度和传导机制日益不堪重负。人们不得不同时在新世界和传统社会打交道，却又在不同场合拥有不同的身份，使用不同的语言。不同信息模式带来的速度差也在造成分裂，人们习惯于传统社会的寒暄办事，却不得不面对新世界中常常未知却需要迅速回复的事项，两种不同的办事速度和办事心理之间的冲突已经隐然若现。

社会的信息生产让很多方面的不足转为盈余，人类社会的信息世界日益扩大并且明晰，又让存而不论的空间减小了。依靠悬置的哲学处理问题，反而会积累更多的矛盾。社会需要通过克服务虚危机进而使思想制度与新环境达到新的平衡。

哲学的追问不得不继续。在传统的精神物质框架中，人们先是相信精神意识现象是不同的，继而误解信息，相信只有“真”的才是信息，然后纠结起“真”来。当我们回归到相信和使用的维度，通过信用看到信息和承认的关系，进而理解信息和物质。

一系列的贯通使我发现，当代的信息活动不仅创造了一个新世界，当人们更多地在新世界活动时，现实世界的成分已经变化了。信息生活以另一种真实影响着人们，人们接触更多的信息，便已相对脱离了以感觉直观和物质生产为基础的传统社会。

新世界构筑于传统社会，却漂浮其上。古希腊哲学家泰勒斯（Thalês，前624—前546）认为："世界的本原是水，大地浮于水上，没有水就没有万物。"当代的人们漂在信息之上，向下望去，已双脚离开大地。

虚化

低头看自己的影子，却发现它变得虚化，这是人类的当代命运。

三种盈余是社会虚化的一个缩影，对于整个社会来说，虚化是由更多现象组成的。

虚化的第一个现象是社会活动中信息实践的增长和物质实践地位的相对下降。人们的信息生产生活不断增多，改变了社会的信物结构。"没有自然界，没有感性的外部世界，工人什么也不能创造。"[①] 然而醉心信息流的人，却日益脱离物质实践，仿佛物质条件可以自然地拥有。信息生产吸引了人才、资金的大量投入，并在价值分配中占据优势地位，作为物质生产部门的实体经济叫苦不迭。当前的信息实践如果不能支持物质实践的发展，那么从事信息相关经济活动的人越是希望通过信息生产换取物质商品，就越会失去获得物质商品的条件。

虚化的第二个现象是信息需要对物质需要的替代。信息的极大丰富一方面让消费主义更为盛行，很多人在媒体内容的刺激下希望获得更多的消费，乃至超越自身经济能力的消费，人们在物质和信息层面的需求都增长了；另一方面，信息生产对人的满足又在一定程度上挤压了人们对物质的需要。一些人声称自己有电脑和手机可以宅家不出，一些人通过虚拟偶像满足了自身的求偶欲，一些人通过看直播满足了自身旅游、购物等方面的需要。需要的实质已经偷偷发生了偏斜。

---

① 马克思：《1844年经济学手稿》，载《马克思恩格斯文集》第1卷，人民出版社2009年版，第158页。

虚化的第三个现象是计算中心的转移。前文关于三种盈余的描述实际上也提到了社会计算、信息机器计算对于个人脑内计算进行助力和替代的现象。思维这一具备自明性、感受性的活动突然变得不再是单纯自我的，计算的中心云化到社会，又因为算力和信息流的所有权，集中到拥有较强信息生产能力的组织手中。全社会信息流的运动和涌现正在打破传统社会的层级方式，由无数涓涓细流交织的溪网变为大江大河的川流。这一现象对个人和社会的影响可能非常深远，凯瑟琳·海勒认为人们因此失去了曾经不言自明的、并非市场关系赋予的自然状态，“没有一种先验的明显区别于他人意志的自我意志”[①]，因而成为“后人类”。

虚化的第四个现象是更多社会基础以信息的形式存在，特别是劳动成果储存的信息化。在信用货币的发展和全球清结算网络的建设中，越来越多的价值被以信息形式储存，各国的基建固然日益壮大，机器日益先进，这些物质形式的资产却在总规模和流动速度上远远不如电子银行账户、有价证券等，控制这一网络的集团和国家凭此拥有超然的权力。对于国家、组织、个人来说，信息资产日益重要，统计数据、秘密文件、个人储存的作品和文娱产品都不能被轻忽。这一现象蕴含的财富效应使资本的流转速度和方式都有所改变，并且加重了虚化的第一个现象，数字货币、信息业生产资料等也在产生进一步影响。

虚化是信息活动更为发达、更为社会化的一种表现。在虚化的浪潮中，社会活动中信息活动的占比在提高，人们越是进行信息世界的活动，就越是脱离物质世界的传统生活方式，维护物质生产的旧道德、旧制度正在遭到动摇。人们通过传统社会的层块开展的信息活动，开始以新的工具和形式部分迁移到新世界中，人本身的社会关系也因此改变。

虚化是在信息生产崛起下必然发生的，一代人惊奇之后又习以为常地接受并融入其中。一些过度虚化的现象让人们感受到双脚离地的不安，呼唤着再平衡，这种呼吁是保守的乡愿还是时代的必然，要经历现实的磨砺才能判断。

---

① ［美］N. 凯瑟琳·海勒：《我们何以成为后人类：文学、信息科学和控制论中的虚拟身体》，刘宇清译，北京大学出版社 2017 年版，第 5 页。

信物合一

历史上的人们更容易观察到物质实践。改造自然物质的能力起着维持社会生存的基础作用。人的感觉直观对物反映，通过对自身动作的指挥，操作物质对象完成生产。

信息的实践更为隐蔽。人们的感官自动反映物质世界生成的信息，并不天然地知道自己同时面对物质与信息。精神意识的自我感知又加大了这种模糊，使某些理论家一度相信自己面对的只有物质世界或精神世界。只有带着更深的思考回归感性世界，人们才发现直观提供了一种关于对象的信息，直观既可以反映物质对象也可以反映信息对象，人同时处于两个世界。人们必须进行生成信息、把握信息、改造信息和使用信息的实践。

在实践中，很难说有单纯的物质实践或信息实践，哪怕是不经过大脑的膝跳反应也包括感觉神经元和运动神经元参与的信息活动，即使表面上身体不动的思考也需要大脑和支持大脑的心血管系统努力活动。人类的绝大部分活动是由两类实践共同实现的。

在社会领域，两者大体上可以区分，即使虚化的浪潮也没有改变这个界限。两类实践在历史上体现了互为基础、共相迭进的关系。在史前，裸猿们的生存活动积累着遗传信息创造了人类。对传统社会的人类来说，信息实践在相当长的历史阶段围绕物质实践开展，却也日益拥有自身独特的领域。当代的信息业、软件业、金融业和制造业曾长期形成彼此促进的关系。信息实践和物质实践荣损相关，没有一定的信息，人们茫然无措不知所向，没有一定的物质，人们空画大饼玄谈入梦。只有信息实践和物质实践彼此促进合一，真正地围绕人展开，共同作为统一的人类实践的一部分，才能让人类得以发展，让实践本身得以持续。

当代的信息生产狂飙突进，人们通过物质和信息的实践，正在创造发达的物质文明和信息文明。高水平的信息活动助力人们组织更为灵活庞大的生产链条，编制复杂的交通时刻表，建筑更美的楼宇，让人们在物质生活上尽享各种舶来品，成为地球村的村民。在芯片技术和信息基建的帮助下，人们建立了技术迅速革新的互联网，正在将“数字孪生”“物联网”“元宇宙”等梦想带向现实，建设一个完整的、总体上把握物质世界的信息世界，在新世界中实现对物质世界的整体调动，将信息高速流动、可以试错等优点应用到物质世界领域。

两类实践却在这一过程中发生了不均衡，不仅体现在个人和社会的虚化，也体现在相当部分的信息实践日益局限于信息层面而不再关注物质实践。建设新世界、生产媒体产品、进行金融科研等活动繁荣的背后，物质生产的人、物和相关研究遇冷，巨大的盈余又使大多数人看不到这灯火阑珊处。信息实践一度加速了全球产业链、全球文化市场、全球金融系统等物质和信息的流动，这种增益正出现退潮的迹象。决策者更加相信数据和单纯的理论，却因为层级和信息生产的专门化离总的实践更远，不能判断自身所得的数据和理论是否具备接地气的指导价值。人们在信息生活中徜徉，开始减少对传统社会的关注，并滋生了传统社会不一定能够满足的新需求……

种种现象提示，本应是血肉互不分离的两类实践在不均衡中拉远了距离。随着物质实践的冷遇，一场觥筹交错却人人面有饥色的盛宴正在进行。作为主体的人在双脚离地后沉迷于新世界，忘记了自己从哪里来、到哪里去。

现实正沿着这种遗忘前行，当前社会的物质实践和信息实践要花多少时间达到新的和谐尚且不得而知。有些人寄希望于在生产领域推动自动化、智能化、无人化来跨越虚化扩张中两类实践的分离。从物质生产的角度，这自有其道理；从信息的角度来看，这却是一条人类自我放逐的道路。信息只有和主体结合才能存在，人类能使用的计算机处理的信息并不完全是人类自己的信息，物质生产领域如果与人的思考及操作过早地分开，只会降低实践中的实际信息量，进入无法升级、无法复制的低水平循环。在明确信息如何存在之后，能够改善情况的实践道路也若隐若现，那必须是提高人类自身信息能力，并且将这些能力和推动两类实践协调发展结合起来的道路。

后　记

本书的部分看法酝酿于多年前的一次交流，当时的参与者们关于欧债危机和美国页岩油气革命的观点碰撞给予我很多启迪。此后，我试图组织一次关于当时形势的联合创作，却很快发现这种创作方式和思考程度不能满足需要，遂止。我开始了自己的旅程。

在十年前，很多想法已经酝酿，并且明显早于很多现象的发生，在今天，很多现象的发生减少了本书的超前性，而带给读者理解的便利。

十年前，全世界刚刚从2007—2009年的金融危机中获得喘息，欧债危机又在酝酿和发展，人类社会遇到的远不是一场金融投机失败那么简单，既有生产方式正遭到挑战。随后发生的克里米亚事件、英国脱欧、特朗普当选等重大事件显示着经济基础的变化正作用于上层建筑，世界进入了百年未有之大变局。此时，移动互联网、新能源、页岩油气、人工智能等新生产力已经具备雏形，依靠对这些行业的投资，局面得到了稳固，部分人怀着一切照旧的美好愿望继续等待。

十年后，人类社会的疲态更为明显，各国对债务、虚拟经济、全球产业链等问题的争论日趋激烈。中美贸易争端、俄乌冲突等政治事件对经济带来重大影响。种种新现象显示着新增长仍旧有空间，电动汽车产业的发展，智能驾驶等物联网的积累，可回收火箭、星链、可重复使用试验航天器、卫星星座等技术在航天业引发剧烈变革，5G网络的建设和6G技术的开发引导移动互联网技术更新，AlphaGo和ChatGPT的进步更震撼了世界……它们试图告诉人们，在百年未有之大变局中仍旧有机会寻求较为平稳地过渡。

这个机会却不能再靠惯性和美好的愿望运行，而是要靠人们的双手去拼搏，我相信我的理论探索就是这种拼搏的一部分。

我并不知道自己的创作冲动是否算是成功转化为创作才能，只能尽力将相关的想法合理地表达出来。我在本书中致力于给读者提供一套哲学工具。相信读完此书的朋友可以很明确地发现，这套哲学工具可以直接用来理解当代现象，也必然带来政治经济学、国际关系学等学科的大量新问题。本次只是将较为抽象的部分呈现给大家，这方面的遗憾将通过以后的计划弥补。

在研究的过程中，《舰船知识》理论创新研究部成立了，本书正是由该单位资助研究与出版，感谢苏明、陈玉林、程智勇、陈晓晓、盖永波、杨刚等同志长期以来合作进行的战略研究，带给我很多深度思考的机会。

感谢陈玉林同志为本书的内容提出的大量意见和为审校付出的精力，苏明同志提出了有建设性的意见，谢飞同志对本书的一些章节提出了有益的看法。

本书出版过程中，当代中国出版社的柯琳娟老师积极热情地帮助本书出版，人民出版社的孔欢老师以强烈的责任感给予我很多帮助，在此致以诚挚的谢意。

在研究和写作过程中，还要感谢随地吐血、hechengg、周理乾老师、肖俊峰（神嘛事儿）、扬云飞、will shen、邓璞等作者同意我引用他们的观点或资料并给予了相关支持。王建、谢平等老一辈研究者的成果也带给我很多启发。关博、冯占文等好友同我的讨论也给予我很多灵感。

这些年来，我从互联网特别是龙的天空论坛、音速论坛、北朝论坛获得了大量启迪，也认识了一批朋友，其中beta10、DDG、Desmond、hechengg、随地吐血、一刻公寓、小破球冲鸭！、天使、王钰、不会飞的猫、二十八星宿、风行万里、火之虫、孔璋、西巴雷斯、灰色幽灵、宇文拔都、好土豆、邱贞玮、武装的星辰、邓肯、林梦楚、雨村、狒狒、泡泡同学、孟蜀、姑妄言、春江花月夜、玲珑色子安红豆、残忍士兵、韭黄、思考得人、思索、晓风飞扬、猪腰、绯红之月、黑白花、黑色、黑岛、装甲掷弹熊、新杰、露西歐拉的殘光、大老虎、狗哥的兔爸等朋友一直给予我有很多帮助和鼓励。在其中某些争辩中，我们的观点可能并不一致，但是讨论的火花却是本书灵感的重要来源。这种跨地域的长期思想交流是这个时代特有的浪漫。还有些朋友因为常去的北朝论坛解散而失联，在此致以同样的感谢。

最后，我要由衷地感谢我的家人。你们的支持和鼓励是我前进的最大动力。正是由于你们的付出，才使本书的写作得以顺利进行。

这趟旅程已经完成，限于篇幅和时间，对已完成内容的深化和继续未完成的讨论要到我的下一本书中进行了，亲爱的朋友们，愿我们到时再相见。

王凯
初稿于 2021 年 7 月 22 日
修订于 2022 年 5 月 19 日
再修订于 2023 年 6 月 24 日
又修订于 2024 年 5 月 5 日
于北京